München

Zeit für das Beste

Highlights – Geheimtipps – Wohlfühladressen

»Für mich is München a kloans Paradies,

das der Herrgott der Welt hat geschenkt.

Wo a jeder, der a freundlicher Mensch g'wordn is

Vom andern genau a so denkt. / Mia san net so weich wia die Wiener,

mia san net so laut wia am Rhein,

mia lebn so schön in da Mittn / als Bindeglied zwischen den zwein.«

Theo Prosel (1889–1955)

BRUCKMANN

München

Zeit für das Beste

Christine Metzger
Franz Marc Frei

BRUCKMANN

Oben: Der Dianatempel im Hofgarten im Glanz eines schönen Sommertags
Mitte: An der Isar, der Lebensader der Stadt
Unten: »Studienplatz« vor dem Museum Brandhorst

INHALTSVERZEICHNIS

Oben: Weihnachtsmarkt auf dem Marienplatz, der Christbaum steht vor dem Rathaus.
Mitte: Das Müller'sche Volksbad: Schwimmen in Jugendstil-Ambiente
Unten: »Zeitgeist«, eines der vielen gemütlichen Restaurants in der Türkenstraße.

DIE TOP TEN

ASAMKIRCHE (S. 54)

Ein Kleinod, das man leicht übersieht: Kein mächtiger Turm markiert das Gotteshaus, die Fassade springt nur leicht aus der Straßenfront hervor. Das auf den ersten Blick grottenartig wirkende Innere der kleinen Kirche fängt an zu strahlen, wenn die Augen sich an die Lichtverhältnisse gewöhnt haben: ein Werk der Gebrüder Asam.

DEUTSCHES MUSEUM (S. 116)

Allein der Besuch dieses Museums würde die Fahrt nach München lohnen. Es ist das größte naturwissenschaftlich-technische Museum der Welt, ein Pionier in der Wissensvermittlung: Greifbare Praxis statt Theorie, hier rattern Maschinen, zucken Blitze, fließt Wasser durch Schleusen.

ENGLISCHER GARTEN (S. 200)

Wiesen, Bäche, Bäume, ein chinesischer Turm, ein griechischer Tempel und ein japanisches Teehaus – der Englische Garten ist Münchens schönste Spielwiese. Hier kann man Grün tanken, in der Sonne baden, im Biergarten Brotzeit machen oder mit dem Boot über den Kleinhesseloher See rudern. Und das alles in unmittelbarer Nähe des quirligen Zentrums der Millionenmetropole.

ISARAUEN (S. 228)

Seit die Isar im Süden der Stadt aus ihrem Betonbett befreit wurde und fließen darf wie sie will, hat München ein neues Freizeitparadies für Radler, Spaziergänger, Sonnenanbeter, Kinder und Hunde. Im Sommer dampft Grillgut auf Holzkohle, der Fluss kühlt die Getränke, jeden Abend ist Party in den Isarauen.

SANKT-JAKOBS-PLATZ (S. 46)

Die grandiose Architektur der Synagoge – ein Quader aus Steinplatten, darüber ein weiterer Kubus, leicht mit bronzefarbenem Rautengewebe durchwirkt – dominiert den Stadtraum und schafft zugleich Bezug zu den vielen Gebäuden aus unterschiedlichen Epochen, die den Platz umrahmen. Ideal für eine Kaffeepause beim Stadtbummel.

LENBACHHAUS (S. 162)

Renoviert und durch einen Anbau des Stararchitekten Norman Foster erweitert, zeigt sich die alte Villa des Malerfürsten Lenbach im neuen Gewand. Im Inneren birgt sie neben anderen Meisterwerken die weltweit größte Sammlung von Bildern des »Blauen Reiter« – mehr als 220 Gemälde u.a. von Klee, Jawlensky, Werefkin und Kandinsky, Münter, Kubin, Marc, Macke, Delaunay.

NYMPHENBURG (S. 216)

Das barocke Sommerschloss der Wittelsbacher mit seinem weitläufigen Park bietet für jeden etwas: Kunst und Kultur für die Großen, das interessante Museum Mensch und Natur für die Kinder und für alle viel Platz zum Spazierengehen in einem wunderschönen Schlossgarten.

ODEONSPLATZ (S. 84)

Die Feldherrnhalle, eine Kopie der florentinischen Loggia dei Lanzi, die Theatinerkirche, erbaut von italienischen Künstlern – wenn man hier in der Sonne vor dem »Café Tambosi« sitzt, vergisst man, den Satz »München ist die nördlichste Stadt Italiens« als Klischee abzutun und stimmt zu. Ein Spaziergang durch den Hofgarten steigert den Genuss.

OLYMPIASTADION (S. 238)

Das anlässlich der Olympischen Spiele 1972 errichtete Olympiastadion mit seiner außergewöhnlichen Zeltdachkonstruktion zählt zu den Wahrzeichen Münchens. Vom Olympiaturm hat man einen wunderbaren Blick auf die Anlage und die Stadt – bei Föhn tritt die Alpenkette als Kulisse ins Bild.

VIKTUALIENMARKT (S. 40)

Mitten im Zentrum geht es zu wie auf einem Dorfplatz. Marktfrauen preisen ihre Waren an, die gesamte Fülle der Gärten aus dem Umland ergießt sich über die Stände, exotische Waren aus aller Welt bereichern das Angebot: Wein, Käse, Geflügel, Fisch, Backwaren, Gemüse, Blumen ... Es gibt einen kleinen Biergarten und überall Köstlichkeiten, die zum Schnabulieren verlocken.

Grüß Gott in München!
Metropole mit südlichem Flair

Viele deutsche Städte wären es gerne – die Schönste im ganzen Land. Aber wenn sie ihr »Spieglein, Spieglein an der Wand« befragen, dann sagt das: »Berlin, Hamburg, Dresden ... ihr seid die Schönsten hier, aber München ist tausendmal schöner als ihr.« Die Rolle, die das Spieglein zu Schneewittchens Zeiten spielte, übernehmen heute die Städterankings. Und die beweisen: München ist spitze.

All die Zeitschriften, Unternehmen und Institute, die diese Rankings durchführen, untersuchen unterschiedliche Indikatoren. Die einen testen Kreativität und geben München die Bestnote wegen der vielen Forscher, innovativen Unternehmer und Künstler, die in der Landeshauptstadt leben und arbeiten. Die anderen blicken auf Technologie und Entwicklung – und wieder bekommt die Isarmetropole eine glatte Eins und befindet sich damit unter den Top Ten der europäischen Städte mit den besten Zukunftsaussichten.

Für die Bewohner der Stadt steht natürlich die Lebensqualität an erster Stelle, und siehe da: Nummer eins in Deutschland, Rang vier weltweit. Eine andere Studie weist der Isarmetropole international Platz sieben zu unter den »lebenswertesten« Städten. Ein interessanter Superlativ! Nennen wir München also »lebenswertest« – ohne all die kulturellen Einrichtungen, Freizeitmöglichkeiten, Bildungsstätten, die Vielfalt des kulinarischen Angebots, die Shopping-Meilen, das facettenreiche Nachtleben, Feste und Events, die Reize des Umlands hier anzuführen, schließlich ist dies Inhalt dieses Buches.

Oben: Hoch über der Theresienwiese thront die bronzene Bavaria.
Unten: Zur bayerischen Tracht gehört ein Schariwari.

Steckbrief München

Geografische Lage: 48° 8′ 13″ nördliche Breite, 11° 34′ 31″ östliche Länge (für den Marienplatz)

Höhe: 518 Meter über NN

Fläche: 310,71 km²

Länge der Isar: 13,7 km (innerhalb des Stadtgebiets)

Englischer Garten: 374,13 Hektar

Einwohner: 1 439 474 (31.12.2012)

Bevölkerungsdichte: 4440 Einwohner pro km²

Daten zum Oktoberfest 2012: Wiesnbesucher: 6,4 Millionen; Bierkonsum: 6,9 Millionen ausgeschenkte Maß; Bierpreis: 9,20–9,50 € (Stand 2012), Verzehr: 116 Ochsen, 57 Kälber, 522 821 Brathendl

Status: Kreisfreie Stadt, Landeshauptstadt des Freistaats Bayern

Stadtgliederung: 25 Bezirke

Stadtwappen:

Städtepartnerschaften: Edinburgh, Verona, Bordeaux, Sapporo, Cincinnati, Kiew, Harare

Wirtschaft: München ist der Wirtschaftsstandort Nummer eins in Deutschland, von den 30 deutschen DAX-Unternehmen haben gleich sieben ihre Zentrale in München. Eine wichtige wirtschaftliche Rolle spielt auch der Tourismus: 2012 wurden in den Beherbergungsbetrieben 6,1 Millionen Gäste gezählt, die Zahl der Übernachtungen betrug beachtliche 12,4 Millionen. 2,7 Millionen der Besucher reisten aus dem Ausland an, 3,4 Millionen kamen aus dem Inland. Zusätzlich kamen rund 96 Millionen Tagestouristen in die bayerische Landeshauptstadt.

Kultur: München profitiert von seiner Stellung als Landeshauptstadt, denn sowohl die Stadt als auch das Bundesland Bayern unterhalten Museen und Theater. Insgesamt gibt es rund 60 Museen und Sammlungen, sechs staatliche Theater (die Bayerische Staatsoper, das Bayerische Staatsballett, das Bayerische Staatsschauspiel, das Cuvilliés-Theater, das Prinzregententheater, das Staatstheater am Gärtnerplatz), vier städtische Bühnen (die Münchner Kammerspiele, das Münchner Volkstheater, die Schauburg/Theater der Jugend, das Deutsche Theater/Gastspieltheater), rund 30 private Theater und mehr als 40 Amateurtheatergruppen. Besonders lebendig ist die hiesige Kleinkunstszene mit so bekannten Institutionen wie der Lach- und Schießgesellschaft. Die bedeutendsten Orchester der Stadt sind die Münchner Philharmoniker, das Symphonieorchester des Bayerischen Rundfunks und das Bayerische Staatsorchester.

Oben: Der herrliche Park des Schlosses Nymphenburg lädt zum Spaziergang ein.
Mitte: Mitten in München finden die Surfer im Eisbach eine stehende Welle.
Unten: Eisverkäufer im Englischen Garten

Alles im grünen Bereich

Schönheit ist keine Kategorie bei den Rankings. Klar, die liegt ja bekanntlich im Auge des Betrachters. Dennoch, der Versuch zu beschreiben, warum München eine schöne Stadt ist, soll gewagt werden. Mit nichts Geringerem als dem »Goldenen Schnitt«, also dem idealen Prinzip ästhetischer Proportionierung.

Beginnen wir mit der Proportionierung von Bebauung und Grün: Rund 35 Prozent des Stadtgebiets gehören der Natur – Landwirtschafts-, Erholungs-, Wald- und Wasserflächen. Und dieses Grün beginnt bereits in der Innenstadt – vom Marienplatz bis zum Englischen Garten sind es rund 1,5 Kilometer, südlich des Deutschen Museums fließt die Isar nach der Renaturierung in einem Bett, das ihr Platz und den Menschen ein weiteres Freizeitparadies bietet – nur wenige Schritte vom Glockenbachviertel entfernt, in dem sich allabendlich das Partyvolk trifft.

Nicht nur in der Stadt grünt es, auch außerhalb des Stadtgebiets Wälder, Auen, Wiesen, man spaziert einfach weiter entlang der Isar nach Grünwald oder Richtung Freising, oder in den Forstenrieder Park, oder ins Solalinder Holz ... wen kümmern Stadtgrenzen, wenn man radelt und sich auf die Einkehr in der nächsten Wirtschaft, das Bad im Weiher freut? Und dann natürlich das Umland: Ammer- und Starnberger See, Garmisch am Fuß des höchsten deutschen Berges, der Zugspitze, der zauberhafte Tegernsee. Salzburg so nah, Italien, nur ein Katzensprung.

Wenn Föhn herrscht, jener Fallwind, der ein ganz besonderes Licht über die Stadt legt und die Menschen euphorisch oder aggressiv macht, Kopfweh erzeugt und als Entschuldigung für ansonsten Unentschuldbares herhalten muss, dann rückt die

Grüß Gott in München!

Segway-Tour, Rast auf der Luitpoldbrücke.

Bergkette ganz nah an die Stadt, Alpenpanorama hinter der Stadtsilhouette – da muss man keinen Goldenen Schnitt bemühen, das ist einfach wunderschön.

»Wir gehen in die Stadt«

Trotzdem: noch mal Proportionen. Diesmal die Mitte, auf die sich alles konzentriert, zu der die Straßen, die Menschen hinstreben, von der alles ausgeht. Anders als andere Metropolen hat die Isarmetropole nur ein Zentrum. Wenn die Münchnerinnen und Münchner dorthin fahren, sagen sie: »Wir gehen in die Stadt.« Gleich, ob sie aus dem weit entfernten Milbertshofen oder aus der nahen Maxvorstadt kommen, sie gehen in die Stadt. Und wenn sie zurückkommen, sagen sie, sie waren in der Stadt – und wie's da zugeht, und nicht mehr schön ist, das mit den vielen Leuten …

Natürlich herrscht Gedränge und Gewusel am und um den Marienplatz. Ist ja auch kein Wunder: »Die Stadt« bezeichnet das Gebiet zwischen Odeonsplatz und Sendlinger Tor, Neuhauser Tor und Isartor, und das entspricht ungefähr der Fläche, die einst der zweite Mauerring umschloss. Der

Oben: Vom Turm des Rathauses kann man den Blick über die Stadt genießen.
Unten: Der Palmengarten im »Café Luitpold« in der Briennerstraße.

Geschichte im Überblick

1158 Der Welfenherzog Heinrich der Löwe zerstört die Isarbrücke des Freisinger Bischofs und lässt einen neuen Übergang errichten. Der lenkt die Fuhrwerke nun an der Mönchssiedlung Munichen vorbei, die sich zum wichtigen Handelsplatz entwickelt.

1180 Heinrich der Löwe fällt in Ungnade, Bayern geht in den Besitz der Wittelsbacher über, die das Land bis 1918 regieren.

1255 Nach der Landesteilung in Oberbayern/Pfalz und Niederbayern wird München oberbayerische Residenzstadt der Wittelsbacher. In der Folge wächst die Bevölkerung rapide, 1285 beginnt der Bau eines zweiten Mauerrings.

1328 Ludwig IV. der Bayer, seit 1314 König, wird Römischer Kaiser, München steigt zur Reichshauptstadt auf. Der kaiserliche Glanz liegt nur zwei Jahrzehnte über der Stadt, aber der Wunsch, die Königs- bzw. die Kaiserwürde wiederzuerlangen, sitzt von nun an in den Genen der Wittelsbacher und bestimmt vor allem die Politik der Neuzeit.

14. und 15. Jh. München erlebt eine wirtschaftliche und kulturelle Blüte: Die kaiserliche Goldbulle von 1332 bestätigt die Salzrechte, das Stadtrecht Ludwigs des Bayern von 1340 sorgt dafür, dass die Münchner Bürger Wohlstand und Einfluss erhalten. Vom Selbstbewusstsein eines im Einklang mit dem Hof agierenden Bürgertums zeugen Bauten wie das Alte Rathaus und die Frauenkirche.

16. Jh. Im Jahr 1505 werden Ober- und Niederbayern wiedervereint und München steigt zur Residenz des gesamten Herzogtums auf. Damit beginnt auch der Wandel von der Bürger- zur Residenzstadt. Der Hof gewinnt immer mehr an Dominanz, die Bürger verlieren im Gegenzug zunehmend ihre Rechte. Schlimmster wirtschaftlicher Schlag: der Widerruf der Salzhandelsprivilegien im Jahr 1587. In der Frage nach dem rechten Weg zur Seligkeit bekennt Bayern sich zum Katholizismus, Protestanten sind Repressionen ausgesetzt, viele verlassen die Stadt. Katholizismus und höfische Selbstdarstellung prägen auch das Stadtbild: Albrecht V. beginnt mit dem Ausbau der Residenz (Antiquarium 1569) und ruft die Jesuiten in die Stadt, denen er ein Kloster und die Michaelskirche errichten lässt – mächtige steinerne Monumente der Gegenreformation.

17. und 18. Jh. München wird zur Festung ausgebaut (1619–1641), während des Dreißigjährigen Kriegs stehen 1632 die Schweden vor der Stadt, die sich jedoch freikaufen kann. Maximilian I. erhält die Kurfürstenwürde, er führt ein streng katholisches Regiment. Sein Sohn Ferdinand Maria heiratet Henriette Adelaide von Savoyen, und mit ihr ziehen italienische Künstler nach München – das Stadtbild trägt zunehmend barocke Züge. Unter Max Emanuel wird Schloss Nymphenburg zur prächtigen Sommerresidenz des Hofes ausgebaut.

19. Jh. Die Stadtmauern fallen, München kann sich strecken. Im Jahr 1806 wird Bayern Königreich von Napoleons Gnaden. Anlässlich der Hochzeit von Ludwig I. findet das erste Oktoberfest in der Geschichte Münchens statt, am 17.10.1810. Ludwig I. lässt die erste Prachtstraße anlegen, seine vom Klassizismus inspirierten Bauten prägen das Stadtbild bis heute. München versteht sich als Kunststadt, in der zweiten Jahrhunderthälfte bestimmt jedoch immer mehr die Industrialisierung das Leben der Einwohner. Zigtausende Menschen suchen Arbeit in den Fabriken, von 1830 bis 1890 wächst die Zahl der Einwohner von rund 78 000 auf 350 000 an. Der dadurch verursachte Wohnraummangel sowie katastrophale hygienische Zustände führen zum Ausbruch von Epidemien. Aber: Es regt sich Widerstand, die Arbeiter- und die Frauenbewegung organisieren sich.

1918/19 Nachdem der Erste Weltkrieg zu Ende ist, sammeln sich linke Kräfte um Kurt Eisner und fordern demokratische Reformen. Ein Arbeiter-, Soldaten- und Bauernrat konstituiert sich, doch die Räterepublik kann sich nicht lange halten. Eisner wird ermordet, rechte Truppen aus dem Umland marschieren in die Stadt ein.

1923 Der »Hitlerputsch« soll eigentlich ein »Marsch nach Berlin« werden, doch er endet an der Feldherrnhalle, wo die Polizei mit Waffengewalt eingreift.

1933–1945 Als Hitler 1933 zum Reichskanzler ernannt wird, herrscht auch an der Isar eitel Sonnenschein

unter seinen zahlreichen Anhängern. München wird zur »Hauptstadt der Bewegung«. Ab Ende 1942 ist München immer stärkeren Angriffen der Alliierten ausgesetzt, Engländer und Amerikaner werfen 3 500 000 Bomben ab, 1945 liegen große Teile der Stadt in Schutt und Asche. Nach Kriegsende ziehen die Amerikaner als Besatzer ein.

1972 Die Olympischen Spiele sollten »heitere Spiele« werden, doch es kam ganz anders: Ein palästinensisches Terrorkommando nimmt am 5. September 1972 israelische Sportler in Geiselhaft, bei dem Versuch, sie zu befreien, verlieren alle elf Geiseln ihr Leben.

1989 Grund zum Feiern: Der Englische Garten wird 200 Jahre alt.

1992 400 000 Menschen setzen mit der »Lichterkette« ein Zeichen gegen Ausländerfeindlichkeit – es ist die erste Aktion dieser Art in Deutschland. Andere Städte folgen dem Beispiel.

2006 Am St.-Jakobs-Platz wird die Hauptsynagoge Ohel Jakob eröffnet. Damit bekommt das jüdische Leben wieder einen Platz im Herzen der Stadt.

2008 München feiert den 850. Stadtgeburtstag.

2012 Nach langem Hin und Her erfolgt die Grundsteinlegung für das NS-Dokumentationszentrum, das sich mit der Geschichte Münchens als »Hauptstadt der Bewegung« auseinandersetzen wird.

Oben: Wer auf die Aussichtsplattform auf dem Turm des Alten Peter will, muss Treppen steigen.
Unten: Blick durchs Karlstor in die Neuhauser Straße

wurde in den Jahren 1285 bis 1347 errichtet, und damals zählte München etwa 10 000 Einwohner. Die hatten's kommod auf dem 91 Hektar großen Areal. Dann aber wuchs die Bevölkerung, und die Stadt wuchs nicht mit. Einzig die Wittelsbacher, Herrscher über Bayern seit 1180, durften ihren Wohnsitz ausweiten und errichteten die Neuveste, um die dann selbstverständlich die Bastion gezogen wurde – für die anderen wurde es eng. Und eng blieb es bis Ende des 18. Jahrhunderts, als mit der Schleifung der Stadtmauern begonnen wurde – zu der Zeit lebten in München rund 34 000 Einwohner.

Vor der ummauerten Stadt lagen Dörfer, Schwabing, Pasing, Trudering … Das »ing« weist darauf hin, dass diese Siedlungen älter sind als München, bereits aus der Zeit der Bajuwaren ab dem 6. Jh. stammen. Die Isarmetropole kann mit vielem punkten, aber nicht mit einer langen Geschichte. Keine Römer, die hinterließen nur im nahen Grünwald Spuren. Im späteren Altstadtbereich lebten ein paar Mönche – das Münchner Kindl mit Kutte im Stadtwappen erinnert an sie. Dann kam Heinrich der Löwe, im 12. Jahrhundert eifriger Städtegründer im Reich, lenkte 1158 die Salzstraße über seine Isarbrücke, und München wurde zum wichtigen Handelsplatz.

Der Marienplatz war von Anbeginn das Zentrum, hier kreuzten sich die beiden Hauptstraßen in Nord-Süd- und West-Ost-Richtung, die noch heute den Stadtraum gliedern. Selbstverständlich wurde in den 850 Jahren umgebaut, abgerissen, neu errichtet, Stadtbrände wüteten und die Bomben, die im Zweiten Weltkrieg fielen, zerstörten viel von der alten Bausubstanz. Aber wenn man das heutige Zentrum mit dem Stadtmodell von Sandtner aus dem Jahr 1570 vergleicht – eine Kopie ist im Stadt-, das Original im Nationalmuseum

Grüß Gott in München!

zu sehen – wird man feststellen, dass viele Straßen noch dem alten Lauf folgen.

Für den Touristen hat der kompakte Stadtkern im-
mense Vorteile. Der Marienplatz bietet die Ein-
stimmung und den Orientierungspunkt. Zu Fuß
erreicht man von hier einen Großteil der Sehenswürdigkeiten: Frauenkirche, Viktualienmarkt, Residenz, »Hofbräuhaus« etc. Man wird sich nicht verlaufen, nur verlieren in den Gassen, weil es immer
wieder nette Details zu entdecken gibt, die die
Aufmerksamkeit fesseln. Wenn die Füße nicht
mehr tragen, benutzt man Münchens fantastisch
ausgebautes öffentliches Verkehrsnetz. Auch das
lässt sich unter Lebensqualität verbuchen: Trambahn, Bus, U-Bahn, S-Bahn – es gibt kein Ziel, das
nicht mit diesen Verkehrsmitteln zu erreichen
wäre. Die S-Bahn führt weit ins Umland auch zu
Ausflugszielen wie dem Ammersee und dem
Starnberger See.

Auf dem Boden bleiben

München liegt in einer Schotterebene, in die die
Isar ihr breites Bett gegraben hat. Damals, als hier
noch der Säbelzahntiger herumstrich. Nur am

Terrasse des Restaurants »Brenner«

Oben: Die Straße des Königs: Blick
vom Siegestor zur Feldherrnhalle,
links die Ludwigskirche
Unten: München ist eine hunde-
freundliche Stadt, hier geht's auch
ohne Leinenzwang.

ehemaligen Hochufer des Flusses sind kleine Anstiege zu überwinden – klein für uns heute. Für die Fuhrwerke, die früher ins Handelszentrum München kamen, waren sie schwer zu bewältigen. Der Name Gasteig zeugt davon, das heißt »gacher« (steiler) Steig. Ansonsten gibt es keine natürliche Erhebung in der Stadt, die Berge – Olympiaberg, Luitpoldberg und der mit 75 Metern höchste Fröttmaniger Berg – wurden von Menschenhand geschaffen. Nicht aus Gründen der ästhetischen Proportionierung – es sind Schutt- und Müllberge, aufgehäuft nach dem Zweiten Weltkrieg, als die Trümmer der zerbombten Stadt irgendwohin geräumt werden mussten. Zwei der aus der Not geborenen Erhebungen wurden später weltbekannt: der eine während der Olympischen Spiele 1972, der andere als Nachbar des Stadions, in dem 2006 das Eröffnungsspiel der Fußballweltmeisterschaft stattfand.

Die Schotterebene bildete die natürliche Voraussetzung dafür, dass München sich ausbreitete wie ein Pfannkuchen. Die Stadt wuchs – im 19. Jahrhundert erst zögerlich, dann durch die Industrialisierung bedingt immer schneller – aber nie in die Höhe. Selbst als die technischen Mittel es erlaubt

So schön ist die renaturierte Isar.

Oben: Kaskade im Schlosspark Nymphenburg.
Mitte: Zwei steinerne Löwen bewachen die Feldherrnhalle.
Unten: Viele Jugendstilbauten Schwabings blieben erhalten, wie das Palais Bissing in der Georgenstraße.

Grüß Gott in München!

Beliebter Treff im Sommer: der Flaucher an der Isar.

hätten, die Natur auszutricksen und in der Ebene vertikale Akzente zu setzen – München blieb auf dem Boden. Das erste Hochhaus, das Technische Rathaus an der Blumenstraße, entstand 1927 bis 1929, und obwohl es nur 45 Meter misst, musste sich der Architekt gegen Vorwürfe wehren, er bringe Amerika nach München.

99 Meter – höher als die Frauenkirche darf kein Gebäude sein. Das war und ist die Regel, die allerdings außerhalb des Mittleren Rings nicht galt. Dort erheben sich ein paar Himmelstürmer, der höchste, Uptown München, erreicht 146 Meter, aber damit ist nun auch Schluss. 2004, im Jahr der Eröffnung von Uptown, kam es zum Bürgerentscheid, und heute bilden die 99 Meter im gesamten Stadtgebiet das Maß aller Dinge.

Eigentlich verrückt. Mit rund 4500 Einwohnern pro Quadratkilometer hat München die größte Bevölkerungsdichte Deutschlands, es mangelt notorisch an Wohnraum, die Mietpreise erreichen astronomische Höhen, aber es werden keine Hochhäuser gebaut. Gut, das hat auch Vorteile. Denn für die Proportionen bedeutet das, dass diese Metropole, die flott auf 1,5 Millionen Einwoh-

Oben: Münchens Wahrzeichen, die Frauenkirche mit den typischen »welschen Hauben«.
Unten: Die Figuren der Anna Selbdritt und der Heiligen Rasso und Georg zieren das Innere der Frauenkirche.

ner zuschreitet, das Flair und Idyll einer Kleinstadt verbreitet. Egal, ob man nun von Schwabing kommt oder vom Monopteros im Englischen Garten über die Stadt blickt – die Silhouette bestimmen die Türme: Rathaus, Frauenkirche, Theatinerkirche.

Moderat modern

Vielleicht liegt es an dieser strikten Höhenbegrenzung, dass München im Bereich der modernen Architektur nur wenige Meisterwerke vorzuweisen hat, die im internationalen Vergleich bestehen: Das Olympiazentrum mit seiner einzigartigen Zeltdachkonstruktion, die Allianz-Arena mit ihrer lichten Hülle, die weiß, rot und blau strahlen kann, die BMW-Zentrale am Mittleren Ring, das Hypo-Hochhaus an der Arabellastraße, die Herz-Jesu-Kirche in Neuhausen, die Synagoge auf dem Sankt-Jakobs-Platz. Eine reine Freude für die Augen ist die bunte Fassade des Museums Brandhorst, wohl das einzige moderne Gebäude, das einhellig die Zustimmung der Münchner findet. Ansonsten können Journalisten, wenn sie über das berichten, was in den letzten Jahrzehnten gebaut wurde – die Pinakothek der Moderne, die Erweiterung der Akademie der Schönen Künste, die BMW-Welt, der Anbau des Lenbachhauses – unbesehen den Textbaustein »umstritten« aus dem Computer holen, der passt immer. Der *Walking Man* an der Leopoldstraße in Schwabing – umstritten. Das Denkmal für Montgelas am Promenadeplatz – umstritten.

Nicht dass jetzt ein falscher Eindruck entsteht: Umstritten ist Zeitungsdeutsch, kein Mensch, der an seinem Münchner Stammtisch sitzt, würde seine Meinung so äußern. »Schiach«, »greislig«, »a Schmarrn, a neimodischer« wären die Worte der Wahl, und damit ist eindeutig Position bezogen.

Oben: Der Erweiterungsbau der Akademie der Schönsten Künste von COOP Himmelb(l)au
Unten: Ein Klassiker der Moderne: das BMW-Hochhaus am Mittleren Ring beim Olympiazentrum

Grüß Gott in München!

Wuide Rundn

Der Dialekt. Ja, es gibt ihn noch. In verschiedenen Varianten: als gepflegtes Münchnerisch oder derb-krachert. Es gibt sie auch noch, die echten Stammtische. In Vierteln, wo kein Szenepublikum und kein Tourist verkehren und die Nachbarn das Wirtshaus als zweites Wohnzimmer nutzen, ist in jeder Gaststätte ein Tisch für die Stammgäste reserviert. Neben dem Salz-und-Pfeffer-Duo steht die Maggiflasche, im Fasching hängt je eine Luftschlange über mit braunem Stoff bespannten Lampenschirmen, ähnlich fantasievoll die Weihnachtsdekoration. Da sitzt man, wählt zwischen Strammem Max und Wiener Würstl'n und fragt sich, wo das 21. Jahrhundert ist mit seiner Globalisierung, und wo die Schickeria steckt, die doch in München allgegenwärtig sein soll. Dann spitzt man die Ohren und lauscht dem, was am Stammtisch gesprochen wird. Und da hört man Volkes Stimme. Krachert und unbeeindruckt von dem, was heute Political Correctness heißt.

Stammtische gibt es auch in der Innenstadt – bestückt mit Vertretern aller gesellschaftlichen Gruppen. Allein im »Hofbräuhaus« finden rund 450 statt – pro Monat! Sie heißen »Mir san Mir« oder »Wuide Rundn« oder tragen Namen, die Aufschluss geben, wer sich versammelt: Brauer, Jäger, Stadtgärtnerei, Verein gegen betrügerisches Einschenken, Polizeipensionisten, Straßenbahner,

So groß sind Wiesnbrezn!

Oben: Das größte Volksfest der Welt: Blick über die Wiesn auf die Paulskirche
Unten: Am ersten Wiesnwochenende findet am Samstag der Einzug der Wirte statt, am Sonntag ist Trachtenumzug.

Zauberhafter Jugendstil allerorten

Stadtdirektoren, Richter, U-Boot-Kameradschaft München 1926 – wer da wohl noch hingeht? Anders als früher sind das keine reinen Männerrunden, Gäste dürfen eingeführt werden, und da sitzen dann natürlich nicht nur echte Münchner, sondern auch solche, denen die Stammtischsprache nicht flüssig über die Lippen kommt. Aber das macht nichts, einmal aufgenommen, gehören sie dazu, sofern sie gewillt sind, gutmütig zu lächeln, wenn wieder mal einer meint, sich über die »Preißn« lustig machen zu müssen.

Geliebtes Feindbild

Der Begriff »Preiß« wird hierzulande benützt, ohne sich mit Kleinigkeiten wie Historie und Geografie aufzuhalten. Jeder, der aus dem Norden kommt, ist ein Preuße. Irgendwann wird dieses Thema wohl keines mehr sein, denn es ist besetzt von den Generationen, die noch nicht »multikulti« aufwuchsen, sich aber doch die Animositäten der Vorväter aneigneten, denn die Wurzeln der Abneigung des Norddeutschen gehen bis ins 19. Jahrhundert zurück.

Die Wittelsbacher waren immer katholisch, und seit der Reformation verteidigten sie ihren Glau-

Oben: Barbusig die Brückenfigur, golden der Engel des Friedens
Mitte: Blick durch die Zimmerfluchten der ehemaligen Hofgartenzimmer in der Residenz
Unten: Die Kuppel der reichen Kapelle in der Residenz

Grüß Gott in München!

ben militant. Wer mit Luther sympathisierte, wurde aus der Stadt vertrieben, wer nicht katholisch war, bekam kein Bürgerrecht. Das änderte erst Minister Montgelas (s. S. 98), der 1799 bis 1817 im Amt war. Er erklärte unter anderem die Religionen für gleichwertig – nun mussten die Münchner auch Protestanten und Juden aufnehmen. Das gab ein Mordsgezeter, aber für die Entwicklung der Stadt und auch des Landes war es unendlich wichtig. Allzu lange hatte München in der katholischen Suppe vor sich hin gekocht, von Impulsen der Aufklärung weitgehend unberührt.

Nachdem König Ludwig I. sein Ziel erreicht und München durch seine Bautätigkeiten zu einem Ort gemacht hatte, »der Teutschland zur Ehre gereichen soll«, wandte sich sein Sohn Maximilian der Förderung von Wissenschaft und Technik zu. Dazu holte er die Besten des Landes nach München, zum Beispiel den Chemiker Justus von Liebig und den späteren Literaturnobelpreisträger Paul Heyse, und die Besten waren nun mal Nordlichter. Die saßen mit dem König am Runden Tisch, wurden gefördert, erhielten finanzielle Zuwendungen – ohne diese Männer hätte München den Sprung in die Industrialisierung nicht geschafft, es wäre nicht zur Stadt der Wissenschaftler und Erfinder geworden. Aber die Einheimischen fühlten sich zurückgesetzt, dominiert von den »Preißn«.

Dass Berlin dann politisch immer mächtiger wurde, sich Anfang des 20. Jahrhunderts auch die Kunstszene dorthin verlagerte und München das Image der Kunststadt verlor, in dem es sich im 19. Jahrhundert gesonnt hatte, half nicht, das gekränkte Selbstwertgefühl wieder aufzurichten. Hitler hat das sehr geschickt genutzt: Noch bevor er die Stadt zur »Hauptstadt der Bewegung« machte, verlieh er ihr den Titel »Hauptstadt der Deutschen Kunst«.

Oben: Schloss Nymphenburg, die Sommerresidenz der Wittelsbacher
Mitte: Jüdisches Museum. All diese Firmen waren einst in jüdischem Besitz.
Unten: Rasten und Schauen in der Alte Pinakothek

Wie gesagt, was heute Scherz und Stammtisch-thema ist, wird bald vergessen sein: In München leben Menschen aus über 180 Ländern, mehr als die Hälfte der Kinder und Jugendlichen sind entweder selbst zugewandert oder ein Elternteil stammt aus dem Ausland, 37 Prozent der Münchnerinnen und Münchner haben – politisch korrekt formuliert – »einen Migrationshintergrund«. Man kann es auch salopp sagen: alles »Preißn«.

Rua und G'müatlichkeit

Der Münchner im Himmel, wie ihn der Schriftsteller Ludwig Thoma beschreibt (s. S. 64), flucht, ist rabiat und nur zu besänftigen, wenn er sein Bier bekommt. Aber er ist liebenswert in seinem gerechten Zorn, und sogar Gott sieht ein, dass ein Münchner seine Maß Bier braucht. Das weibliche Pendant, von Ida Schumacher (s. S. 40) in der Rolle der Marktfrau verkörpert, ist derb und in keiner Weise serviceorientiert – Kundschaft, die ihr nicht passt, wird mit verbalen Schlägen unter Androhung körperlicher Gewalt vertrieben, Geschäft hin oder her. Auch sie hat die Sympathien auf ihrer Seite, sie gehört zu den kleinen Leuten, die sich wehren.

Wehren muss sich der Münchner, wie er stereotyp dargestellt wurde, gegen alles, was ihm »sei Rua« nimmt: »›O mei, Herr Nachbohr!‹, antwortete Herr Permaneder … ›dös is halt a Plog! Schaun S‹, München … is koane G'schäftsstadt … Da will an jeder sei Ruh' und sei Maß … Jetzt da haben S' daheroben an onderen Schneid, Sakrament … Es is halt a Kreiz!‹ «

Oben: Das Prinzregententheater erwartet sein Publikum zur abendlichen Vorstellung.
Mitte: Münchner Köpfe, zu sehen in der Ausstellung »Typisch München« im Stadtmuseum.
Unten: Die alte Pinakothek gehört zu den besten Museen weltweit.

Mit der Figur des Alois Permaneder hat Thomas Mann in den *Buddenbrooks* mit viel Humor das Aufeinanderprallen der beiden Welten geschildert: Auf der einen Seite die hanseatische Gesellschaft,

Grüß Gott in München!

die nicht nur verbal Schwierigkeiten hat, Permaneder zu verstehen: » ›Aber mich dünkt, Tom, er sollte das Fluchen lassen‹, fuhr die Konsulin ein wenig bekümmert fort. ›Verstand ich ihn recht, so sprach er in einer Weise vom Sakrament und vom Kreuze ...‹ – ›Oh, das macht nichts, Mutter, dabei denkt er nichts Böses ...‹ – ›Und vielleicht ein wenig zu viel Nonchalance im Benehmen, Tom, wie?‹ – ›Ja, lieber Gott, das ist süddeutsch!‹ sagte der Konsul.«

Dann Tony, geborene Buddenbrook, die sich in München in einem »fremden Land« fühlt und Schwierigkeiten hat, sich mit den Leuten zu verständigen »denn ich spreche ihnen zu rasch und sie mir zu kauderwelsch«, und die schließlich, nachdem sie Alois Permaneder geheiratet hat, daran verzweifelt, dass er jeden beruflichen Ehrgeiz vermissen lässt und sich zur Ruhe setzt. Für ein gutes Leben sei genug Geld da, argumentiert er. »I hab mi allwei g'schunden, und jetzt will i mei Ruh, Himmi Sakrament. ... dahier hamer a guate Wohnung und können a Schweinshaxen essen ... und am Abend hab i 's Hofbräuhaus ... i mag mei G'müatlichkeit!«

Glatt globalisiert?

Die fiktive Tony lebte in den 1850er-Jahren in München, Ludwig Thomas Erzählung erschien 1911, Ida Schumacher feierte ihre Erfolge als »Ratschkathl« in der Zeit nach dem Zweiten Weltkrieg. Was blieb vom Bild des fluchenden, bierseligen, »sei Rua« suchenden Münchners?

Herzlich wenig. So stimmt es längst nicht mehr, dass München »koane G'schäftsstadt« ist: Die Isarmetropole ist der Wirtschaftsstandort Nummer eins in Deutschland – höchste Kaufkraft, niedrigste Arbeitslosenquote. Nirgendwo in der Republik

Oben: Landkarten an den Wänden und hervorragende Drinks: das »P 1« im Haus der Kunst.
Unten: Das »Cafe Paolo« in der Türkenstraße ist beliebt bei Studenten und Anwohnern.

BMW Welt Das Untenehmen gehört zu den Großen, die in München ihre Zentrale haben.

haben so viele Großunternehmen ihre Zentralen wie an der Isar, unter ihnen sieben der 30 großen deutschen DAX-Unternehmen: Allianz, BMW, Infineon, Linde, MAN, Munich Re und Siemens. Das Branchenspektrum ist breit und ausgewogen, München ist nach New York die zweitgrößte Verlagsstadt der Welt, an keinem anderen Ort in Deutschland findet sich eine derartige Konzentration von Unternehmen, die in der IT-, Software-, Kommunikations- und Medienbranche tätig sind. Der Wirtschaftsstandort profitiert auch von den zahlreichen exzellenten Hochschulen; sowohl die Ludwig-Maximilians-Universität (LMU) als auch die Technische Universität (TUM) gehören zu den besten im Land. Studenten aus allen Winkeln Deutschlands, Zugereiste, die in der schönen Stadt leben und arbeiten wollen – Thomas Manns Tony hätte heute keine Schwierigkeiten mehr, die Leute zu verstehen.

Auch was die Kunst des Fluchens betrifft – sie verkümmert. Der letzte, der sie medienwirksam beherrschte, war Franz Josef Strauß, schon lang ein Münchner im Himmel, der in jeder Hinsicht –

Oben: Von oben ist zu sehen, wie nah der Münchner Hauptbahn am Zentrum liegt.
Unten: Futuristische Impressionen: das BMW Museum

Grüß Gott in München!

kompakt, wuchtig, kurzhalsig, trinkfest – das Bild des typischen Bayern verkörperte. Später folgte der stotternde Hänfling Edmund Stoiber, der so zögerlich zum Bierglas greift, als befürchte er den Schierlingsbecher. Horst Seehofer bringt wenigstens wieder etwas auf die Waage und kann einen Maßkrug stemmen – rhetorisch reicht auch er nicht an Franz Josef heran. Übrigens interessant, dass der derzeit wiederaufersteht, verkörpert von dem Kabarettisten Helmut Schleich, der in der Rolle große Erfolge feiert. Es scheint doch eine heimliche Sehnsucht im Volk zu liegen nach der guten alten Zeit, als noch gepoltert und saftig geflucht wurde.

Was erhalten blieb im Genmaterial der Münchner, stammt – in abgeschwächter Form – aus dem Erbgut der Standlfrau à la Ida Schumacher. Das manifestiert sich in Dienstleistern, allen voran Bedienungen, deren seltsam herben Charme viele als unfreundlich empfinden, die nicht mit der Muttermilch eingesogen haben, dass Menschen ganz selbstverständlich ihren »Grant« mit zur Arbeit nehmen. »Grant« ist ein permanent vorhandener, aber durch keinen aktuellen Anlass begründeter Unmut. Bei Permaneder führt er zu »seinen verdrießlichen Stoßseufzern, die nichts bedeuteten«: »Dös is halt a Plog«, »Es ist a Kreiz«. Bei einer Bedienung ist der Grant schuld, wenn sie Ihnen das Glas mit einem »so« auf den Tisch knallt oder eine Bestellung mit den Worten »des is aus« ablehnt. Ärgern Sie sich nicht, nehmen Sie's als letztes Aufbäumen einer aussterbenden Rasse, die nächste Generation steht schon bereit in Dirndl und Lederhose. Doch die Tarnung nützt nichts, wenn sie den Mund öffnen, sagen sie »N' schönen guten Tach auch«, und beim Geschirrabräumen fragen sie, ob's »lecker« war. Ganz ehrlich: Für einen Münchner ist der Grant leichter zu ertragen als das Wort »lecker«.

Oben: Detail am Karl-Valentin-Brunnen am Viktualienmarkt
Mitte: Wer auf den Trachtenumzug anlässlich der Wiesn geht, trägt seinen Gamsbart.
Unten: Auch die Schaufenster von Ludwig Beck zeigen Tracht zur Oktoberfestzeit.

Küchenlatein

Bleibt als Konstante: das Bier. Ja, die Münchner lieben es noch immer, ein Sommerabend im Biergarten zählt zu den schönsten Erlebnissen hier. Man trinkt das »flüssige Brot« aus Literkrügen, eine Maß ist ein Liter, und da die Schankwirte die Kunst beherrschen, den Krug mit viel Schaum zu füllen, gibt es den »Verein gegen betrügerisches Einschenken«, der, wie wir wissen, seinen Stammtisch im »Hofbräuhaus« hat. Allein die Tatsache, dass so ein Verein existiert, zeigt, dass Bier noch immer eine ernste Sache ist, aber dass des Münchners ganzes Glück und Streben nach irdischer Seligkeit im Bier liegt, stimmt nicht mehr.

Bier macht dick, wer will das in Zeiten des Waschbrettbauchs? Bier sediert – nicht gut, wo man doch immer fit und alert sein muss. Es gibt andere Drogen – und es gibt andere Getränke. Cocktails, was immer gerade modern ist, mixen auch die Münchner Barkeeper, es wird viel Wein getrunken. Lange ist es her, dass man im Wirtshaus, wenn man denn wagte, nach Wein zu fragen, zu hören bekam: »Rot oder weiß?« Heute ist die Auswahl groß, die Wirte servieren den Rebensaft in homöopathischen Dosen von 0,2 Litern und verlangen unverschämte Preise dafür.

München trüge nicht den ulkigen Titel »lebenswertest«, wenn es nicht alles in dieser Stadt gäbe, was der Mensch nur genießen kann. Hier kochen Köche aus aller Welt, einige mit, viele ohne Sterne und Hauben; auf dem Viktualienmarkt liegt die ganze Fülle frischer Produkte aus nah und fern ausgebreitet, die Delikatessenläden locken Touristen an, die an den Theken vorbeiflanieren, als wären sie im Museum. München macht jeden Trend mit, immer wieder eröffnen neue, teure Lokale – die Schickeria braucht das, sie rennt hin, sie zahlt, sie liebt Events.

Oben: Alte Wirtschaften wie der »Werneckhof« machen mit Hauszeichen auf sich aufmerksam.
Mitte: Fasching auf dem Viktualienmarkt.
Unten: Im Kloster Andechs gibt's über Holzkohle gegarten Steckerlfisch.

Grüß Gott in München!

Allen anderen bietet die Gastronomie eine große Zahl von Betrieben, in denen die bayerische Küche gepflegt und in hervorragender Qualität serviert wird. Und das ist gut so, denn schließlich möchte auch der Gast Landestypisches kennenlernen – Sushi gibt's überall, Weißwürste, resche Brezn, knusprigen Schweinsbraten nicht. Weißwürste – sie »dürfen das 12-Uhr-Läuten nicht hören« und werden am Vormittag angeboten – isst man mit süßem Senf, Semmel oder Brezn. Nicht mit Kartoffelsalat oder gar Sauerkraut, diese Beilagen gehören zu Bratwürsten. Zum Schweinsbraten werden Semmel- oder Kartoffelknödel und Krautsalat gereicht. Köstlich: gefüllte Kalbsbrust. Ebenfalls eine Spezialität: Leberknödelsuppe. Innereien werden gern gegessen in Bayern, aber die sind nicht jedermanns Sache. Von den Süßspeisen sind Apfel- oder Millirahmstrudel, Apfelkücherl und der Kaiserschmarrn eine Sünde wert. Letzterer ist ein dicker Pfannkuchen, der zerrupft und mit Puderzucker bestreut wird. Ein Pfannkuchen ist kein Berliner, der heißt in Bayern Krapfen und wird traditionell zu Fasching gegessen.

Verwirrend? Einfach probieren! Es hat noch jeder das »Essenswerteste« gefunden in dieser »lebenswertesten« Stadt.

Entspannte Stimmung im Café »Barista«

Oben: Strandleben an der Isar, im Hintergrund die Maximilianskirche
Mitte: Souvenir aus München: die Biergartenkerze
Unten: Zuprosten im Seehaus: Eine Maß ist ein Liter Bier.

INNENSTADT

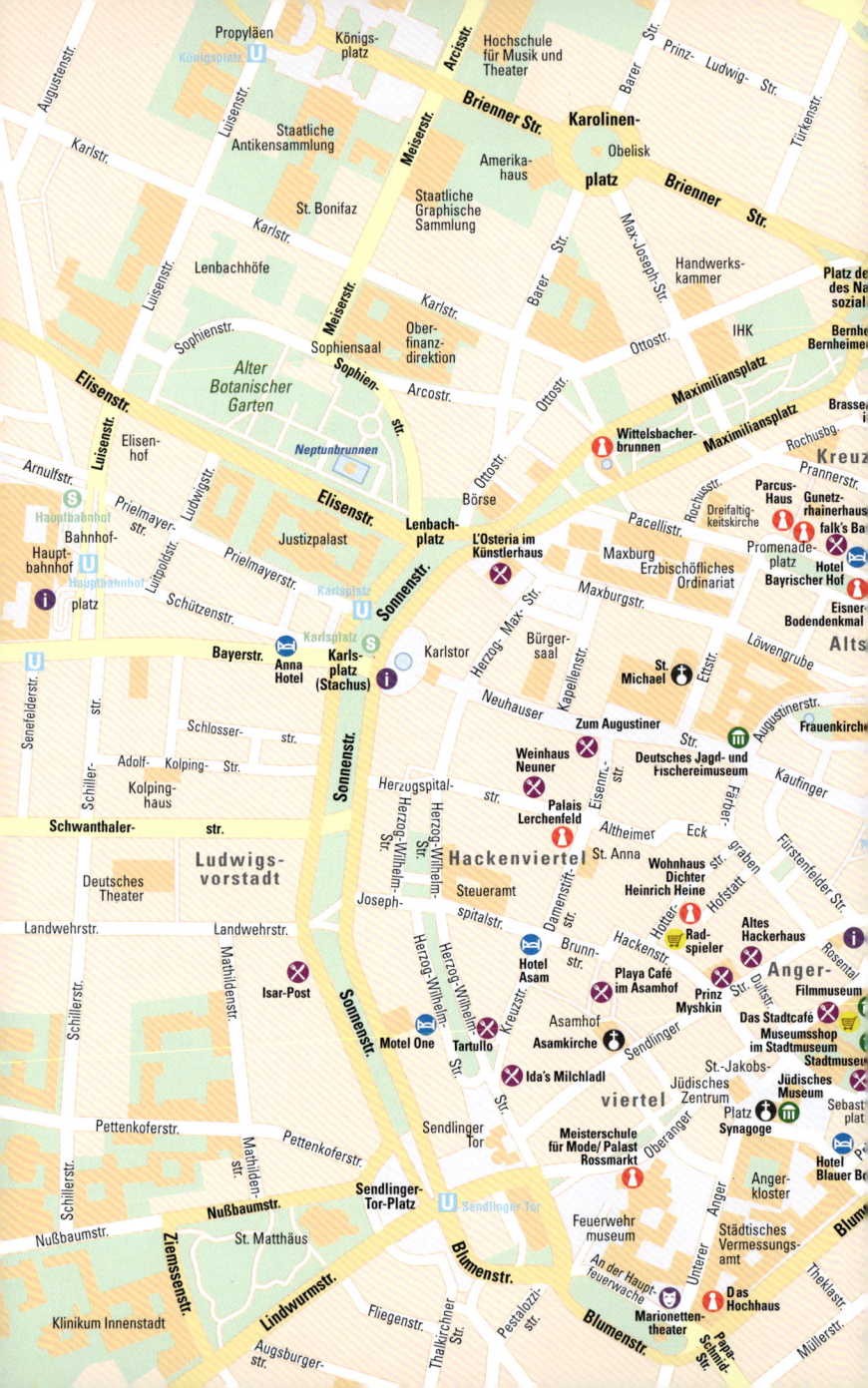

1 Marienplatz
Die gute Stube der Stadt

München macht es seinen Besuchern leicht: Das »Millionendorf« hat nur ein Zentrum, den Marienplatz. Er ist die »gute Stube« der Stadt, hier zeigt sich München von seiner schönsten Seite. Auf einen Blick ist alles zu erfassen, was den Charme dieser Stadt ausmacht: Gotische Leichtigkeit, barocke Spielfreude, Eleganz, pulsierendes Leben und Ruhepole, die einladen zum Sitzen, Genießen und Betrachten.

Seit der Stadtgründung im Jahr 1158 ist der Marienplatz der zentrale Platz in München. Hier kreuzten sich zwei Handelsstraßen, die Waren wurden auf dem »Schrannenplatz« umgeschlagen. Der Name stammt von dem Getreidemarkt (Schranne), der hier wöchentlich stattfand, ebenso regelmäßig wurden Eier-, Fisch- und Weinmärkte abgehalten.

Seine Bedeutung als Handels- und Umschlagplatz verdankt München dem Salz, dem »Weißen Gold« des Mittelalters. Durchs Tal, über die Isarbrücke und den Gasteig verlief seit 1158 die Salzstraße. Dass sie diesen Lauf nahm, hatte Herzog Heinrich der Löwe durch einen unfreundlichen Akt erwirkt: Er brannte die Brücke des Freisinger Bischofs nieder und lenkte den Verkehr durch sein Hoheitsgebiet, mit der Folge, dass die Zolleinnahmen nun in sein Säckel flossen.

Der Bischof war natürlich empört, wandte sich an den Kaiser, und der entschied im Sinne Heinrichs: Er durfte seine Brücke behalten und bekam auch noch Markt- und Münzrechte. Allerdings musste er dem Bischof ein Drittel seiner Einnahmen überlassen. Der Augsburger Schiedsspruch fiel am

S. 28/29: Der Springbrunnen am Stachus bietet im Sommer eine Abkühlung.
Oben: Blick vom Rathausturm auf den Alten Peter
Unten: Maria mit dem segnenden Jesuskind auf dem Arm steht auf einer elf Meter hohen Säule.

Das Neue Rathaus, im Hintergrund die Frauenkirche

14. Juni 1158, und dieser Tag ging als Datum der Stadtgründung in die Geschichte ein.

Die Mariensäule

1853 wurde der Getreidemarkt in die Schrannen-halle (s. S. 44) verlegt, und ein Jahr später erhielt der Platz den Namen der Mutter Gottes. Maria war als »Patrona Bavariae« schon seit 1638 an zentraler Stelle präsent. Golden thront sie auf einer über elf Meter hohen Marmorsäule, bewacht von vier Putten, die wehrhaft und allegorisch gegen Pest (Basilisk), Krieg (Löwe), Hunger (Drachen) und Ketzerei (Schlange) antreten.

Kurfürst Maximilian I. (1573–1651) ließ das Monument aufstellen, weil die Stadt im Dreißigjährigen Krieg die schwedische Besatzung unzerstört überstanden hatte. Die Botschaft im Zeitalter der Glaubenskriege war eindeutig: Bayern ist und bleibt katholisch. Ebenso eindeutig aber auch das Signal, das der Kurfürst der Bürgerschaft gab: Nämlich, dass sie nichts mehr zu sagen hatte und allein der Hof bestimmte. Mit dem Übergriff auf den zentralen Platz brach der Kurfürst geltendes Recht. Das Areal gehörte der Kommune, nur sie durfte es bebauen. Dass sich Maximilian über dieses Gesetz hinwegsetzte und sein »Hoheits-

MUSIK KAUFEN BEI BECK

1861 eröffnete Ludwig Beck seine »Knopfmacher- und Posamentier- werkstatt«, in der er Borten, Quasten, Spitzen etc. herstellte, also alles, was Adel und reiche Bürger zum Schmuck ihrer Kleidung oder Woh- nungsausstattung so brauchten. Auch König Ludwig II. fand Verwen- dung für diese Produkte, Beck wurde 1876 königlicher Hoflieferant. Heute gibt sich das Modegeschäft als »Kaufhaus der Sinne«, und dass es diesem Anspruch gerecht wird, be- weisen schon die immer hervorra- gend dekorierten Schaufenster. Beck führt ein breites Sortiment: Mode, Trachten, Kosmetik, Acces- soires, Schreibwaren etc. Das tollste aber ist die Musikabteilung im 5. Stock, die schon oft prämiert wur- de: ECHO Sonderpreis für die Präsen- tation Klassischer Musik, ECHO Jazz für das größte Jazz-Sortiment Europas. Über 150 000 Titel, da findet man ganz bestimmt die gesuchte CD. Raritäten bietet das Jazz-Schallplat- ten-Antiquariat. Und: Das Personal ist bestens geschult, da wird das Ver- kaufsgespräch oft zum sachkundigen Austausch unter Musikliebhabern.

Ludwig Beck. Mo–Sa 10–20 Uhr, Marienplatz 11

Am Fischbrunnen trifft man sich vor dem Stadtbummel.

zeichen« mitten auf städtischen Grund pflanzte, war ein Schlag ins Gesicht der Bürgerschaft, und es ist eigentlich erstaunlich, dass der Magistrat diesen Akt der Willkür 1854 gleichsam sanktio- nierte, indem er den Platz »Marienplatz« nannte. Aber damals wütete bereits zum zweiten Mal die Cholera in München, und man hoffte wohl, die Madonna würde schützend eingreifen, wenn man ihr einen Platz zu Füßen legte.

Das Alte Rathaus

Als das Alte Rathaus entstand (1470–1480), herrschte noch Harmonie zwischen den Wittelsba- chern und der Bürgerschaft. Der Hof war noch nicht aufgebläht, die Bürger fanden ihr gutes Auskommen – sie handelten noch, aber bald nicht mehr nur mit Salz. 1487 sollte Venedig sein nörd- liches Handelszentrum nach Mittenwald verlegen, und damit wurde München auch Umschlagplatz für Gewürze, Seide, Farben etc.

Das bürgerliche Selbstbewusstsein repräsentieren zwei öffentliche Bauten – das Alte Rathaus und die Frauenkirche, beide von demselben Baumeis- ter, Jörg von Halspach (s. S. 60), in schönster, schlichter Gotik errichtet. Das Rathaus mit seinem

markanten Treppengiebel schließt den Marienplatz nach Osten ab. Es wurde im Krieg zerstört und in den 1950er-Jahren originalgetreu wiederaufgebaut. 1972 fand die Rekonstruktion des Rathausturms statt. Der grandiose, von einem hölzernen Tonnengewölbe überspannte Rathaussaal kann nicht besichtigt werden, die Moriskentänzer, die ihn zierten, sind im Stadtmuseum zu sehen.

Der Fischbrunnen

Am Fischbrunnen herrscht ein stetes Kommen und Gehen – wenn man sich in München zum Stadtbummel verabredet, ist dies hier der traditionelle Treffpunkt. Der bronzene Karpfen auf der Mittelsäule, die aus dem Brunnenbecken wächst, erinnert daran, dass die Fischhändler früher ihre Ware im Brunnenwasser frisch hielten. Der 1862–1865 von Konrad Knoll errichtete Brunnen wurde im Krieg zerstört und 1954 unter Verwendung erhaltener Figuren neu errichtet. Hier fand der traditionelle Metzgersprung statt, ein Brauch, mit dem die jungen Metzger den Abschluss ihrer Gesellenzeit feierten.

Das Neue Rathaus

Gotik oder Renaissance? Die Frage, in welchem Stil das Neue Rathaus errichtet werden sollte, war nicht nur ästhetischer Natur. Die liberalen politischen Kräfte tendierten zur Renaissance, die Konservativen zogen ein neugotisches Erscheinungsbild vor, und sie gewannen mit einer Stimme Mehrheit. Die Bauarbeiten begannen 1867, die dritte Bauphase endete 1908. Der Monumentalbau mit Muschelkalksteinen, Erkern, Laubengängen, Türmchen, Wasserspeiern und anderem neogotischen Zierrat war eine »dem Kerne der Bürgerschaft entsprungene That«, so der Architekt Georg von Hauberrisser. Der Zeitpunkt für die

Oben: Der Turm des Alten Rathauses wurde 1972 rekonstruiert, der der Heiliggeistkirche stammt aus dem Barock.
Unten: Faschingstreiben auf dem Marienplatz. In München wird am Dienstag in der Innenstadt gefeiert.

Emanzipation des Bürgertums war gekommen: Die Gemeindeordnung von 1869 gab den Kommunen endlich wieder Rechte und schuf die Grundlagen für die kommunale Selbstverwaltung.

Auch wenn man den Wittelsbachern Respekt entgegenbrachte und steinernen Vertretern der Dynastie ihren Platz in der Hauptfassade zuwies – der Bau strotzt vor kommunalem Selbstbewusstsein. Seine Größe ist aber nicht nur Machtdemonstration, München war im Zeitalter der Industrialisierung zur Großstadt gewachsen, die Verwaltung brauchte Raum.

Das Glockenspiel

Auf dem Rathausturm breitet das Münchner Kindl seine Arme aus, im Turm zieht das berühmte Glockenspiel mehrmals täglich die Blicke der Touristen nach oben. Da sieht man Herzog Wilhelm V. mit seiner Frau Renata von Lothringen. Ihre Hochzeit fand 1568 statt, und damals gehörten Turniere zum festen Bestandteil großer Festlichkeiten. Ein solches zeigt das Glockenspiel: Geharnischte Ritter treten gegeneinander an, einer fällt vom Pferd, und nun beginnen auf der unteren Ebene die Schäffler (Fassmacher) ihren Tanz. Angeblich waren sie die Ersten, die sich nach einer Pest 1517 wieder auf die Straße trauten, aber das ist Legende. Der Brauch – der Schäfflertanz, der noch heute alle sieben Jahre stattfindet – stammt aus dem 19. Jahrhundert.

Oben: Der zwölfstöckige Turm des Neuen Rathauses, im neogotischen Stil erbaut, ist 85 Meter hoch.
Unten: Oben Hochzeit mit Turnier, unter Schäfflertanz – das Glockenspiel gehört zu den Hauptattraktionen der Stadt.

43 Glocken intonieren die Melodie eines Lieds, dessen Text nur die Münchner kennen. Und so können nur sie sich darüber amüsieren, dass das Glockenspiel die Botschaft verkündet, es sei heute kalt (»Aba heit is koid«) – auch wenn die Touristen auf dem Marienplatz bei 30 Grad Hitze unter ihren Hütchen zu schmelzen drohen.

Infos und Adressen

SEHENSWÜRDIGKEITEN

Glockenspiel. 11 und 12 Uhr, von Mai–Okt. auch 17 Uhr. Alle S-Bahnen, U3, U6, Bus 53

Spielzeugmuseum. Nicht nur für Kinder – hier werden Erwachsene sentimental, wenn sie die Sammlung betrachten. Das Museum zeigt Exponate aus zwei Jahrhunderten, es befindet sich im Turm des Alten Rathauses. 10–17 Uhr, Marienplatz 15, Tel. 089/29 40 01

ESSEN UND TRINKEN

Ratskeller. Eine Institution in München, in der auch die Einheimischen regelmäßig einkehren. Wunderschöne Säle, ruhig, freundliche Bedienungen, gute Qualität. Nicht gerade billig, aber sein Geld wert. 10–24 Uhr, Marienplatz 8, Tel. 089/219 98 90, www.ratskeller.com

Café Glockenspiel. Wie der Name sagt, kann man hier im fünften Stock mit Blick auf das Glockenspiel speisen. Mo–Do 9–24 Uhr, Fr, Sa 9–1 Uhr, So 10–19 Uhr, Marienplatz 28, Eingang Rosenstr. in der Passage. Tel. 089/26 42 56, www.cafe-glockenspiel.de

VERANSTALTUNGEN

Metzgersprung und Geldbeutelwaschen. Weihnachtsmarkt, Begrüßung des FC Bayern, Veran-

Klingende Installation am Spielzeugmuseum

Musikanten in der Weinstube des Ratskellers

staltungen zu diversen Themen, politische Kundgebungen – auf dem Marienplatz ist immer was los. Zu den weniger bekannten Events gehören zwei Bräuche, die am Fischbrunnen stattfinden: Der 1995 wiederbelebte Metzgersprung (s. S. 35), der alle drei Jahre im September (nächster Termin 2013) Schaulustige anzieht, und das Geldbeutelwaschen jedes Jahr am Aschermittwoch um 11 Uhr. Da tritt der Oberbürgermeister an und sorgt dafür, dass das Stadtsäckl nicht leer wird. Den Brauch gibt es seit 1426, und es heißt, dass jeder, der am Aschermittwoch seinen Geldbeutel im Fischbrunnen reinigt, das ganze Jahr über frei von Geldsorgen bleibt.

2 Sankt Peter
Die älteste Kirche der Stadt

»Solang der Alte Peter, der Petersturm noch steht ...« So beginnt ein bekanntes Volkslied, das mit der Versicherung endet, dass das Aussterben der Gemütlichkeit in München nicht zu befürchten sei, solange jener Alte Peter noch stehe. 1945 stand er nicht mehr, die Kirche war so stark zerstört, dass die Sprengung schon beschlossene Sache war. Und tatsächlich: Es war nicht gemütlich im zerstörten München.

Zum Glück setzten sich in der Nachkriegszeit die konservativen Kräfte durch, die die Altstadt nach historischem Vorbild wiederaufbauen wollten. Der Alte Peter sollte als erstes Objekt rekonstruiert werden, nach Sicherungsmaßnahmen 1946 und 1949 begann man 1950 mit der Arbeit. Diese Entscheidung hatte große symbolische Bedeutung für die Menschen, die den Schutt wegräumten und den Mörtel von den Ziegeln klopften, um Baumaterial zu erhalten. Der Bayerische Rundfunk, der die Melodie von »Solang der Alte Peter« als Pausenzeichen nutzte, spielte das Motto verkürzt – bis der Petersturm wieder stand, hörte man nur: »Solang der Alte Pe«.

Hier beteten die Mönche

Die Phase des Wiederaufbaus wurde genutzt, um in der Stadtgeschichte zu graben, und so fand man den Gründungsbau der ältesten Pfarrkirche Münchens, eine dreischiffige Basilika aus dem 11. Jahrhundert, Typus romanische bayerische Klosterkirche. Ob hier schon vorher ein Kirchlein stand, weiß man nicht. Wie man überhaupt über die Mönche, die hier lebten, bevor Heinrich der

Oben: Wie der Turm des Alten Rathauses prägt auch der von St. Peter die Stadtsilhouette.
Unten: Bekannte Künstler sorgten für barocke Pracht in der ursprünglich gotischen Kirche.

Sankt Peter

Löwe aus ihrer Klause eine Stadt machte, herzlich wenig weiß. Nicht aus welchem Kloster sie kamen, noch wo genau ihre Gärten lagen, ihr Refektorium, ihre Zellen. Nur dass hier Mönche lebten, ist belegt, denn der Augsburger Schiedsspruch erwähnt den Ort »apud Munichen«.

Nachdem München Stadt geworden war, wurde die Kirche mehrfach erweitert, in der zweiten Hälfte des 13. Jahrhunderts entstand ein gotischer Neubau, über dem zwei Türme thronten. Nach dem Stadtbrand 1327 erhielt die Kirche einen Mittelturm, der markante Helm mit Zwiebel, Laterne und Obelisk wurde 1607 bis 1621 aufgesetzt.

Gang durch die Kunstgeschichte

Das Innere der gotischen Pfeilerbasilika wurde mehrfach verändert, Zeugnisse von Gotik, Renaissance, Barock, Rokoko, Klassizismus bilden ein lichtes harmonisches Ganzes. Das Schiff mündet in eine Apsis aus drei Nischen. Dieser Dreikonchenchor von 1636 findet sein Vorbild im Salzburger Dom und zeugt von der frühen barocken Prägung Münchens. Im Zentrum des Hochaltars (1730), über den vier Kirchenvätern (von Egid Quirin Asam, 1732), hat Petrus seinen Platz, 1517 von Erasmus Grasser geschaffen. Stirbt ein Papst, muss Petrus seine Tiara ablegen, die er erst wiederbekommt, wenn ein Nachfolger gewählt ist.

Wer sich für Kunstgeschichte interessiert, kann in St. Peter manches entdecken, etwa den Schrenk-Altar (um 1400), das Rokoko-Chorgestühl von Ignaz Günther (1767) oder die Tafelbilder an den Chorwänden von Jan Polack (1517). Wer gut zu Fuß ist, kann den 92 Meter hohen Turm besteigen und die Aussicht genießen – ein besonders beeindruckendes Erlebnis, wenn Föhn ist und die Bergkulisse zum Greifen nah an die Stadt heranrückt.

Infos und Adressen

SEHENSWÜRDIGKEITEN

Alter Peter – Turmbesteigung. Im Sommer Mo–Fr 9–18.30 Uhr, Sa, So 10–18.30 Uhr, im Winter Mo–Fr 9–17.30 Uhr, Sa, So 10–17.30 Uhr. Bei schlechten Wetterverhältnissen ist der Turm nicht zugänglich. www.alterpeter.de

Rindermarkt. Nur wenige Schritte vom Alten Peter entfernt breitet sich der Rindermarkt aus. An der Nordseite des Platzes kann man sich beispielsweise etwas zu essen und zu trinken besorgen und sich damit dann gemütlich am Brunnenrand oder auf den Stufen niederlassen. Daran, dass auf diesem Platz einst der Viehmarkt stattfand, erinnert der von Josef Henselmann im Jahr 1964 gestaltete Rinderbrunnen. Das kühle Nass aus dem Brunnen ist besonders an heißen Sommertagen wohltuend! Der alte Turm auf der Südostseite des Rindermarkts heißt Löwenturm. Er war nicht Teil der Stadtmauer, sondern wahrscheinlich ein Wasserturm aus dem 16. Jahrhundert. An der Nordwestecke stehen die üppig mit figürlichen, pflanzlichen und allegorischen Figuren dekorierten Ruffinihäuser. Das Ensemble wurde 1905 errichtet.

ESSEN UND TRINKEN

Rischart Café am Markt. Direkt hinter dem Alten Peter kann man hier wunderbar im Freien sitzen, Kuchen guter Qualität verspeisen und den herrlichen Blick auf den stets belebten, trubeligen Viktualienmarkt genießen. Mo–Sa 8–20 Uhr, So 10–18 Uhr, Viktualienmarkt 2, Tel. 089/231 70 03 30

3 Viktualienmarkt
Ein Schmaus für alle Sinne

Den schönsten Blick hat Karl Valentin. Ob es regnet, der Schnee auf den Dächern der Marktstände Hauben bildet oder die Sonne auf seine bronzene Haut brennt, sein Blick ruht auf den Turmspitzen, die in den Himmel ragen: Alter Peter, Alter Rathausturm und Heiliggeistkirche. Er sieht Bäume und die bunten Tafeln des Maibaums – die ganze prächtige Kulisse, vor der sich das Markttreiben abspielt.

Über die Schickeria, die im »Nymphenburger« ihren Sekt schlürft, mag Valentin sich seine eigenen Gedanken machen. Wie auch über das, was heute auf diesem Markt alles zu haben ist: Ananas und Auberginen, Maracuja und Kaviar, Tsatsiki und Zitronengras, Fische aus allen Weltmeeren, Fleisch- und Wurstspezialitäten und nicht zuletzt Blumen – es findet sich immer jemand, der auch Karl Valentin ein Sträußchen in die Hand drückt.

Brunnengeschichten

Zu Valentins Zeiten gab es keine exotischen Waren auf dem Viktualienmarkt, und die Lebensmittel, die dort angeboten wurden, konnte der Schauspieler sich nach dem Krieg nicht mehr leisten: Er starb 1948, verarmt und unterernährt. Die Erfolge, die er und seine Partnerin Liesl Karlstadt – auch an sie erinnert ein Brunnen – in den 1920er- und 1930er-Jahren hatten feiern können, wollten sich nicht mehr einstellen. Valentin, der »Wortzerklauberer«, wie der Kritiker Alfred Kerr ihn nannte, war nicht mehr zeitgemäß. In den Nachkriegsjahren wollte das Publikum keine Tragikomik, es wollte Ablenkung, Unterhaltung ohne Hintersinn.

Oben: Die zentrale Lage verführt – beim Stadtbummel muss man einfach über den Viktualienmarkt schlendern.
Unten: »If it swims, we have it«, ist das Motto von Fisch Witte. Im Restaurant rechtzeitig reservieren!

Viktualienmarkt

Der Brunnen des Volkssängers Weiß Ferdl (1883-1949)

SCHMANKERL

Hier eine subjektive Auswahl der besten Schmankerl (Spezialitäten): Die besten Fischsemmeln bekommt man bei Fisch Witte: resche Semmeln, frisch geschnittene Zwiebeln, reichlicher Belag.
Käseliebhaber finden im Tölzer Käsladen eine gut sortierte Auswahl und sachkundige Beratung.
Weißwürste bieten diverse Metzger in der Metzgerzeile am Petersberg unterhalb des Alten Peter an. Würste guter Qualität gibt's auch am Wurststandl Teltschik – hier, in der Nähe des Valentin-Brunnens, kann man die Brotzeit mit Blick auf den Markt genießen. Und Suppen mit und ohne Fleisch serviert die Suppenküche.

Viktualienmarkt-Anbieter. Sämtliche Stände des Viktualienmarkts finden sich unter www.viktualienmarkt-muenchen.de

Die lieferte Ida Schumacher, als Brunnenfigur mit Besen dargestellt. Schumacher war 55 Jahre alt, als sie 1949 in München Karriere machte und mit ihrer Rolle als »Ratschkathl« zum Publikumsliebling wurde (»ratschen« heißt über jemanden reden). Die Marktfrauen waren dabei oft Thema, hier ein Ausschnitt aus dem Sketch »Am Viktualienmarkt«, der am Eierstand spielt: »Sag i stimmt des, das Ei 26 Pfennig. Ihr seids ja unter d' Raubritter ganga. Vorige Woch hams 21 Pfennig kost.‹ – ›Es stimmt scho. Und wenn's a bissl a Hirn hättn, na müaßtn's wissen, dass bei dera Kältn Henna net legn.‹ – ›Sag i freili. Es hab's aber raffinierte Henna beinand. Mit 21 Pfenning da is eana z' kalt. Und mit 26 Pfenning, da leimt eana da Hintern wieder auf.‹«

Wie Ida Schumacher sind auch Elise Aulinger, der Roider Jackl und der Weiß Ferdl lokale Größen, zu internationalem Ruhm gelangte nur der, den sein Publikum verhungern ließ: Karl Valentins Werke wurden 2005 sogar in einer Ausstellung in New York gezeigt, die New York Times nannte den Komiker den »Charlie Chaplin Deutschlands«.

DER SEDLMAYR

Kein bayerischer Kitsch, kein Firlefanz. So klar wie der große Gastraum wirkt, ist auch die Küchenphilosophie des Sedlmayr. Der Wirt Rudi Färber ist seit Langem für die Qualität seiner Küche bekannt, hat sein treues Stammpublikum und steht – im Gegensatz zu manch anderem seiner Kollegen – mehr in der Küche als im Fernsehstudio. Seine Bedienungen kommen nicht vom Laufsteg, sondern sind gestandene Frauen, die ihr Handwerk beherrschen.

Beim Sedlmayr ist es gemütlich, so wie es sich im Wirtshaus gehört, das Preis-Leistungs-Verhältnis stimmt, und es werden altbayerische Spezialitäten serviert, die man sonst kaum noch bekommt. Wie Innereien, die in Süddeutschland gern gegessen werden. Wer nicht für saure Nieren, Kalbslüngerl oder gebackene Kälberfüße schwärmt, findet auch andere Klassiker der bayerischen Küche: gefüllte Kalbsbrust, Milzwurst, Fisch- und Wildspezialitäten. Vom Chef selbst und immer frisch zubereitet.

Beim Sedlmayr. Mo–Fr 9–23 Uhr, Sa 9–16 Uhr, Westenriederstr. 14, Tel. 089/22 62 19

Markt mit Maibaum, Rathausturm und Altem Peter

Die sechs, denen hier Brunnendenkmäler gesetzt wurden, stehen stellvertretend für eine Berufsgruppe, die in München in früherer Zeit für Massenunterhaltung sorgte: die Volksschauspieler. Noch 1905 waren in der Stadt über 800 hauptamtliche Volkssänger registriert, die auf rund 80 Bühnen auftraten.

Bummeln und einkehren

Die ursprüngliche Bestimmung des Viktualienmarkts war es, »Münchens Bevölkerung mit Lebensmitteln zu versorgen«, wie in einer alten Quelle steht. Heute gibt es in fast jedem Stadtteil eigene Märkte, und die Bevölkerung versorgt sich beim Discounter. Wer am Viktualienmarkt einkauft, weiß, dass man hier keine Schnäppchen macht. Aber die Qualität stimmt, und entsprechend sind auch die Preise angemessen. Es gibt Stände, an denen Gärtner aus dem Umland Saisonprodukte anbieten, und es gibt Händler, die Waren aus aller Welt verkaufen. Zur Freude der Spitzengastronomen und der Hobbyköche: So ausgefallen kann kein Rezept sein – am Markt

Viktualienmarkt

findet man die Zutaten. Je kosmopolitischer die Stadt wurde – hier leben Menschen aus über 180 Ländern – desto breiter gefächert wurde auch das Angebot. Nicht immer zur Freude der alteingesessenen Verkäufer. Als in den 1980er-Jahren der erste Stand eröffnete, der neben Oliven eine riesige Auswahl griechischer und türkischer Spezialitäten bot, hisste einer, seit Jahrzehnten bekannt für Eingelegtes, ein Banner, auf dem stand: »Wir haben auch Oliven!«

Nicht alle Münchner, die über den Markt schlendern, haben einen Einkaufszettel dabei. Wenn man in der Stadt ist, gehört ein Bummel über den Viktualienmarkt einfach dazu. Die Fülle des Angebots, die Ästhetik der Präsentation – irgendwann läuft einem das Wasser im Mund zusammen und man ist reif für einen Imbiss. Oder für die Einkehr in den kleinen Biergarten, wo jeden Tag eine andere Brauerei ihr Bier ausschenkt. Am Samstag oder während der Hochsaison kommt man beim Bummeln oft nicht so recht voran, denn der Viktualienmarkt ist natürlich auch Ziel der Touristen, die sich gern mit dem Maibaum im Hintergrund fotografieren lassen.

Heiliggeistkirche und Schrannenhalle

Den Viktualienmarkt gibt es seit 1807, damals beschloss König Max I., das Marktgeschehen vom heutigen Marienplatz auf den Hof des Heiliggeistspitals zu verlegen. Dessen Gebäude wurden nach und nach abgerissen, doch die Kirche blieb erhalten, und sie lohnt einen Blick, ist sie doch die älteste gotische Hallenkirche Münchens. 1392 wurde sie vollendet und 1724–1730 erhielt sie ihre spätbarocke Innenausstattung mit dem wunderbaren Deckenfresko der Brüder Asam. Nachdem der Spitalbau 1885 abgerissen worden war, wurde

Oben: Am Faschingsdienstag wird auf dem Viktualienmarkt gefeiert. **Mitte:** Vor der Gaststätte »Pschorr« sitzt man gemütlich in der Sonne. **Unten:** Gewürze und Kräuter – der Viktualienmarkt ist ein Dorado für Hobbyköche.

die Kirche nach Westen um drei Joche erweitert und mit einer neubarocken Fassade versehen, die sie dem Marienplatz zuwendet.

Rund 30 Jahre vorher hatten Bautätigkeiten auf der anderen Seite des Viktualienmarkts stattgefunden: 1853 wurde die Schranne eröffnet, die erste Eisenkonstruktion in München. Auch die Getreidehändler verließen nun den Schrannenplatz und bekamen ein Dach über dem Kopf. Die Halle war schon damals obsolet – das Getreide kam zu dieser Zeit per Zug in die Stadt –, in den ersten Jahrzehnten des 20. Jahrhunderts wurde sie demoliert. Übrig blieb nur die Freibank, in der heute das Wirtshaus »Pschorr« untergebracht ist.

1978 wurde dann in einer Lagerhalle ein 110 Meter langes Teilstück der Schrannenhalle entdeckt, und es begann eine unendliche Geschichte: 1980 Beschluss, die Halle wiederaufzubauen. Proteste, Streit. 2003 Baubeginn, 2005 Eröffnung. Der moderne Kopfbau im Süden vor dem Hochbunker Blumenstraße – heftig umstritten. Das Konzept Geschäfte, Restaurants, kulturelle Veranstaltungen ging nicht auf, das Angebot wurde immer ramschiger. 2008 Insolvenz des Betreibers und die Frage: Was machen wir mit dem Ding? Vor der Zwangsversteigerung fand sich ein neuer Betreiber, und seit Ende 2011 ist die Schrannenhalle wieder voll Leben. Ein »Marktplatz für frische Spezialitäten«, aber keine Konkurrenz zum Viktualienmarkt soll sie nun sein. Das Angebot der Händler und Gastronomen ist tatsächlich vom Feinsten, und vielleicht geht die Kalkulation beim zweiten Anlauf auch finanziell auf. Denn im Untergeschoss sitzt ein solventer Mieter: Im März 2012 eröffnete der Flagshipstore der Firma Milka, die weltweit größte »Milka-Erlebniswelt«. Almhüttenambiente und lila Kühe. Gut, dass der Valentin das nicht mehr erleben musste.

Oben: Das Deckenfresko in der Heiliggeistkirche schufen die Gebrüder Asam, die auch die Asamkirche errichteten.
Unten: Kulinarisches Sightseeing in der neu belebten alten Schrannenhalle.

Infos und Adressen

ESSEN UND TRINKEN

Marktwirt. Gehobene bayerisch-österreichische Küche, hübscher kleiner Gastgarten. An der Bar wird es oft laut, wer sich unterhalten will, sollte nicht in der Gewölbestube reservieren. Heiliggeiststr. 2, Tel. 089/23 24 11 33, www.marktwirt.com

Käfer Marktküche. Feinkost Käfer ist eine bekannte Größe in München, bekannt für Qualität, aber auch für die Preise, die seine Delikatessen kosten. Umso erfreulicher, dass in dem Lokal in der Schrannenhalle die Qualität stimmt, die Preise aber nicht höher sind als in den umliegenden Restaurants. Schöne Terrasse, Reservieren nicht möglich. Mo–Sa 9–20 Uhr, Viktualienmarkt 15, Tel. 089/238 88 78 28, www.schrannenhalle.de

ÜBERNACHTEN

Hotel am Markt. Bestlage zu reellen Preisen, kein großer Luxus, aber alles vorhanden, was man braucht. Angenehmes Restaurant. Wer Platzangst hat, sollte im Lift den Koffer allein nach oben fahren lassen. Im Obergeschoss gibt es eine Suite hoch über den Dächern der Stadt. Heiliggeiststr. 6, Tel. 089/22 50 14, www.hotel-am-markt.eu

EINKAUFEN

Geobuch. Hier steigt das Reisefieber: Bildbände, Reiseführer, Globen, Atlanten, Reiseliteratur zu al-

»Darf's ein bisschen mehr sein?«

len Destinationen der Erde. Und sachkundiges Personal. Besonders beeindruckend ist die Vielfalt an Landkarten, die die Spezialbuchhandlung für Reisen und Geografie bietet. Mo–Sa 10–19 Uhr, Rosental 6, Tel 089/26 50 30, www.geobuch.de

AKTIVITÄTEN

Führung mit dem Weis(s)en Stadtvogel. Kulinarische Entdeckungsreisen, neben historischen und aktuellen Informationen erhält man die Möglichkeit, an den Ständen Spezialitäten zu verkosten. Mo–Do 11 und 13 Uhr, Fr, Sa auch 15 Uhr, Aug.–Okt. weitere Termine. Tel. 089/203 24 53 60, www.weisser-stadtvogel.de

Wo's um gehobene Gastronomie und Delikatessen geht, darf Feinkost Käfer nicht fehlen.

4 Sankt-Jakobs-Platz
Scharf bewacht – und ganz locker

Altenheim und Kindergarten. Klosterkirche und Synagoge. Eine Hochsicherheitszone, doch die Menschen sitzen entspannt in der Sonne. Die traditionsreiche Schneidereigenossenschaft ORAG neben dem Global Player Linde Group. Gotik, Neobarock und beeindruckende Zeugnisse zeitgenössischer Architektur. Eine Dachterrassenwohnung zum Kaufpreis von 7,8 Millionen Euro – ist das »typisch München«?

Es gibt in der Stadt keinen zweiten öffentlichen Platz, der besser bewacht ist als dieser. Sichtbar sind nur die kreisrunden Öffnungen im Pflaster, aus denen in sekundenschnelle Betonpfeiler emporwachsen, die das Areal nach allen Seiten für Fahrzeuge sperren. Ansonsten höchste Diskretion, keine martialisch Uniformierten, Sicherheitskräfte in Zivil, Hightech-Überwachung im Verborgenen,

Oben: Die Synagoge Ohel Jakob – seit 2006 haben die Münchner Juden wieder einen Platz im Herzen der Stadt.
Unten: Der Gang der Erinnerung mit den Namen der Ermordeten

MAL EHRLICH

STOLPERSTEINE – IN MÜNCHEN VERBOTEN

Stolpersteine sind kleine, in den Gehsteig eingelassene Tafeln, die in vielen Städten an den letzten Wohnort von NS-Opfern erinnern. Die Präsidentin der Israelitischen Kultusgemeinde München findet sie »unerträglich«. Ein anderer Überlebender sah das anders. Und so brachte er zwei Stolpersteine vor dem Haus seiner Eltern an, zusammen mit Schülern, die das Schicksal seiner Familie erforscht hatten. Flugs reagierte der Stadtrat, erließ ein Verbot, und die Tafeln wurden entfernt. Ein schönes Lehrstück für die Schüler zum Thema Demokratie und Gedenk-Dirigismus.

nichts, was den Eindruck von dem vermittelt, was der St.-Jakobs-Platz ist: ein Hochsicherheitstrakt, auf dem das städtische Leben aber vollkommen normal und locker abläuft: Kinder spielen, in und vor den Restaurants sitzen Einheimische und Touristen, der Brunnen plätschert und die kleinen Bäume geben sich Mühe, Schatten zu spenden. Viel ist es nicht, sie sind noch zu jung.

Die Bäume, die vorher auf der zentralen Grünfläche standen, taten ihren Job besser, aber sie hatten auch viele Jahrzehnte Zeit zu wachsen. Seit der Nachkriegszeit lag hier mitten in der Innenstadt eine Brache, ein Platz, der architektonisch kein Gesicht hatte: die kühne Dachschräge des ehemaligen Zeughauses aus dem 15. Jahrhundert im Norden, gegenüber die mächtige, nach dem Krieg wiedererbaute Anlage des Angerklosters aus rotem Backstein. Im Osten das Altenheim im Betonkleid und im Westen, einklemmt zwischen dem neobarocken Orag-Haus und einem Parkhaus, das schmale Ignaz-Günther-Haus, in dem der Bildhauer im 18. Jahrhundert lebte und arbeitete. Dass der Schandfleck Parkhaus wegmusste, war klar, aber welchen architektonischen Akzent konnte man setzen, um Harmonie in diesen Stadtraum zu bringen? Die Stadt und die Israelitische Kultusgemeinde fanden eine Lösung – ob sie gelungen ist, mag jeder selbst beantworten.

Münchner Juden im Dritten Reich

1935 ernannte Hitler München offiziell zur »Hauptstadt der Bewegung«. So eine »Auszeichnung« verpflichtet, und daher ist es nicht verwunderlich, dass die Münchner besonderen Eifer bei der vom Führer geforderten »Entjudung« an den Tag legten: Am 9. März 1933 wurde auf dem Münchner Rathaus die Hakenkreuzfahne gehisst,

STADTCAFÉ, KULTCAFÉ

Im Sommer hat man die Wahl: sehen und gesehen werden, sprich vor dem Café mit Blick auf den quirligen St.-Jakobs-Platz sitzen oder es sich im begrünten Innenhof des Stadtmuseums gemütlich machen. Das Stadtcafé ist eine Institution, unprätentiös eingerichtet – die rot bespannten Bänke sind echt retro –, das Publikum ist bunt gemischt: Stammgäste, die die große Auswahl an Zeitungen und Zeitschriften zu schätzen wissen, Kulturschaffende, Familien mit Kindern, Touristen. Die Karte wechselt täglich, es gibt Süßes und eine kleine Auswahl an Gerichten: Vegetarisches, Bayerisches, internationale Küche. Billig ist das Stadtcafé nicht, aber die Küchenchefs legen Wert auf qualitativ hochwertige Produkte. Es wurde 1983 als klassisches Museumscafé gegründet, und es ist erfreulich, dass es sich halten konnte inmitten des Kaffeehaussterbens in der Münchner Innenstadt.

Stadtcafé. 10–24 Uhr, Fr, Sa bis 1 Uhr, St.-Jakobs-Platz 1, Tel. 089/ 26 69 49, www.stadtcafe-muenchen.de

Das Orag-Haus mit dem »Auge Gottes«

Das Licht strömt von oben ins Innere der Synagoge.

AUTORENTIPP!

DORADO FÜR CINEASTEN

Wo gibt's das noch? Vier Euro für eine Kinokarte! Dazu Filme vom Feinsten, sowjetische und deutsche Stummfilmklassiker, Werke von Münchner Regisseuren wie Achternbusch, Fassbinder, Wenders und internationale Produktionen. Der Preis erklärt sich: Das Filmmuseum im Stadtmuseum ist eine städtische Einrichtung und mehr als ein Kino: Hier werden Filme archiviert und restauriert, rund 5000 Kopien umfasst die international renommierte Sammlung. Das Programm wechselt täglich, die Filme sind in der Originalfassung mit Untertiteln und im Originalformat zu sehen, Stummfilme werden oft mit Livemusik begleitet. Regelmäßig sind außerdem Filmschaffende zu Gast, die mit dem Publikum diskutieren.

Filmmuseum. Mo keine Vorstellung, St.-Jakobs-Platz 1, Kartenreservierungen unter 089/23 39 64 50, www.stadtmuseum-online.de

und bereits da brach der Terror gegen jüdische Geschäftsleute aus, Wochen vor dem reichsweit erteilten Boykottaufruf am 1. April.

Schon im Juni 1938 ließ Gauleiter Adolf Wagner die Hauptsynagoge in der Herzog-Max-Straße abreißen. In der Reichspogromnacht am 9. November 1938 brannte die Synagoge in der Herzog-Rudolf-Straße, die in der Reichenbachstraße wurde zerstört. Ebenso wie 196 jüdische Geschäfte. 1000 jüdische Männer wurden verhaftet, die meisten landeten im stadtnahen Konzentrationslager Dachau, das 1933 als erstes Konzentrationslager im Hitlerreich errichtet worden war.

Vor dem Krieg hatten in München 10 000 Juden gelebt, der Großteil konnte fliehen. Jüdischer Besitz wurde »arisiert«, und manch Unternehmer, der noch heute einen ehrenwerten Namen trägt, verleibte sich damals Geschäfts- und Fabrikräume der jüdischen Konkurrenz ein. Fast alle der 3666 deportierten Menschen wurden in den KZs ermordet.

Als sich die Israelitische Kultusgemeinde 1945 neu gründete, bestand sie nur aus etwa 430 Überlebenden, heute zählt sie rund 9000 Mitglieder, viele von ihnen sind aus der ehemaligen Sowjetunion zugewandert.

Der neue Jakobsplatz

»Dass diese Stadt jüdischen Menschen wieder zur Heimat werden könnte, erschien lange Zeit unvorstellbar, auch und besonders den jüdischen Menschen selbst, die hier Quartier nahmen, aber stets in dem Bewusstsein, auf der Durchreise zu sein und ›nur auf Koffern zu leben‹. Entsprechend provisorisch und zurückgezogen spielte sich jüdisches Leben im Nachkriegs-München ab. Mit dem heutigen Tag hat das abgeschiedene Hinterhofdasein des Münchner Judentums ein Ende, heute vollendet sich ein langjähriger Prozess in einer glückhaften Weise: Münchens Jüdinnen und Juden sind im Wortsinn im Herzen der Stadt angekommen.« So Oberbürgermeister Christian Ude am 9. November 2006 anlässlich der Eröffnung der Hauptsynagoge Ohel Jakob. Mit dieser ist dem Architektenbüro Wandel Hoefer Lorch ein grandioser Wurf gelungen: Der fensterlose Sockel ist mit sandfarbenen Travertin-Krustenplatten verkleidet, die an die Klagemauer in Jerusalem erinnern sollen. Darüber spannt sich ein kubisches Zeltdach aus einer filigranen Glas-Stahlkonstruktion.

Die weiteren Gebäude des Jüdischen Zentrums wurden 2007 fertiggestellt, Zweckbauten, die sich zurückhalten wollen, aber doch ein wenig zu wuchtig auftreten. Im Gemeindehaus sind u. a. untergebracht: ein Jugendzentrum, ein Kindergarten und eine Ganztagsschule, die auch nichtjüdischen Kindern offensteht. Das Jüdische Museum zeigt interessante wechselnde Ausstellungen. Im Restaurant »Einstein« – auch er war ein Münchner Jude – kann man koscher essen, die Buchhandlung bietet eine sehr gute Auswahl an Literatur zum Thema Judentum.

In dem anstelle des Parkhauses errichteten Angerhof residiert die Linde Group, eines von sieben deutschen DAX-Unternehmen, deren Zentralen in

Oben: Kühl und fensterlos: das Treppenhaus im Jüdischen Museum
Mitte: Ungewöhnlicher Blickwinkel: Das Museum zeigt auch Comics zum jüdischen Leben heute
Unten: Kultgegenstände, die Geschichten erzählen

München liegen. In keiner anderen Stadt Deutschlands haben so viele Großunternehmen ihre Hauptsitze. Kultur, Lebensqualität, das wunderschöne Umland – da fühlen sich auch die Herren der oberen Etagen wohl. Wer allerdings ganz oben auf dem Angerblock wohnen will, muss kräftig in die Tasche langen: Die Dachgeschosswohnung wurde 2008 für 7,8 Millionen Euro verkauft.

Das Münchner Stadtmuseum

Zum 850. Stadtgeburtstag stellte sich auch das Stadtmuseum neu auf und zeigt seine Dauerausstellung nun unter dem Titel »Typisch München!«. Das ist gewagt. Klingt es doch nach Gemütlichkeit, Bierseligkeit, Dirndl und Dackel. Aber die Ausstellungsmacher schaffen es in hervorragender Weise, diese Klischees aufzubrechen.

Der Leitgedanke »Wann war was typisch für München und warum?« führt durch die Stadtgeschichte. Dabei sind so berühmte Stücke zu sehen wie eine Kopie des Sandtnermodells, das das München von 1570 in dreidimensionaler Darstellung zeigt – jedes Gebäude, jeder Straßenzug ist zu erkennen. Oder die Moriskentänzer, 1480 von Erasmus Grasser für den Festsaal im Rathaus geschnitzt. Mehr oder weniger gute Kopien findet man in jedem gehobenen Souvenirgeschäft, die Originale zeigen ihre ganze Expressivität in Gestik und Mimik. Sehr interessant ist auch die Abteilung »Kasperl im Klassenkampf«, die sich mit der Zeit zwischen der Räterepublik (1919) und 1935 auseinandersetzt.

Das Museum zeigt seine riesige Sammlung gleich in mehreren Gebäuden, das historische Kernstück bildet das Zeughaus. Neben Sonderausstellungen sind permanent zu sehen: die Sammlungen Musik und Puppentheater/Schaustellerei sowie die Ausstellung Nationalsozialismus in München.

Oben: Der St.-Jakobs-Platz mit dem Stadtmuseum, rechts die Synagoge
Mitte: Die Putten an der Mariensäule sind Kopien, die Originale stehen im Stadtmuseum.
Unten: Könige unter den Fittichen des Friedensengels

Infos und Adressen

SEHENSWÜRDIGKEITEN

Stadtmuseum. Exzellent präsentierte permanente Ausstellungen, auch für Kinder interessant. Di–So 10–18 Uhr, St.-Jakobs-Platz 1, 089/23 32 23 70, Bus 152, www.muenchner-stadtmuseum.de

Jüdisches Museum. Im Untergeschoss wird die Dauerausstellung Stimmen–Orte–Zeiten präsentiert, in zwei Obergeschossen finden wechselnde Schauen statt. Di–So 10–18 Uhr, St.-Jakobs-Platz 16, Tel. 089/23 39 60 96, www.juedisches-museum-muenchen.de

Synagoge. Die äußerst sehenswerte Synagoge kann im Rahmen von Führungen besichtigt werden. Für diese sollte man sich jedoch rechtzeitig anmelden, denn das Interesse ist groß. Besucher müssen einen Ausweis vorweisen, die Herren sind nur mit Kopfbedeckung willkommen. Tel. 089/202 40 01 00, anmeldung@ikg-m.de

ESSEN UND TRINKEN

Grano. Direkt an den St.-Jakobs-Platz schließt der Sebastiansplatz an, dessen Nordseite noch hübsche alte Bürgerhäuser säumen. Hier sitzt man herrlich im Freien und kann bei Grano gute italienische Küche genießen, hausgemacht und nicht teuer. Mo–Sa 10.30–23 Uhr, Sebastiansplatz 3, Tel. 089/23 26 99 39

Das Café im Jüdischen Museum lädt zur Pause ein.

ÜBERNACHTEN

Hotel Blauer Bock. Unprätentiöses, gemütliches Haus in Bestlage, wer eines der Zimmer ohne eigenes Bad nimmt, kann hier günstig absteigen. Sebastiansplatz 9, Tel. 089/23 17 80, www.hotelblauerbock.de

EINKAUFEN

servus.heimat. Kitschige Andenkenläden gibt es en masse in der Innenstadt, der Museumsshop im Stadtmuseum bildet die löbliche Ausnahme. Hier findet man Authentisches, nett präsentiert, sogar ein Dultstand ist aufgebaut. Gute Auswahl an Literatur über München, CDs etc. Zugang über den Hof des Stadtmuseums.

Witzige Souvenirs findet man im »servus.heimat«.

5 Hackenviertel
Der Charme der Altstadt

Zwei sich rechtwinklig kreuzende Hauptstraßen, vier Stadtviertel – die Gliederung des vom zweiten Mauerring umgebenen mittelalterlichen München ergab sich wie von selbst. Der wichtigste Handelsweg, die von Osten nach Westen verlaufende Salzstraße, bildete die soziale Demarkationslinie: im Norden Hof und Klerus, im Süden Handwerker, Gewerbetreibende und die Außenseiter – Huren und Henker.

Vierspurig rauscht der Verkehr durch die Sonnenstraße vom Sendlinger Tor zum Stachus, Trambahnen im Minutentakt, gesichtslose Büro- und Geschäftsbauten – so sehen sie aus, die Sünden der Nachkriegszeit, die »Zugeständnisse an den Fortschritt«, der sich in Form eines 50 bis 70 Meter breiten »Park- und Verkehrsrings« entlang des historischen Festungsgürtels um die Altstadt legt.

Von der ehemaligen Wehranlage, dem Sendlinger Tor (1318), blieben nur die beiden Flankentürme (1420) erhalten – wie eine historische Fußnote steht der Bau im Getöse, und man möchte nicht glauben, dass zwischen der Sonnenstraße, der Kaufinger-/Neuhauser Straße und der Sendlinger Straße ein Viertel erhalten blieb, an dem die Zeit scheinbar vorbeigegangen ist: das Hackenviertel.

Bedrohtes Idyll?

Schmale Gassen, die dem mittelalterlichen Lauf folgen, wie der Färbergraben und das Altheimer Eck. Die kleine Kreuzkirche, ein Backsteinbau von Ganghofer (s. S. 60), elaboriert gearbeitete Hauszeichen, wie »Maria im Birnbaum« Ecke Kreuz-/

Der nach der Umgestaltung des St.-Jakobs-Platzes neu angelegte und begrünte Oberanger, im Hintergrund ist die evangelisch-lutherische Kirche St. Matthäus zu erkennen, die in den 1950er-Jahren errichtet wurde.

Bürgerstolz: Ruffinihaus an der Sendlinger Straße

Brunnstraße. Es gibt viel zu entdecken, wenn man durch dieses Viertel schlendert – eine andere Gangart passt nicht zum Rhythmus der Gassen. Selbst der Handel geht hier ruhig vonstatten, in der Kreuzstraße sitzen die Geschäftsleute bei schönem Wetter vor ihren kleinen Läden, vor Ida's Milchladen stehen die Leute in der Mittagspause geduldig Schlange. Die Geschäfte im Hackenviertel werden nicht im Franchising betrieben, sondern von Einzelhändlern, die hier schon jahrzehntelang ansässig sind: Juweliere, Antiquitäten- und Blumenhändler, Fachgeschäfte für Glas, Stoffe, Einrichtung.

Wie lang dieses Idyll wohl noch besteht? Erste Anzeichen lassen Schlimmes befürchten: So schloss die »Hundskugel«, ein Wirtshaus, das es seit 1440 gab – die Baustelle verdarb das Geschäft. Gebaut wurde hier jahrelang und in großem Stil: Das Areal zwischen Sendlinger und Hotterstraße, Hackenstraße und Färbergraben, früher Sitz der »Süddeutschen Zeitung«, wird nun als »Hofstatt« vermarktet: Büros, Geschäfte, Wohnungen. Alles vom Feinsten und vom Teuersten. Die Schickeria kommt – ob das Hackenviertel diesen Ansturm übersteht, bleibt abzuwarten.

DIE FEIERBANANE

Die einen feiern, die anderen wollen schlafen. Von den Konflikten, die daraus in Wohngebieten entstehen, kann die Polizei ein Lied singen, und so waren die Ordnungshüter froh, als die Partygänger die Sonnenstraße für sich entdeckten. Denn die ist Gewerbegebiet, und niemand sucht hier Schlaf. 2004 eröffnete der »Cord-Club« und weitere folgten: Die etwa 1,2 Kilometer lange Strecke zwischen Sendlinger Tor und Maximiliansplatz wurde zur Partypiste, und da sie in einer leichten Kurve verläuft, erhielt sie den Namen »Feierbanane«. Inzwischen mehren sich die Exzesse, der Maximilianspark wurde zum Brennpunkt, die Polizei ist präsent und nicht mehr froh. Aber wer feiern will, ist hier richtig. Ab 22 Uhr geht's los, mehr als ein Dutzend Clubs bieten alles, was gerade angesagt ist. Einzelne Adressen aufzuführen, Dresscodes oder Musikrichtungen zu listen, scheint nicht sinnvoll. Die Szene ist zu schnelllebig, 2012 schloss der »Cord-Club« schon wieder, ein neuer wird folgen. Einfach hingehen, mitfeiern. Und erleben, wie gut die Partylaune in der »nördlichsten Stadt Italiens« ist.

Die Asamkirche - zwei Brüder, ein Gesamtkunstwerk

AUTORENTIPP!

DAS WEINHAUS NEUNER

Eine Geschichte, die bis ins 15. Jahrhundert zurückreicht. Tiroler Bögen im Erdgeschoss, die den Denkmalschutz rechtfertigen, an den Wänden Gemälde mit Altmünchner Szenen … Schön und gut, aber auch schönstes Ambiente hilft nichts, wenn das Essen enttäuscht. Stimmen Küche, Service, Weinauswahl, steigern die Räumlichkeiten das Wohlbefinden – und das Essen wird zu einem echten Glückserlebnis!

Genau das bietet das Weinhaus Neuner: Die Bedienungen sind unaufdringlich-freundlich, der Keller birgt fantastische Tropfen, und serviert wird bayerisch-österreichische Regionalküche auf höchstem Niveau. Natürlich ist der Neuner nicht billig, aber auch nicht überteuert: Einige Restaurants im Umkreis bieten für dieselben Preise weit weniger.

Weinhaus Neuner, Mo–Sa 12–15 und 18–24 Uhr, Herzogspitalstr. 8, Tel. 089/260 39 54, www.weinhausneuner.de

Die Asamkirche (St. Johann Nepomuk)

»Kirchen interessieren mich nicht. Nach der dritten sehen alle gleich aus.« – »Ich mag kein Barock. Zu viel Pathos, niedliche Putten – für mich ist das Kitsch.« – »Kultur? Ätzend. Shoppen gefällt mir!« Diese und andere Argumente zählen nicht: Die Asamkirche muss man einfach gesehen haben. Sie ist einzigartig, überwältigend, eine Meisterleistung der Brüder Asam, deren Namen sie auch trägt. Cosmas Damian (1686–1739), Maler und Baumeister, und Egid Quirin (1692–1750), Bildhauer, Stuckateur, Architekt, waren als angesehene Künstler im ganzen süddeutschen Raum tätig. 1729 zog Egid in die Sendlinger Straße, und nun konnte er endlich tun, wovon Kreative träumen: arbeiten, ohne die Wünsche lästiger Auftraggeber zu erfüllen.

Die Kirche, 1733–1746 neben dem stuckverzierten Wohnhaus Asams errichtet, war ursprünglich als Privatkapelle gedacht – Egid konnte von seinem Schlafzimmer auf den Hochaltar blicken –, wurde auf Drängen der Bevölkerung aber dann öffentlich zugänglich. Auf den ersten Blick wirkt der schmale, lange, hohe Raum, den kaum Lichtquel-

Rundgang

Ⓐ Das einzige sehenswerte Gebäude an der Sonnenstraße wurde in den 1850er-Jahren nach Plänen von Friedrich von Bürklein, dem Gestalter der Maximilianstraße, gebaut. Nach seiner ehemaligen Funktion heißt es **Isar-Post** und beherbergt u.a. ein Café mit Bar (»8 Seasons«). Früher befand sich hier die »Frauengebäranstalt« – ein wunderbarer Name, wirft er doch die Frage auf, wo denn die Männer hingingen, wenn bei ihnen die Wehen einsetzten …

Ⓑ Die wunderschöne Fassade des **Palais Lerchenfeld** ist einen Blick wert, das Gebäude wurde in den 1720er-Jahren wahrscheinlich von I. A. Gunetzrhainer (s. S. 60) erbaut, heute ist hier das städtische Bestattungsamt untergebracht.

Ⓒ Eine Tafel verrät's: Im Haus **Hackenstraße 7** wohnte der Dichter **Heinrich Heine** 1827/28. Er wäre gern Literaturprofessor an der Uni geworden, aber sein katholischer Kollege Joseph Görres dif-

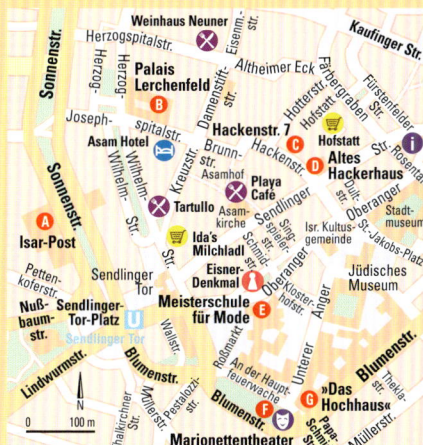

famierte ihn als Feind der Kirche, und so wurde nichts aus dem Lehrstuhl.

Ⓓ Das **Alte Hackerhaus** gehört zu den Traditionswirtschaften in München, es besitzt gemütliche Gaststuben und einen sehr schönen Innenhof.

Ⓔ Die Münchner **Meisterschule für Mode** genießt einen ausgezeichneten Ruf. Sie ist in einem Palast untergebracht, den Cuvilliés d. J. 1774/75 für die bayerischen Landstände (Vertreter des Adels, des Klerus und der Kommunen) errichtete.

Ⓕ Direkt an der viel befahrenen Blumenstraße und gegenüber der 1904 eröffneten Hauptfeuerwache blieb eine Grünfläche mit altem Baumbestand erhalten, auf der ein Kirchlein und das **Marionettentheater** stehen.

Ⓖ Das 45,50 Meter hohe Gebäude an der Ecke Blumenstraße nennen die Münchner **»das Hochhaus«.** Es ist das älteste der Stadt, 1929 war es bezugsfertig, im Vorfeld hatte schon damals eine »Hochhausdiskussion« stattgefunden, die 1921 zum Beschluss des Stadtrats führte, Bauten zu erlauben, die nicht höher als die Frauenkirche sind.

Sommerlicher Treffpunkt: der Brunnen am Rindermarkt

len speisen, wie eine Grotte. Wenn sich die Augen an das schummrige Licht gewöhnt haben und das Gold anfängt zu blitzen, erkennt man, welches grandiose spätbarocke Gesamtkunstwerk die Brüder geschaffen haben.

Endlich: ein Denkmal für Kurt Eisner

Mit der Neugestaltung des St.-Jakobs-Platzes (s. S. 46) wurde auch der Oberanger verändert: weniger Raum für den Verkehr, Platz für Grün und Bäume. Auf dem Grünstreifen erhielt 2011 einer ein Denkmal, der es schon lange verdient hätte: Kurt Eisner (1867–1919). Eisner, der erste Ministerpräsident und Gründer des Freistaats Bayern, war der führende Kopf des nach der Novemberrevolution 1918 gebildeten Arbeiter-, Soldaten- und Bauernrats. Die Revolutionäre hatten die Macht nur kurz in der Hand, aber sie brachten entscheidende Fortschritte: So war Bayern das erste Land, in dem der Achtstundentag und das Frauenwahlrecht eingeführt wurden. »Die 100 Tage der Regierung Eisners«, so der Schriftsteller Heinrich Mann, »haben mehr Ideen, mehr Freuden der Vernunft, mehr Belebung der Geister gebracht als die 50 Jahre vorher.«

Aber Eisner war Jude, er war Sozialist – da fanden sich immer wieder reaktionäre Kräfte, die verhinderten, dass ihm Ehre zuteil wurde. Als 1969 eine Straße nach ihm benannt werden sollte, erhob sich in der CSU Protest: Die Gefühle der Witwe des Grafen Arco-Valley könnten verletzt werden. Dazu muss man wissen, dass die zart besaitete Dame die Frau von Eisners Mörder war – der rechtsnationale Graf hatte den Ministerpräsidenten am 21. 2. 1919 erschossen. Stilisierte Schmauchspuren auf dem gläsernen begehbaren Denkmal von Rotraut Fischer weisen darauf hin.

Oben: Gedenken an Kurt Eisner, der Ministerpräsident wurde 1919 vor dem Bayerischen Hof am Promenadeplatz erschossen.
Unten: Hübsche Oase abseits der Sendlinger Straße: der Asamhof

Infos und Adressen

SEHENSWÜRDIGKEITEN

Asamkirche. Am Morgen ist das Licht am schönsten. Mo–Fr 7.30–18 Uhr, Sa 8–19 Uhr, So 8–15 Uhr. Sendlinger Str. 32, U1, 2, 3, 6, 7, Tram 16, 17, 18, 27, Bus 152 (Sendlinger Tor)

ESSEN UND TRINKEN

Ida's Milchladl. Hausgemachte Salate und kleine Speisen zum Mitnehmen, alles frisch, alles köstlich. Mo–Fr 6.30–16 Uhr, Kreuzstr. 23

Tartullo. Gute, nicht teure italienische Küche. Sehr eng, etwas überdekoriert, aber gemütlich. Terrasse. 11.30–1 Uhr, Kreuzstr. 18, Tel. 089/ 21 02 44 96

Playa Café im Asamhof. Im Asamhof, den man über Passagen von der Kreuz-, der Brunn- und der Sendlinger Straße erreicht, sitzt man gemütlich und – wenn man das »Playa« wählt – in buntem Ambiente. Schöne Terrasse, italienisch-asiatische Küche, zivile Preise. 10–24 Uhr, Kreuzstr. 3B, Tel. 089/23 23 26 69, www.playa-cafe-restaurant.de

Prinz Myshkin. Vegetarische Küche, teuer, aber hervorragende Qualität. 11–0.30 Uhr, Hackenstr. 2, Tel. 089/ 26 55 96, www.prinzmyshkin.de

Restaurant La Playa, bunt und liebevoll dekoriert

Bis ins kleinste Detail gestaltet: das Asamhaus

ÜBERNACHTEN

Hotel Asam. Privat geführtes Boutique-Hotel, nicht billig, aber zentral gelegen. Kleiner Garten im Innenhof. Josephspitalstr. 3, Tel. 089/230 97 00 www.hotel-asam.de

Motel One. Design-Kettenhotel, preiswert, beste Lage am Sendlinger Tor, ruhig, modern eingerichtet. Die Zimmer sind etwas klein, aber das Preis-Leistungs-Verhältnis stimmt. Herzog-Wilhelm-Str. 28, Tel. 089/51 77 72 50, www.motel-one.com

EINKAUFEN

Radspieler. Kleidung, Stoffe, Möbel, Einrichtungsgegenstände, Dekoratives für Haus und Garten – alles, was das Traditionshaus Radspieler bietet, zeugt von Qualität. Mo–Fr 10–19 Uhr, Sa 10 bis 18 Uhr, Hackenstr. 7, www.radspieler.com

6 Frauenkirche
Bäuerliche Vornehmheit

Die beiden Türme sind das Wahrzeichen Münchens. Stämmig und klar gegliedert, flankieren sie die Westseite des Kirchenschiffs bis zum Dachfirst. Dort treten sie leicht zurück und bauen sich nun achteckig – nichts an Klarheit verlierend, aber Leichtigkeit gewinnend – zu voller Höhe auf. Uhren, Fenster, Strebepfeiler an den Diagonalseiten. Und dann die Hauben: ein Stilbruch – aber wahrzeichentauglich.

1468 Grundsteinlegung. 1473–1477 Einwölbung. 1477/78 Dachstuhl. 1488 Vollendung der Türme. Vollendet insofern, als es nicht hineinregnete – schön waren die Plattformen, die die Türme deckelten, nicht. In diesem Zustand wurde die Kirche zu Unserer Lieben Frau 1494 geweiht, in diesem Zustand blieb sie bis 1525. Zu dieser Zeit hatte sich der Geschmack geändert, in Augsburg orientierte man sich schon in Richtung Renaissance.

Oben: Der Dichter Heinrich Heine mochte die Frauenkirche nicht, er bemängelte ihre »stiefelknechtliche Gestalt«.
Unten: Die »welschen Hauben« geben der Kirche ihr unverwechselbares Aussehen.

MAL EHRLICH

STADT OHNE HOCHHÄUSER

Die Frauentürme sind das Maß aller Dinge: Höher als 99 Meter darf man nicht bauen. Das war schon immer so, nur außerhalb des Mittleren Rings waren Höhenflüge zugelassen. Bis 2004. Da kam es zum Bürgerentscheid, und nun gilt die Höhenbegrenzung überall. Nichts gegen ein einheitliches Erscheinungsbild. Aber flächendeckend Hochhausverbot? Und das in einer Stadt mit den höchsten Mietpreisen Deutschlands! Diese ästhetische Extravaganz muss man sich leisten können. Die Münchner können es wohl – es war ihr Bürgerentscheid.

Dorthin fuhr ein Ratsherr »unserer Frauenthurm halber«, und wenig später setzten die Münchner ihrem spätgotischen Bau kupferne Kugeln auf: »welsche Hauben«.

Warum es so lang dauerte, bis die Türme ihre Kuppeln bekamen, ist nicht belegt. Vielleicht, weil anderes geschah, das die Aufmerksamkeit des Herzogs Albrecht IV. (1467–1508) verlangte und die bayerische Bevölkerung Geld kostete. So musste 1504/05 der Landshuter Erbfolgekrieg geführt werden, um zu klären, ob Niederbayern nach dem Tod des Wittelsbachers Georg des Reichen an die Rheinpfalz oder an München fallen sollte. Der Landshuter hatte keinen Erben hinterlassen, nach den wittelsbachischen Hausverträgen stand das Land Albrecht zu – und der bekam es auch. Und nicht nur das: Er konnte 1506 erreichen, dass von nun an der Erstgeborene erbte, sprich Bayern wurde nicht mehr aufgeteilt. Für München war der Landgewinn von immenser Bedeutung: Die Stadt an der Isar wurde nun zum Mittelpunkt eines ausgedehnten Flächenstaats, der Wandel von der Bürgerstadt zur Residenzstadt begann.

Bodenständig hoch hinaus

1462 zählte München 12 614 Einwohner. In der Frauenkirche finden 20 000 (stehende) Menschen Platz. Der dreischiffige Backsteinbau ist eine der größten Hallenkirchen Süddeutschlands: 109 Meter lang, 40 Meter breit, die Türme ragen fast 99 Meter empor.

Ein ambitionierter Bau in der mittelalterlichen Stadt, in deren engem Mauerring sich die Häuschen Seite an Seite drängten. Und dies war nicht die einzige Großbaustelle: Zeitgleich mit der Kirche entstand ein neues Rathaus. Diese beiden

Glasfenster in der Rupertuskapelle (um 1493).

Bauten gelten als steinerne Manifeste eines reichen, stolzen Bürgertums, als Zeugen einer Zeit, in der Hof und Bürgerschaft noch im Konsens arbeiteten. Die Frauenkirche war zwar von Anfang an als Grablege für die Wittelsbacher gedacht (die Fürstengruft ist vom Chorraum aus zugänglich), doch die Bauausführung lag in den Händen des Magistrats. Und der ging pragmatisch vor. Monumental und repräsentativ sollte es schon sein, aber bitte nicht allzu teuer. Also heimisches Material: Ziegel. Und ein heimischer Maurer: Jörg von Halspach. Oder Halsbach. Oder »der Ganghofer«.

Soll das Werk den Meister loben

Wie man seinen Namen genau schrieb, ist ungewiss, und auch sonst ist nichts überliefert von dem Meister, der es schaffte, die Frauenkirche in nur 20 Jahren zu vollenden. Ein Porträt von Jan Polack aus dem Jahr 1485 zeigt ihn als ernsten, zurückhaltenden Mann mit fein geschnittenen Gesichtszügen. Auf seiner Grabplatte im Dom steht, er habe den ersten, den mittleren und den letzten Stein gelegt – welcher mittelalterliche Kathedralenbauer kann das von sich sagen?

»Bäuerliche Vornehmheit« attestiert Michael Schattenhofer in »München im Wandel der Jahr-

Frauenkirche

hunderte« der Kirche, und besser kann man es nicht ausdrücken: »Die Frauenkirche wurde nicht als himmelstürmende Kathedrale (errichtet), sondern ganz in sich ruhend und breit hingelagert – dabei nicht schwerfällig, aber selbstbewusst und kraftvoll – ohne die flackernde Unruhe gotischer Dome, aber randvoll von Dasein – nicht elegant, aber von einer bäuerlichen Vornehmheit.«

Wenn man den Bau durchs Westportal betritt, sollte man verharren und den Raumeindruck genießen: Halspach hat die elf Pfeilerpaare des Mittelschiffs so angeordnet, dass sie optisch eine Wand zwischen dem Haupt- und den beiden Seitenschiffen bilden, die alle Seitenfenster verdeckt. Das Mittelschiff leuchtet, die Lichtquellen bleiben verborgen.

Das verwirrte sogar den Teufel, wie »Verfasser unbekannt« anschaulich schildert: »Das Spitzgewölb, der Bogengang)/ der schlanken Säulen Doppelreih'/ entpresst ihm einen Zornesschrei./ So schaut er ringsum, schaut zurück,/ da heitert plötzlich sich sein Blick/ und triumphierend ruft er aus:/ ›Es ist kein Fenster in dem Haus!‹« Dabei stampfte er auf und hinterließ seinen Fußabdruck in der Eingangshalle.

Investition ins Seelenheil

Eine Kirche so prächtig, dass sie sogar den Neid des Teufels erregt – wäre es da nicht angemessen, hier einen Bischof einzusetzen? Die Münchner probierten es, der Papst war dagegen. Die Stadt blieb weiterhin den Freisingern unterstellt, erst 1821 wurde München Bischofsstadt und die Frauenkirche zum Dom. In anderer Hinsicht zeigte sich der Papst entgegenkommender: Als den Münchnern 1479 das Geld ausging, gewährte er ihnen einen Bauablass. Wer damals nach München pil-

Oben: Früher war die Frauenkirche bunt bemalt, beim Wiederaufbau nach der Kriegszerstörung entschloss man sich, sie schlichter zu gestalten.
Unten: Eindeutiger Beleg: Hier stampfte der Teufel auf!

Oben: Grabmonument für Kaiser Ludwig den Bayern mit der spätgotischen Grabplatte
Mitte und unten: Details aus dem reich verzierten Epitaph des Stiftsdekans Philipp Dobereiner († 1576)

gerte, konnte das »Sightseeing« mit der Optimierung seines Zeitmanagements im Jenseits verbinden: Eine Geldspende in angemessener Höhe führte zwar nicht zur Vergebung der Sünden, verkürzte aber die Zeit, die man im Fegefeuer brennen musste. Dieses Investmentmodell fand regen Zuspruch, nach drei Jahren war genug in der Kasse, um die Ausstattung der Kirche zu bezahlen. Dabei wirkte auch der Mann mit, der die Moriskentänzer für den Festsaal im Rathaus geschnitzt hatte: Erasmus Grasser. Das von ihm geschaffene Chorgestühl (1495–1502) wurde im Krieg zerstört, aber etliche Figuren blieben erhalten und zeugen bis heute vom großen Können dieses spätgotischen Künstlers.

Die Kirche birgt zahlreiche Kunstwerke, vor allem die spätgotischen sind sehenswert: das Steinbildwerk des Auferstandenen am nördlichen Chorpfeiler (um 1320), das Salzburger Vesperbild in der Bartholomäuskapelle (um 1400), der heilige Christophorus und die Ritterheiligen Rasso und Georg (um 1525), Maria im Ährenkleid von Jan Polack (1495) und das Scharfzandfenster (um 1493) im Chor.

Heute im hinteren südlichen Teil an den Rand gedrängt, steht das Grabmonument für Kaiser Ludwig den Bayern. Maximilian I. (s. S. 92) ließ es im Jahr 1622 errichten, und damals erhob es sich an zentraler Stelle im Chor. Es enthält die spätgotische Grabplatte des Kaisers, umgeben von drei Wittelsbachern und knienden Lanzenträgern. Position und Bildsprache machen deutlich: Dies ist die Kirche der Herrscher. Und: Wir Wittelsbacher waren Kaiser und »Wir können Kaiser!« Dass der Papst über Ludwig den Bann verhängt hatte und der Kaiser nicht in geweihter Erde bestattet worden war, störte den papsttreuen Maximilian I. anscheinend nicht.

Infos und Adressen

SEHENSWÜRDIGKEITEN

Frauenkirche. 7–19 Uhr, Do bis 20.30 Uhr, Fr bis 18 Uhr. Führungen von Mai–Sept. So, Di, Do 14 Uhr. Treffpunkt unter der Orgelempore. Alle S-Bahnen, U3, U6, Bus 53 (Marienplatz)

ESSEN UND TRINKEN

Zum Augustiner. Großgaststätte mit Tradition, gute bayerische Küche und ausgezeichnetes Bier – viele Münchner halten das Augustinerbier für das beste (Spezialität: Edelstoff). Besonders schön sitzt man im Muschelsaal und bei schönem Wetter im Arkadengarten. Restaurant Mo–Sa 10–24 Uhr, warme Küche 11–23 Uhr; Bierhalle Mo–Sa 9–24 Uhr, So 10–24 Uhr, warme Küche tgl. 11–23 Uhr, Neuhauser Str. 27, Tel. 089/23 18 32 57, www.augustiner-restaurant.com

EINKAUFEN

Frey Wille. Emaille-Schmuck, von Künstlern und Goldschmieden entworfen, handgefertigt, sehr schön, sehr edel, sehr teuer. Außerdem Accessoires: Taschen, Uhren, Schreibgeräte, Manschettenknöpfe, Gürtel – für Damen und Herren. Frauenplatz 10

Bleibende Erinnerung: Grabplatte an der Außenmauer

Seiden Reinhard. Große Auswahl an Seidenstoffen, Tüchern etc. Ein Traditionsgeschäft, in dem schon die Hippies ihre bunten Tücher kauften. Frauenplatz 14

Willi Fischer. Der Schneider am Dom. Heute lässt er in Rom schneidern, aber als Joseph Ratzinger Erzbischof in München war (1977–1982), kleidete er sich beim Schneider am Dom ein. Der hat sich auf klerikale Kundschaft spezialisiert, doch keine Angst: Man muss sich nicht zum Zölibat bekennen, wenn man hier Kunde sein will, es werden auch Maßanzüge für weltliche Herren gefertigt. Frauenplatz 15

Besonders gemütlich sitzt man im Muschelsaal in der Traditionsgaststätte »Zum Augustiner«.

7 Am Platzl: Hofbräuhaus & Co.
Im Dunstkreis des Hofes

Das »l« als Substantivendung bildet im Bairischen den Diminutiv: Platzl heißt also kleiner Platz. Gut, dass die Besucher, die täglich hierher strömen – bis zu 30 000! – nicht alle verweilen, sonst würde es eng auf dem Platzl. Aber die Touristen kommen nur kurz, tippeln durch die riesige Halle, bestaunen Menschen, die, seltsam gewandet, vor großen Bierkrügen sitzen, und dann haben sie gesehen, was sie sehen wollten: das Hofbräuhaus.

Der Münchner im Himmel: Jeder echte Münchner kennt die Geschichte, die der Schriftsteller Ludwig Thoma 1911 erdachte: Alois Hingerl kommt in den Himmel und soll als Engel Aloisius »frohlocken und Hosianna« singen. Auf seine Frage, wann er denn etwas zu trinken bekäme, antwortet Petrus, er werde sein »Manna« schon bekommen. Aloisius schwant nichts Gutes, aber er setzt sich auf seine

Oben: Biergenuss mit Gesang: »In München steht ein Hofbräuhaus, oans, zwoa, gsuffa.« Das Lied komponierte ein Berliner!
Unten: Das Platzl, intimer Stadtraum mitten im Zentrum

MAL EHRLICH

SCHUHBECKS IMPERIUM

Nichts gegen Herrn Schuhbeck. Der Mann hat sich seinen Stern verdient, er versteht sein Handwerk und sieht immer sehr nett aus, wenn er sich in Kochkluft mit der Münchner Schickeria ablichten lässt. Aber was am Platzl passiert, schreit geradezu nach dem Kartellamt: Schuhbecks Gewürze, Schuhbecks Eissalon, Schuhbecks Schokoladenladen, Schuhbecks Teeladen. Die »Südtiroler Stuben«: Schuhbeck. Das Restaurant »Orlando«: Schuhbeck. Fragt sich, wann der Platzhirsch am Platzl sich das Hofbräuhaus greift …

Am Platzl: Hofbräuhaus & Co.

Wolke und frohlockt. Ihm fehlt der Schnupftabak, er will kein Manna, sondern Bier, er wird immer zorniger: »Ha-ha-lä-lä-lu-u-uh – Himmi Herrgott – Erdäpfi – Saggerament – lu – uuu – iah!« Von dem Krakeele erwacht der liebe Gott aus seinem Mittagsschlaf, lässt sich die Ursache der Ruhestörung erklären, kommentiert mit »Aha! Ein Münchner!« und findet eine Lösung: Aloisius soll als Bote nach München zurückkehren und die göttlichen Ratschläge der bayerischen Regierung überbringen. Er erhält einen Brief für den Kultusminister Wehner, fliegt, landet – und geht ins Hofbräuhaus. Dort trinkt er eine Maß, eine zweite ... und vergisst den Auftrag. Der letzte Satz der Geschichte: »Herr von Wehner wartet noch heute vergeblich auf die göttliche Eingebung« brachte Thoma eine Geldstrafe ein.

Brauen als Sparmaßnahme

Thoma spielt hier humorvoll mit dem Klischee des Bayern, dessen Seligkeit allein vom Gerstensaft abhängt. Und dieses Klischee ist verbreitet: Hofbräuhaus und Oktoberfest stehen weltweit als Synonyme für München. Den gemeinsamen Nenner bildet das Bier, und diese Trias suggeriert Gemütlichkeit, Gastlichkeit, friedliches Miteinander aller: »Hier findet sich auf brüderlichen Bänken Hoch und Gering in traulichem Gemische«, wie der in München ansässige Literaturnobelpreisträger Paul Heyse (1830–1914) dichtete.

Von »traulichem Gemische« konnte nicht die Rede sein, als das Hofbräuhaus 1589 im Alten Hof eröffnet wurde. Zutritt hatten ausschließlich Angehörige des Hofes. Die sollten Selbstgebrautes trinken, weil Herzog Wilhelm V. keine Lust mehr hatte, für seinen durstigen Hofstaat das zwar exzellente, aber teure Bier aus dem hannoverschen Einbeck zu importieren.

In der Schwemme verkehrte einst das einfache Volk.

AUTORENTIPP!

DAS WEISSE BRÄUHAUS

Die Münchner gehen gern ins Weiße Bräuhaus. Traut man sich hier doch etwas, was sich das Hofbräuhaus mit seinem internationalen Publikum nicht leisten kann: echte Münchner Spezialitäten anzubieten, etwa gebackenes Kalbshirn. Aus der »Kronfleischküche« kommt jeden Tag ein typisch bayerisches Gericht: Kalbsherz vom Grill, Kesselfleisch, sogar Stierhoden, gegrillt. Dazu trinkt man die Schneider Weiße, ein Weißbier, das es in verschiedenen Variationen gibt, hell und dunkel.

Die Atmosphäre in dem alten Gasthaus von 1904 ist gemütlich, neben der Schwemme gibt es auf zwei Stockwerken größere und kleinere Stuben. Fux'n und Kneipsaal sind traditionelle Treffpunkte der Studentenverbindungen, und im Bürgersaal kommt der Vatikanstammtisch zusammen, an dem auch schon der spätere Papst Benedikt XVI. saß.

Weißes Bräuhaus. 8–1 Uhr, Tal 7, Tel. 089/290 13 80, www.weisses-brauhaus.de

Die Höflinge waren sicher nicht glücklich: Es dauerte Jahrzehnte, bis das Bier als »Bock« »ainpockische« Qualität erreichte, aber für den Hof erwies sich die Entscheidung als lukrativ: Er sicherte sich das Monopol zum Brauen von Weißbier und verkaufte seine Produkte mit beträchtlichem Gewinn ab 1610 auch an die Gastwirte. Nun konnten alle Münchner das Bier des Hofes genießen, betreten durften sie das Hofbräuhaus, das seit 1607 an der heutigen Stelle auf dem Platzl steht, erst ab 1828.

Bierpalast Hofbräuhaus

Die Redewendung »etwas anpreisen wie sauer Bier« zeugt davon, dass Brauen eine nicht immer von Erfolg gekrönte Kunst war. Erst in der zweiten Hälfte des 19. Jahrhunderts ermöglichten Fortschritte in Chemie und Technik, das ganze Jahr über Bier gleichbleibend hoher Qualität herzustellen. Einen entscheidenden Beitrag dazu leistete 1873 der in München wirkende Ingenieur Carl von Linde (1842–1934) mit der Erfindung eines Kompressors zur Erzeugung künstlicher Kälte.

Nun entstanden riesige Bierfabriken, deren Besitzer in der Münchner Gesellschaft in die höchsten Kreise aufstiegen und sich ebenso großer Achtung erfreuten wie die erfolgreichen Künstler. Geadelt

Am Platzl: Hofbräuhaus & Co.

freilich wurden sie nicht, aber das Volk gab ihnen den Namen »Bierbarone«, und die von den Brauereien betriebenen Gaststätten hießen »Bierpaläste«.

Den Prototypus für die Architektur dieser Wirtshäuser hatte bereits Gabriel von Seidl (s. S. 189) geschaffen: Fassaden Neorenaissance, Innenausstattung mit Elementen, die in Verklärung des Rittertums das Mittelalter romantisieren. Zu der Zeit, als das Hofbräuhaus neu errichtet wurde (1897), folgte die »Bierarchitektur« einem festgelegten Konzept: Es gab einen Festsaal, in dem Versammlungen und Veranstaltungen stattfanden. Einzig die Firma Heilmann & Littmann besaß das technische Know-how, weitgespannte Tonnengewölbe ohne Stützen zu errichten. Sie bekam auch den Auftrag der königlichen Baubehörde – 735 Quadratmeter misst der Festsaal des Hofbräuhauses. Sodann besaß jeder Bierpalast eine Schwemme, im Hofbräuhaus ist sie fast so groß wie der Festsaal. In der Schwemme verkehrte das einfache Volk, während die Bürger im Gaststättenbereich einkehrten, in dem kleine Bürgersäle traute Wohnzimmeratmosphäre schufen. »Hoch und Gering« – die Hierarchie blieb also durchaus gewahrt.

Orlando-Haus und Alte Münze

Die Nordseite des Platzls wird beherrscht vom Orlando-Haus (Max Littmann, 1899). Dessen Name erinnert an den Mann, der hier einen der Vorgängerbauten bewohnte: den Komponisten Orlando di Lasso (ca. 1532–1594). Herzog Albrecht V. hatte den in ganz Europa berühmten, ungeheuer vielseitigen und produktiven Musiker 1557 nach München geholt, unter seiner Leitung wurde die Hofkapelle zu einer der bedeutendsten ihrer Zeit. Zum Entsetzen seiner Berater – Albrecht hatte bereits von seinem Vater einen Schuldenberg übernommen und sorgte dafür, dass der heftig weiter-

Oben: Das Münchner Hofbräuhaus besitzt einen wunderschönen Garten mit alten Kastanien.
Unten: Platzl, Blick aufs Orlandohaus, in dem heute ein Restaurant untergebracht ist

wuchs – erklang nun täglich Musik zur Messe und bei Tisch. Und nicht nur das: Der Herzog gab Unsummen für den Ankauf von Kunstwerken, Münzen, Büchern und antiken Skulpturen aus.

Um seine Exponate aus Kunst- und Naturgeschichte zu präsentieren – öffentlich, seine Kunstkammer war das erste Museum in Bayern –, erbaute er 1567 das erste Renaissancegebäude in München. Den Innenhof des mächtigen Gevierts mit den dreigeschossigen Laubengängen, heute Alte Münze genannt, kann man besichtigen.

Der Alte Hof

Viel blieb nicht erhalten von der Burg, die den Wittelsbachern seit 1253 als Stadtresidenz diente, aber man kann noch erkennen, dass es sich um eine wehrhafte Anlage handelte. Ihre Glanzzeit erlebte die »Ludwigsburg« unter Ludwig dem Bayern, der von 1328 bis 1347 deutscher Kaiser war und von München aus das Heilige Römische Reich Deutscher Nation regierte – dies war übrigens der erste feste kaiserliche Regierungssitz.

So wehrhaft die Burg war, sie lag eingeschnürt in der Innenstadt und bot keine Fluchtwege. Das erwies sich als Nachteil, wenn es zu Konflikten zwischen dem Hof und den Bürgern kam. Wie 1385, als die Steuerlast wieder mal drückend war und die wütenden Münchner einem wittelsbachischen Ratsherrn den Kopf abschlugen. Schlecht sollte ihnen das bekommen: Auf den Knien mussten sie Buße tun, zahlen mussten sie, und schließlich verlangte der Herzog auch noch, dass ihm eine neue Bleibe errichtet werde. Eine am Rand der Stadt, eine Burg mit Wassergraben und Fluchtwegen: die Neuveste. Aus ihr entwickelte sich im Lauf der Jahrhunderte die Residenz (s. S. 76), der Alte Hof diente nur noch Verwaltungszwecken.

Oben: Der Alte Hof, hier residierte einst der Kaiser Ludwig der Bayer. **Unten:** Stilvoller geht's nicht: In der Alten Münze ist das Bayerische Landesamt für Denkmalpflege untergebracht.

Infos und Adressen

SEHENSWÜRDIGKEITEN

Hofbräuhaus. Um Essen und Trinken auch im Freien zu ermöglichen, erhielten die innenstädtischen Bierpaläste nach 1896 einen »Kneiphof« – dieser Innenhof ist wunderschön, ein gemütliches Plätzchen fernab des Trubels. 9–23 Uhr, Am Platzl 9, Tel. 089/29 01 36 10, www.hofbrau haus.de, alle S-Bahnen, U3, U6 Marienplatz

Münchner Kaiserburg im Alten Hof. Die gut gemachte Multimedia-Präsentation führt zurück in die Zeit, als Kaiser Ludwig der Bayer im Alten Hof residierte. Der Eintritt ist kostenlos, der Besuch lohnt sich schon wegen des wunderbaren gotischen Gewölbes im Untergeschoss. Mo–Sa 10–18 Uhr, Infopoint Alter Hof, www.muenchner-kaiserburg.de

Brotzeit im Garten des Hofbräuhauses

Zum Reinbeißen: Schweinshaxn beim Haxnbauer

ESSEN UND TRINKEN

Haxnbauer. Beim Blick durch das Fenster auf den Haxngrill läuft einem bereits das Wasser im Mund zusammen – sofern man nicht gerade Vegetarier ist. Haxn sind Hinterfüße vom Schwein oder Kalb, die beim Haxnbauer über Buchenholz gegrillt und mit einer wunderbar reschen Kruste serviert werden. 11–24 Uhr, Sparkassenstr. 6, Tel. 089/216 65 40

ÜBERNACHTEN

Platzl Hotel. Das gut geführte Vier-Sterne-Hotel liegt mitten in der Innenstadt, trotzdem ist Nacht-

ruhe garantiert. Preislich: obere Mitte. Sparkassenstr. 10, Tel. 089/23 70 30, www.platzl.de

EINKAUFEN

Elly Seidl. Seit 1918 verwöhnt Elly Seidl die Münchner mit handgefertigten Pralinen. In diesen Jahrzehnten hat die Konkurrenz nicht geschlafen, aber die Fans von Elly Seidl schwören, dass es in der Stadt keine besseren Pralinen gibt. Mo–Fr 9–18.30 Uhr, Sa 9.30–14 Uhr, Am Kosttor 2, www.ellyseidl.com

Am Platzl liegt auch der Fanshop des FC Bayern.

8 Max-Joseph-Platz und Maximilianstraße
Opernplatz und Stilmischmasch

»Mein verrückter Sohn will, dessen bin ich sicher, wieder Geld ausgeben, um altes Zeug zu kaufen. Und er hofft, dadurch Griechen und Römer aus dieser Rasse von Bierbäuchen zu machen, die er eines Tages zu regieren hat. Ich wette, dass dieser Klenze sowohl bei der Anstiftung als auch bei der Ausführung dieser Torheiten beteiligt ist.« König Maximilian I. Joseph über seinen Sohn, Ludwig.

Spricht so ein König? Ein liebender Vater? Kein Wunder, dass der Sohn und »dieser« Klenze sich rächten: 1835 realisierten sie den Entwurf eines Bronzedenkmals, an dem Klenze beteiligt war und den Max Joseph (1799–1825) ausdrücklich abgelehnt hatte. Stehend wollte er gezeigt werden. Schließlich hatte er geschafft, wovon Generationen von Wittelsbachern geträumt hatten: Bayern

Oben: Der König blickt zur Residenzstraße, in der die Adeligen lebten, die dem Hof nah sein wollten.
Unten: Die Residenzstraße ist eine noble Geschäftsadresse, hier sind noch einige ehemalige Hoflieferanten ansässig.

MAL EHRLICH

HERZLICH PEINLICH

Ludwig I. wollte die Stadt zu einem Ort machen, »der Teuschland zur Ehre gereichen soll, dass keiner Teuschland kennt, wenn er nicht München kennt«. Das will das Tourismusamt auch, und dazu braucht es natürlich einen guten Slogan: flott, kreativ, innovativ. Viele Sitzungen sind nötig, viel Geld wird verpulvert, und was findet man? Das Herz!
Sorry, aber das war mal innovativ, und zwar 1973, als Milton Glaser »I love New York« erfand. Mehr als 30 Jahre später ist das nur noch peinlich, auch wenn der Slogan – wie kreativ! – »München mag Dich« lautet.

war Königreich. Tausende von bayerischen Soldaten mussten dafür auf Napoleons Schlachtzügen
ihr Leben lassen, die Münchner hatten unter den
französischen Besatzern zu leiden – Nebensache.
Wichtig war, dass er, Kurfürst Maximilian IV. Joseph, 1805 durch Napoleons Gnaden zum König
Maximilian I. Joseph wurde. Und als solcher wollte
er stehen auf seinem Denkmal. Und nun sitzt er.
Und blickt über den nach ihm benannten Max-Joseph-Platz. Mögen ihn die stattlichen Löwen zu
seinen Füßen beschützen – er ist umzingelt von
Bauten »dieses« Klenzes.

Das Nationaltheater

Klenze: die Fassade der Residenz. Die gegenüber-
liegende (ehemalige) Hauptpost Münchens neues
Nobelkarree: Umgestaltung durch Klenze. Das Nationaltheater – Klenze, aber nicht zur Gänze. Den
Architektenwettbewerb für ein neues Opernhaus
hatte Montgelas (s. S. 99) 1802 ausgeschrieben,
Kronprinz Ludwig sollte Klenze erst 1813 in Paris
kennenlernen. Den Wettbewerb gewann ein jun-
ger Mann, der 21-jährige Karl von Fischer. Nach
dessen Plänen wurde auch gebaut, zögerlich wegen Geldmangels. Erst im Jahr 1811 fand die
Grundsteinlegung statt, bei der Eröffnung 1818
war die Oper noch nicht fertig, 1823 brannte sie
schon wieder ab.

Die Münchner wussten warum: Es war Gottes
Strafe. Das profane Gebäude stand auf heiliger
Erde, auf dem Gelände des ehemaligen Franziska-
nerklosters, das im Zuge der Säkularisation aufgehoben worden war. Nach dem Brand trat Klenze
in Aktion, er hielt sich beim Wiederaufbau ans
Original, verzichtete allerdings auf die Seitenflü-
gel und setzte einen zweiten Giebel über den Lo-
gen- und Bühnenbau, den seit 1894 ein Glas-
mosaik ziert.

AUTORENTIPP!

HOTEL VIER JAHRESZEITEN

»Das nobelste Stadthotel« sollte an
seiner Prachtstraße stehen, so
wünschte es Maximilian II. Und nobel
wurde das »Hotel zu den vier Jahreszeiten« denn auch, was die technische Ausstattung – Gasbeleuchtung,
Marmorbäder, Paternoster – betraf,
sehr viel nobler als die königliche
Residenz. Seit seiner Eröffnung 1858
steigen hier Kaiser und Könige,
Künstler, Politiker … ab – eben all
jene, die sich den Aufenthalt in einem Luxushotel leisten können.
Royal geht es auch auf dem Dach zu.
Dort leben zwei Bienenköniginnen,
80 000 fleißige Stadtbienen sind täglich unterwegs, den Honig, den sie
sammeln, genießen die Gäste zum
Frühstück. Wer's ausprobieren will:
Für 35 Euro pro Person kann man
sich am Frühstücksbuffet satt essen.
Billiger ist ein Café in der wunderschönen Lobby. Über die Halle
spannt sich eine Glaskuppel, die
bunten Steine setzen je nach Tageszeit und Lichteinfall farbige Akzente
in dem eleganten Raum.

Hotel Vier Jahreszeiten. Maximilianstr. 17, Tel. 089/21 25 27 99,
www.kempinski.com

Das Nationaltheater, ein Haus für die Oper

AUTORENTIPP!

MÜNCHNER KAMMERSPIELE

Was ihre Lage betrifft, sind die Kammerspiele ein Hinterhoftheater. Qualitativ gehören sie aber zu den besten Sprechbühnen Deutschlands. Hier inszenierten Otto Falckenberg, Bert Brecht, Fritz Kortner, George Tabori und der junge Peter Stein, zum Ensemble gehörte die große Therese Giehse, viele der Schauspielerinnen und Schauspieler sind aus Film und Fernsehen bekannt. Den Kunstgenuss steigert das Raumerlebnis: Das 1901 fertiggestellte Haus ist Deutschlands einziges erhaltenes Jugendstiltheater. Die städtische Bühne wurde von 2000 bis 2003 einer Generalsanierung unterzogen, die den alten Glanz wiederherstellte. Man sollte unbedingt früh reservieren – es gibt weniger als 800 Plätze, und die Münchner sind treue Theaterbesucher.

Münchner Kammerspiele. Maximilianstr. 28, Tel. 089/23 39 66 00, www.muenchner-kammerspiele.de

Auferstanden aus Ruinen

Mit der zweiten Zerstörung der Oper hatte Gott nichts zu tun. Sie war das Resultat eines Krieges, den Deutschland zu verantworten hat. Weite Teile der Residenz, das Theater, die Oper – alles in Schutt und Asche. Das Residenztheater, das nördlich an die Oper anschließt, erhielt einen Neubau und konnte bereits 1951 wieder bespielt werden.

Mit dem Nationaltheater ließ man sich Zeit und beschloss, es innen wie außen originalgetreu wieder zu errichten. »Ich werde den Tag nie vergessen, an dem der Intendant uns unser neues Haus zeigte. Er führte uns auf die Bühne, und wir standen hinter dem Vorhang. Der ging auf, und alles war erleuchtet und strahlte in Rot und Gold. Es war wunderschön«, erzählt die Kammersängerin Lilian Benningsen. »Am 23. November 1963 sollten wir die erste öffentliche Vorstellung geben. Alles war bereit, aber wir wussten nicht, ob wir auftreten konnten. Am Tag zuvor war Kennedy ermordet worden. Dann gab das Amerikanische Konsulat sein Okay, und wir gingen auf die Bühne und sangen die amerikanische Nationalhymne und dann erst die deutsche.«

Herr und Meister

Freundlich ist die Fassade nicht, die die Residenz der Stadt zuwendet. Da zeigt einer, wer hier das Sagen hat: der Hof. Der 1835 fertiggestellte Königsbau, der südliche Abschluss der Residenz, ist bewusst schmucklos gehalten und imponiert nur durch seine Bogenfenster und das Bossenwerk im Erdgeschoss. Von der Residenzstraße aus kann man sehen, wie geschickt Klenze den Anschluss an die erste, 1619 im Stil der Renaissance vollendete Schaufassade schafft. Auch hier verleihen die Fensterachsen Struktur, es werden nur wenige, dafür aber umso eindrucksvollere plastische Akzente gesetzt: die Patrona Bavariae in einer Marmornische und die zwei von Löwen flankierten Triumphportale.

Kein Zweifel, wer beim Entwurf des Königsbaus Pate gestanden hat: die florentinischen Palazzi Pitti und Rucellai. Leo von Klenze (1784–1864) lehnte den Palazzo-Stil zwar ab, aber auch er musste sich fügen. Der König zahlte, und wer zahlt, schafft an. »O! Es ist wahr, ich habe dem Herrn fast alles zu verdanken, was ich materiell geleistet habe und was ich bin, aber glaubt es mir ... ich habe bittre! bittre Augenblicke mit ihm verlebt«, klagte Klenze.

Ludwig I. (1825–1848) war bestimmt kein angenehmer Auftraggeber. Seit der Kindheit schwerhörig, sprach er laut und abgehackt, alles musste schnell und vor allem nach seinem Willen gehen. Als er 1825 König wurde, verordnete er dem Land und dem Hof eine strenge Sparpolitik, den langjährigen Kammerdiener seines Vaters entließ er mit den Worten: »Anziehen kann ich mich selbst und ausziehen will ich mich nicht lassen.« Er kleidete sich nachlässig, und seine Küche galt als die schlechteste Hofküche Europas. Aber für die Kunst, sprich für seine Bauten, war ihm nichts zu

Oben: Blick nach Norden in die Residenzstraße, im Hintergrund die Feldherrnhalle
Unten: Die Residenzstraße stellt die Verbindung vom Max-Joseph-Platz zum Odeonsplatz her.

teuer, und er wusste, dass er seine Vorstellungen ohne Klenze, den genialen Arrangeur von Plätzen und Innenräumen, nicht umsetzen konnte. So lebten die beiden in gegenseitiger Abhängigkeit und ewigem Hickhack.

Die Maximilianstraße

Die Maximilianstraße führt vom Max-Joseph-Platz an die Isar und verbindet als erste nach Osten führende Prachtstraße die Residenz mit dem Fluss. Sie wurde unter Ludwigs Sohn Maximilian II. (1848–1864) angelegt. Max II. war als Bauherr ebenso anstrengend wie sein Vater, er forderte eine »neue, natur- und zeitgemäße, volks- und ortseigentümliche ... Baukunst«, bei der sich der Architekt »in voller Freiheit der verschiedenen Baustile und ihrer Ornamentik« bedienen solle. Was dabei herauskam, ist ein solcher Mischmasch, dass man den Stil einfach den »Maximilianischen« nennt.

Bis zu der Schneise, die skrupellose Stadtplaner in den 1960er-Jahren mit dem Altstadtring in das von Friedrich Bürklein gestaltete Ensemble schlugen, säumen Geschäfte und Cafés die Straße, die Kammerspiele ziehen Theaterbesucher an, das »Hotel Vier Jahreszeiten« zählt zu den besten Münchens. Mode, Schmuck – hier stehen die Nobelgeschäfte im Schulterschluss.

War die Ludwigstraße (s. S. 168) als steinerner Stadtraum geplant, dominiert jenseits des Altstadtrings das Grün, Bäume und Wiesenflächen begleiten den Straßenzug bis zum Maxmonument, dem Denkmal für den königlichen Straßenbauer. Die Gebäude, deren Prachtfassaden wie Kulissen wirken, werden von der Bayerischen Regierung genutzt; hier ist auch das Staatliche Museum für Völkerkunde untergebracht.

Oben: Denkmal für den Vater der Maximilianstraße, im Hintergrund ist die Ende des 19. Jahrhunderts errichtete Lukaskirche zu erkennen.
Unten: In der noblen Maximilianstraße macht der Schaufensterbummel Spaß.

Infos und Adressen

SEHENSWÜRDIGKEITEN

Staatliches Museum für Völkerkunde. Qualität-
volle Sammlung, neben Sonderausstellungen sind
permanent zu sehen: Kunst der Welt, Kunst aus
Afrika, Lateinamerika-Ausstellung, Nordamerika-
Saal, Islam und Ozeanien. Tgl. außer Mo
9.30–17.30 Uhr, Maximilianstr. 42, Tel. 089/
21 01 36, www.voelkerkundemuseum-
muenchen.de, Tram 17, 19

MaximiliansForum/ZKMax. In der Fußgänger-
passage unter dem Altstadtring finden zeitgenössische Künstler Raum zum Experimentieren. Wechselnde Ausstellungen. Passage Maximilianstraße/
Altstadtring, www.maximiliansforum.de

ESSEN UND TRINKEN

Brenner. Schickes Restaurant in den Maximilians-
höfen. Auf der Feuerstelle mitten im Lokal werden
Fleisch und Fisch gegrillt, großes Pasta-Angebot.
Schöne Terrasse. Mo–So 11.30–24 Uhr, Bar bis
1 Uhr, Maximilianstr. 15, Tel. 089/ 45 22 88 0,
www.brennergrill.de

Hauszeichen des Tee- und Kaffeegeschäfts »Eilles«

Kulisse. Traditionsreiches Café in den Kammer-
spielen. Man kann draußen sitzen und das Treiben
auf der Straße beobachten. Mo–Sa 8.30–1 Uhr,
So 17–1 Uhr, Maximilianstr. 26, Tel. 089/29 47 28,
www.kulisse-restaurant.de

ÜBERNACHTEN

Hotel Lux. Angenehm, für die Lage preiswert,
gutes, kleines Restaurant. Ledererstr. 13,
Tel. 089/45 20 73 00,
www.hotel-lux-muenchen.de

VERANSTALTUNGEN

Oper für alle. Die Bayerische Staatsoper genießt
weltweit einen hervorragenden Ruf, alle renommierten Musiker gastieren hier. Im Juni und Juli
finden alljährlich die Opernfestspiele statt. Ausgewählte Opern werden dabei live übertragen,
man kann die Inszenierungen kostenlos unter freiem Himmel auf dem Max-Joseph-Platz verfolgen.

Traditionshotel, Luxushotel: das »Vier Jahreszeiten«.

9 Residenz
Das Haus der Wittelsbacher

Würden sich die vielen Bauten, aus denen die Residenz besteht, malerisch über eine Anhöhe erstrecken, könnte man auf den ersten Blick sehen, wie riesig die Anlage ist. So aber erscheint die dem Max-Joseph-Platz zugewandte Fassade zwar wuchtig, aber sie lässt keine Rückschlüsse zu. Weder auf die Weitläufigkeit der Residenz – immerhin das größte Stadtschloss Deutschlands –, noch auf die Pracht, die diese Mauern birgt.

Vielleicht ist es gar nicht schlecht, dass die Residenz von außen wirkt wie ein lieblos verpacktes Geschenk. Umso größer die Freude beim Entdecken des Inhalts, das Entzücken und Erstaunen: Fast 70 Meter lang ist die Halle des Antiquariums. Seit an Seit stehen die Büsten antiker Herrscher samt Familien auf ihren Sockeln. Ein mächtiges Tonnengewölbe überspannt den Raum, in dem es keine Wand- oder Deckenfläche gibt, die nicht bemalt wäre. Die Hintergründe zeigen Tier- und Pflanzenmotive, Draperien, Groteskenornamente. 120 bayerische Orte sind in den Fensterlaibungen und Stichkappen abgebildet, Tugendallegorien und Engelspaare zeugen von der Gläubigkeit Wilhelms V. (1579–1594). Während seiner Regierungszeit erhielt das Antiquarium seine heutige Form. Der Grottentrakt, die erste Kapelle und anderes mehr gehen auf seine Initiative zurück, sie wurden jedoch später umgestaltet.

Dass das Antiquarium in den folgenden Jahrhunderten nicht verändert und dem jeweiligen Zeitgeschmack angepasst wurde, hat übrigens einen simplen Grund. Es diente zwar als Festsaal – die

Mitte: Der Löwe als bayerisches Wappentier ist allgegenwärtig in München, hier im Hintergrund ist das Preysing-Palais zu erkennen (1723–28, J. Effner).
Unten: Wunderbar verspielt: der Grottenhof in der Residenz

Das prächtige Antiquarium ist 66 Meter lang.

Fürstentafel stand vor dem herrlichen Kamin aus dem Jahr 1600. Und der mag auch genug Wärme für die Gastgeber und die hochgestellten Gäste abgegeben haben, insgesamt aber war der Trakt nicht zu beheizen. So blieb er ein Schauraum und erfüllte damit die Bestimmung, die ihm ursprünglich zugedacht war.

Renaissancefürst Albrecht

»Kunststadt«. Noch heute wirbt das Tourismusamt mit diesem Slogan, und das verdankt es den Wittelsbachern, die Bayern von 1180–1918 regierten und seit 1255 in München residierten. Historisch bringt man dieses Attribut automatisch mit Ludwig I. in Verbindung, dem Vollender der Residenz. Damit tut man aber demjenigen Unrecht, der den Grundstock für das erhalten gebliebene Stadtschloss – die Neuveste wurde 1750 abgebrochen – legte: Albrecht V. (1550–1579). Der Initiator und sein Urahn haben viel gemeinsam: Ludwig, der fanatische Bauherr, Albrecht, der manische Sammler. »Was man Kostbares, Fremdes, Seltsames sieht, das muss man haben!«, klagten die Räte 1557. Albrecht hatte bereits einen Schuldenberg von seinem Vater übernommen, und er mehrte ihn fröh-

KONZERTSAAL UND BÜHNE: DER BRUNNENHOF

Die sommerlichen Veranstaltungen im Brunnenhof der Residenz haben ihren festen Platz im Kalender der Münchner Kunstfreunde: Theateraufführungen, Musik – Oper, Klassik, aber auch Blues, Pop, Swing – Kunstgenuss unter freiem Himmel vor herrlicher Kulisse und in einem Raum, der beste Akustik garantiert. Die schätzten sicher auch die Ritter, die hier einst ihre Turniere austrugen. Wie martialisch muss das geklungen haben, wenn Lanze auf Rüstung traf und schließlich einer in vollem Harnisch auf den Boden donnerte. Seinen Namen erhielt der achtseitige Hof, der an den Antiquariumstrakt grenzt, von dem Brunnen im Zentrum. Auf hohem Sockel steht der Wittelsbacher Otto I., der 1180 als Herzog von Bayern eingesetzt wurde, nachdem Heinrich der Löwe wegen Vertragsbruchs in Ungnade gefallen war. Die Bronzestatue stammt von Hubert Gerhard (1593), die vielen Gestalten, die sich auf dem Brunnenrand tummeln – Flussgötter, Figuren, die die vier Elemente verkörpern, und drachenartige Mischwesen – kommen ebenfalls aus seiner Werkstatt (um 1600).

Kabinettschrank in den Trierzimmern.

lich, beschäftigte Berater, Agenten, die aus ganz Europa zusammentrugen, was der Herzog begehrte: Bücher, Münzen, Statuen, Bilder, Kurioses wie einen Kalbskopf mit zwei Mäulern und vier Augen, Schmuckstücke aus Gold, Edelstein, Elfenbein. Ob er denn nicht lieber wieder Turniere veranstalten wolle, schlugen die Räte vor. Die seien doch immer so nett gewesen, und billig wären sie auch.

Doch Albrecht V. will keine mittelalterlichen Ritterspiele. Er versteht sich als Renaissancefürst, sein ist das ganze, nach mehreren Teilungen 1505 endgültig wiedervereinigte Bayern, zu seinem Verständnis von Reputation gehören edle Pferde, kostbare Kunstwerke, präsentiert in prächtigen Gebäuden. Einen Teil seiner Sammlung hatte er bereits untergebracht (s. S. 68), nun brauchte er Platz für seine Bücher und die antiken Statuen, und so ließ er 1571 das Antiquarium errichten. Man kann sich nicht mehr vorstellen, wie dieses Gebäude, der größte profane Renaissanceraum nördlich der Alpen, gewirkt haben muss – freistehend, schräg vor die Neuveste gesetzt. Die anderen europäischen Höfe waren beeindruckt – München, die Kunststadt!

Orlando di Lasso

Zu deren Ruf trug auch der in ganz Europa berühmte Orlando di Lasso bei. Albrecht V. hatte ihn 1557 an den Hof geholt und 1563 zum Leiter der Hofkapelle ernannt. Das musikalische Universalgenie baute eines der bedeutendsten Orchester mit 63 Musikern auf. Bei der prunkvollen Hochzeit des Thronfolgers Wilhelm V. mit Renata von Lothringen 1568 hatte nicht nur Orlando einen glanzvollen Auftritt, auch Albrecht zeigte der ganzen Welt, wie er zu feiern verstand.

Wer zahlte, interessierte ihn nicht. Seinen tadelnden Räten hatte er 1557 geantwortet, er sei nicht mehr sieben Jahre alt, und sein Auftrag sei gewesen, Vorschläge zu unterbreiten, wie die Kosten zu decken seien. Wie wohl? Steuererhöhungen – am Ende der Regentschaft Albrechts V. waren die Abgaben viermal so hoch wie bei seinem Amtsantritt. Und der Schuldenberg, den nun sein Sohn Wilhelm V. übernahm, war noch immer haushoch, was Wilhelm so bedrückte, dass er 1594 die Regierungsgeschäfte auf seinen Sohn Maximilian I. übertrug. Der sparte ausgerechnet an der Musik. Die Hofkapelle wurde reduziert, Orlando di Lasso kam 1594 auf die Liste der zu Entlassenden, doch er starb, bevor ihn die Schmach ereilte.

Maximilians Beitrag

Wie zügig der Ausbau der Residenz während der langen Regierungszeit Maximilians I. und trotz des Dreißigjährigen Krieges voranging, ist im »Raumkunstmuseum« sehr gut zu sehen, durch das man – vormittags und nachmittags auf etwas anderen Routen – spaziert. In dieser Zeit entstanden die Hauptfassade zur Residenzstraße (s. S. 68), die Residenzhöfe, die Steinzimmer und vieles andere mehr. Hervorzuheben ist die »Reiche Kapelle«, in der die wertvollen Reliquien aufbewahrt wurden.

Oben: Wanddetail aus der Ahnengalerie der Wittelsbacher, das von Wenzeslaus Miroffsky stammt
Mitte: Das Porzellankabinett, gestaltet nach Entwürfen von Cuvilliés
Unten: Im Schlafzimmer der Kurfürstin werden französische Möbel gezeigt.

Einzig Maximilian I. und seine engste Familie durften hier beten und die spirituelle Kraft schöpfen, die nach Ansicht gläubiger Katholiken von Reliquien ausgeht. Die Wandverkleidung des kleinen Raums besteht aus wunderschön gearbeiteten Scagliola-Platten, deren Stuckintarsien poliert wie Marmor wirken. Hier glaubt man zu spüren, wie tiefgläubig dieser Mann war, der für den Katholizismus ins Feld zog und seine Bürger mit drastischen Maßnahmen zwang, ebenfalls nach seiner Fasson selig zu werden – er ging sogar so weit, die Beichtzettel der Münchner kontrollieren zu lassen.

Nach Protokoll und doch genial

François Cuvilliés war ein Zwerg. Heute müsste man es anders ausdrücken, aber vor 300 Jahren existierte das Gebot der »political correctness« noch nicht. Cuvilliés war 1706 an den Hof des Dauerexilanten Max Emanuel *(s. S. 216)* gekommen und hatte dort eine erstaunliche Karriere gemacht: vom Hofzwerg in der königlichen Menagerie zum Hofbaumeister in München (1725).

Max Emanuel hatte sein Talent erkannt und ihn in Paris ausbilden lassen, und sein Sohn Karl Albrecht (1726–1745) war begeistert von dem jungen Mann. Insofern war das Unglück, das der Kurfürst in seinem Tagebuch schildert - »Den 14. Dezember 1729 ist ... ein grausambe brunst in meinen neu angebauten zimmern in der Residenz entstanden, bey welcher trey zimmer völlig verbrunnen« – eine Chance für beide. Cuvilliés gestaltete nicht nur die drei ausgebrannten, sondern alle sieben »Reichen Zimmer« um. Im »herrlichsten Rokoko, der auf Erden vorhanden ist«, wie Jacob Burckhardt schrieb. Zudem erfüllte er auch noch die räumlichen Anforderungen, die das strenge Protokoll für den Empfang von Gästen in den Kurfürstlichen Appartements vorschrieb.

Oben: Die Hofkapelle, ab 1600 unter Herzog Maximilian erneuert, steht ganz im Zeichen der Marienverehrung.
Unten: Hauptraum der Grünen Galerie, des Rokoko-Meisterwerks von Cuvilliés

Die Raumfluchten, die Cuvilliés schuf, darunter eines seiner Meisterwerke, die Grüne Galerie, wurden nun den Ansprüchen des Wiener wie des Versailler Hofprotokolls gerecht, und das war immens wichtig für Karl Albrecht, denn seine Aussichten, endlich die Königs- oder gar die Kaiserwürde zu erlangen, standen nicht schlecht. Tatsächlich wurde er 1742 Kaiser. Aber er konnte die schönen Räumlichkeiten seiner Residenz nicht nutzen. Am Tag seiner Krönung in Frankfurt besetzten die Österreicher München. Karl Albrecht musste in Frankfurt bleiben, und als er 1745 nach München zurückkonnte, war die Kaiserkrone schon wieder an die Habsburger gefallen.

Späte Vollendung

Ein Modell im St.-Georgs-Rittersaal des Residenzmuseums zeigt, wie Cuvilliés sich die Vollendung der Residenz vorgestellt hatte. Leider griff man nicht auf diese Lösung zurück, die dem Bau Leichtigkeit und Eleganz verliehen hätte, als der politische Wille und die Gelder vorhanden waren, um das große Projekt anzugehen. Leo von Klenze (s. S. 73) hasste den verspielten Stil des Rokoko und hätte am liebsten zerstört, was Cuvilliés geschaffen hatte, doch da legte Ludwig I. sein Veto ein. Klenze fand ausreichend Raum, um sich zu verwirklichen, oder besser gesagt, die Ansprüche des Königs umzusetzen: Er errichtete die Allerheiligen-Hofkirche, den Apothekenflügel, den Königsbau im Süden und den Festsaalbau im Norden.

1842, pünktlich zur Hochzeit von Ludwigs Sohn Maximilian, war die Residenz vollendet. Sechs Jahre später musste Ludwig I. wegen seiner Affäre mit der Tänzerin Lola Montez abdanken. 1918 hatte die Monarchie ausgedient. 1944 brannte die Residenz nach einem Bombenangriff vollständig aus – und alles musste neu aufgebaut werden.

CUVILLIÉS-THEATER

Auch wenn die Augen schon müde sind vom Gold- und Edelsteingeglitzer der Residenz, der Besuch dieses Rokoko-Juwels muss absolviert werden. Aus dem Absolvieren wird Sinnesrausch: Weiß, Rot, Silber, Gold. Stuck und Schnitzwerk – Atlanten, Kartuschen, Köpfe, Putten. Logen hufeisenförmig und vierstöckig übereinander gereiht, im Zentrum die des Kurfürsten.

Der geniale Cuvilliés hat dieses »Neue Opera Hauß« von 1751 bis 1753 geschaffen. Wenn der Hof Bälle veranstaltete, konnte der Zuschauerraum angehoben und auf dasselbe Niveau wie die Bühne gebracht werden. Die Künstler, die hier auftraten, waren arme Hunde – die Pracht des Zuschauerraums dokumentiert, wer sich hier zur Schau stellte: die höfische Gesellschaft. Hierarchisch voneinander getrennt – Parkett Stadtadel, 1. Rang Hocharistokratie, 2. Rang niederer Adel, 3. Rang Hofbeamte –, traf man sich in der Oper, um Neuigkeiten auszutauschen und Intrigen zu spinnen. Die Musik war allerdings meist nur Beiwerk, obwohl hier auch Musikgeschichte geschrieben wurde: im Jahr 1781 wurde im Cuvilliés-Theater Mozarts *Idomeneo* uraufgeführt.

Cuvilliés-Theater. 1. April–31. Juli Mo–Sa 14–18 Uhr, So 9–18 Uhr; 1. Aug.–12. Sept. 9–18 Uhr; 13. Sept.–15. Okt. Mo–Sa 14–18 Uhr, So 9–18 Uhr; 16. Okt.–31. März Mo–Sa 14–17 Uhr, So 10–17 Uhr. Letzter Einlass 1 Std. vor Schließung. Residenzstr. 1, www.residenz-museum.de

Infos und Adressen

SEHENSWÜRDIGKEITEN

Die Residenz. Es gibt Einzeltickets fürs Residenzmuseum, die Schatzkammer und das Cuvilliés-Theater. Und man kann Kombinationskarten kaufen: Residenzmuseum/Schatzkammer und Residenzmuseum/Schatzkammer/Cuvilliés-Theater. Der Audioguide für Museum und Schatzkammer ist im Preis enthalten. Das Ticket für die Schatzkammer gilt auch für die anderen Sammlungen: Paramentenkammern (Kirchliches, Messgewänder, Al-

Marstallplatz mit Kronprinz-Rupprecht-Brunnen

tarschmuck), Reliquienkammer, höfisches Tafelsilber, Ostasiensammlung, Porzellan des 18. und 19. Jh. Raumkunstmuseum und Schatzkammer: 1. April – 15. Okt. 9–18 Uhr; 16. Okt. – 31. März 10–17 Uhr; Cuvilliés-Theater: 1. April–31. Juli

Mo–Sa 14–18 Uhr, So 9–18 Uhr; 1. Aug.–12. Sept. 9–18 Uhr; 13. Sept.–15. Okt. Mo–Sa 14–18 Uhr, So 9–18 Uhr; 16. Okt.–31. März Mo–Sa 14–17 Uhr, So 10–17 Uhr. Letzter Einlass 1 Std. vor Schließung. Residenzstr. 1, www.residenz-museum.de, alle S-Bahnen, U3, U6 Marienplatz, Tram 19

Preysing-Palais. Eine besonders repräsentative und prächtige Gestaltung zeichnet dieses Palais aus, das 1723–1728 als frühes Rokokowerk für den kurfürstlichen Oberstjägermeister Graf Maximilian von Preysing von Joseph Effner erbaut wurde. Das erste Gebäude, bei dem Stuck für die Fassade Verwendung fand. Sehenswert: das Treppenhaus. Residenzstr. 27

Eilles-Hof. Der Hof ist Teil einer Geschäftspassage zwischen der Theatiner- und der Residenzstraße. Um 1560 entstanden, ist er der einzige erhaltene Altmünchner Laubenhof, typisch für Bürgerhäuser dieser Zeit. Die Verglasung freilich stammt aus neuerer Zeit. Residenzstr. 17

ESSEN UND TRINKEN

Conditorei Rottenhöfer. Traditionscafé, seit 1875 Konditoreigeschäft, in dem die heile Kaffeehauswelt vergangener Zeiten erhalten blieb – der Kaffee wird noch mit Kaffeesahne und in Kännchen serviert. Gute Kuchen und Pralinen, kleine Kaffeehausgerichte, im Sommer kann man mit Blick auf die Residenz draußen sitzen. Mo–Fr 8.45–19 Uhr, Sa 8–18 Uhr, Residenzstr. 26, www.rottenhoefer.de

Spatenhaus an der Oper. Die Zweiteilung in Ober- und Untergeschoss ist Programm. Im Erdgeschoss geht's kulinarisch bodenständig zu: Fleischpflanzerl (Frikadellen), Krautwickerl, Weißwürste, Kartoffelsalat. Die Beletage bietet gehobene bayerische/österreichische Küche und einen fantastischen Blick auf Opernplatz und Residenz. Erdgeschoss 9.30–0.30 Uhr, Obergeschoss 11.30–1 Uhr. Residenzstr. 12, Tel. 089/290 70 60

Pfälzer Residenz Weinstube. München und die Pfalz verbindet eine lange Geschichte: Die Pfalz gehörte zum Territorium der Wittelsbacher, nachdem die oberbayerische Linie ausgestorben war, übernahmen die Pfälzer die Herrschaft. Als die alliierten Besatzer die Pfalz 1946 dem neuen Bundesland Rheinland-Pfalz angliederten, schlossen sich die bayerischen Pfälzer zusammen und etablierten »zur Pflege pfälzischer Gastlichkeit und Weinkultur sowie als geselligen Treffpunkt für alle Freunde des Pfälzer Weines« die Pfälzer Weinstube. Fazit: Unten laut, oben ruhiger. Schöner Innenhof. Gutes Preis-Leistungs-Verhältnis, von der Küche darf man nicht zu viel erwarten. 10–24 Uhr, Residenzstr. 1, Tel. 089/22 56 28, www.pfaelzer-weinstube.de

VERANSTALTUNGEN

Weihnachtsmarkt in der Residenz. Wenn die Adventszeit kommt, die in Bayern »staade« (stille) Zeit heißt, aber natürlich ebenso hektisch ist wie in anderen Großstädten, gibt es im Zentrum keine ebene Fläche, auf der kein Weihnachtsmarkt wuchert. Wenn man weiß, dass München in einer Ebene liegt, kann man ermessen, was das bedeutet. Ein wirklich netter Markt findet im Kaiserhof der Residenz statt, 2011 wurde er zum stimmungsvollsten der Stadt gewählt. Thema ist ein Bauerndorf mit Kapelle und Krippe, Musik gehört natürlich dazu. Eingang Residenzstraße. Musik ab 15.30 Uhr.

Konzerte in der Allerheiligen Hofkapelle. Die nach Plänen von Leo von Klenze 1827/1827 errichtete Hofkapelle wurde im Krieg zerstört und erst 2003 wieder der Öffentlichkeit zugänglich gemacht, baulich »behutsam geschlossen«, wie es heißt. Jeden Samstag finden hier Konzerte statt: Das erste beginnt um 18 Uhr, das zweite (gleiches Programm) um 19.30 Uhr, am Donnerstag um 19 Uhr wird ebenfalls konzertiert. Die Residenz-Solisten mit Mitgliedern der Münchner Philharmoniker spielen klassische Werke. www.muenchenticket.de

In München gibt es viele Weihnachtsmärkte, der in der Residenz gehört zu den schönsten.

10 Rund um den Odeonsplatz
Machtansprüche, in Stein gemeißelt

Es ist ein ungeschriebenes Gesetz, doch wer sich ihm nicht beugt, läuft Gefahr, als schlechter Chronist der Isarmetropole zu gelten. Und so seien sie denn untergebracht, die beiden Sätze, die in keinem München-Buch fehlen dürfen. Ohne Furcht vor Plattitüden, in einem Aufwasch und derselben Sehenswürdigkeit zugeordnet: »München leuchtete« und »München ist die nördlichste Stadt Italiens.«

Das Thomas-Mann-Zitat aus *Gladius Dei* hier anzusiedeln, liegt nahe. Schließlich spielt die Geschichte am Odeonsplatz, und die Novelle beginnt mit einer der schönsten Beschreibungen der Stadt: »München leuchtete. Über den festlichen Plätzen und weißen Säulentempeln, den antikisierenden Monumenten und Barockkirchen, den springenden Brunnen, Palästen und Gartenan-

Oben: Als dieses Reiterstandbild für Ludwig I. in Jahr 1862 aufgestellt wurde, war Ludwig zwar noch am Leben, aber nicht mehr König.
Unten: Protzig, wie die gesamte Staatskanzlei – das Mosaik an der Fassade zur Hofgartenseite.

MAL EHRLICH

DIE BAYERISCHE STAATSKANZLEI

München ist SPD-Hochburg, Bayern tiefschwarz. Da bleiben Konflikte nicht aus. Wie bei der Staatskanzlei: ein langer Riegel an der Ostseite des Hofgartens mit zwei viel zu breiten gläsernen Flügeln, die den Kuppelbau des einstigen Armeemuseums flankieren. Die Architektur zeugt von Brachialgewalt, und mit der ging der damalige bayerische Ministerpräsident Franz Josef Strauß auch vor. Bayerns Herrscher suchte die Nähe zur Residenz, und er bekam seinen Palast – da konnten die Bürger demonstrieren, wie sie wollten.

Rund um den Odeonsplatz

lagen der Residenz spannte sich strahlend ein Himmel von blauer Seide, und ihre breiten und lichten, umgrünten und wohlberechneten Perspektiven lagen in dem Sonnendunst eines ersten, schönen Junitages.«

Auch was das italienische Flair betrifft, überzeugt der Odeonsplatz: die Feldherrnhalle, ein illegitimes Kind der florentinischen Loggia dei Lanzi, die Theatinerkirche von italienischen Architekten errichtet, das »Café Tambosi«, seit 1775 in Betrieb und 1810 von dem Italiener Luigi Tambosi übernommen, dessen Namen es heute wieder trägt. Die Stühle vor dem Café sind so ausgerichtet, dass die Besucher alle in dieselbe Richtung blicken, wie im Theater sitzen sie da – das Publikum im Parkett, der Stadtraum Bühne und Kulisse.

Der Hofgarten

Im »Tambosi« kann man beides genießen: die Grandezza des Platzes und die Intimität des Hofgartens, der zu den schönsten Renaissancegärten nördlich der Alpen gehört. Herzog Maximilian I. ließ ihn 1613–1617 nach italienischem Vorbild anlegen. Streng geometrisch gegliedert verlaufen gerade und diagonale Wege und Hecken durch das rechteckige Geviert. Das Zentrum markiert ein kleiner Rundtempel, auf dem eine Bronzefigur (Hubert Gerhard, 1594) thront. Die nach der Verleihung der Kurwürde 1623 von Hans Krumper zur »Tellus Bavarica« (Bayerische Erde) umgestaltete Göttin Diana zeigt den Kurapfel und was das Land an Reichtümern bietet: Salzfass, Ährengarbe, Hirschfell (Wild), Reuse (fischreiche Wasser).

Der Hofgarten wurde 1780 für die Bürger geöffnet, ein Jahr später erfolgte der Ausbau der Nordarkaden – als öffentlich zugängliche Galerie, in der der Hof Gemälde aus seiner Sammlung zeigte.

AUTORENTIPP!

DIE VISCARDIGASSE

Auf dem steinernen Pflaster der Viscardigasse verläuft eine Bronzespur. Nicht gerade gezogen, eher wie ein Schlenker weist sie den Weg zur Theatinerstraße. Diesen Schlenker machten viele Anfang der 30er-Jahre und nahmen damit einen kleinen Umweg in Kauf, den sie ihrem Gewissen schuldeten. Ging man nämlich über die Residenzstraße auf den Odeonsplatz zu, musste man an der Feldherrnhalle an zwei Wachen der SS vorbei. Sie standen dort, wo der Hitler-Putsch 1923 niedergeschlagen worden war. Inzwischen hatten sich die Zeiten geändert, die Nationalsozialisten glorifizierten ihr Scheitern und verehrten die getöteten Kameraden als Helden.

Und dies verlangten sie auch von den Passanten. Ohne Hitlergruß kam man an den beiden nicht vorbei. Wer den Arm nicht ausstrecken wollte, ging durch die Viscardigasse und damit westlich und grußlos an der Feldherrnhalle vorbei. Im Volksmund hieß die Gasse »Drückebergergasserl«. Ob man diesen Ausdruck mit Hochachtung oder Verachtung aussprach, hing wohl vom politischen Standpunkt ab.

Hofgarten und Theatinerkirche

AUTORENTIPP!

BOULESPIELER IM HOFGARTEN

1. Münchner Kugelwurfunion e. V. – das hört sich martialisch an, dabei sind die Menschen ganz friedlich. Ruhig und konzentriert stehen sie in Grüppchen auf den Kiesstreifen vor den Hofgartenarkaden und tauschen mehr kennerische Blicke als Worte, wenn eine Kugel auf die gegnerische trifft und sie mit einem harten Klack aus ihrer Position schießt.
Dieser unaufgeregte Präzisionssport passt gut in die Atmosphäre des Hofgartens, der so viele Eckchen zum Rückzug bietet. Seit über 30 Jahren wird in München Pétanque gespielt, eine Variante des französischen Boulespiels, die entstand, weil ein rheumageplagter Spieler keinen Anlauf mehr nehmen konnte. Dem Mann musste geholfen werden, und so entwickelte sich das Regelwerk für Pétanque: Man spielt aus dem Stand mit geschlossenen Füßen. Ein kleiner, mit der Ferse gezogener Kreis markiert die Position, von der aus die Kugel gestoßen, geschoben oder geworfen wird. Am zweiten Wochenende im Juli findet alljährlich das Hofgarten-Turnier statt, bei dem Spieler aller Klassen aus ganz Europa antreten.

Tangoabend im Dianatempel

Diese Wohltaten im Sinne der Aufklärung verdankten die Münchner dem ungeliebten Kurfürsten Karl Theodor (s. S. 203). Der zum Volksgarten mutierte Park sollte ein Hort der Liberalität sein. »Alle Klassen dürfen hereintreten und so ganz ungehindert freye Luft athmen«, schrieb Joseph Sebastian von Rittershausen 1787.

Die Südseite des Gartens dominiert der von Klenze 1842 fertiggestellte Festsaalbau der Residenz – so nüchtern der dem Stadtzentrum zugewandte Königsbau (s. S. 76), so triumphal der Abschluss des Schlosses nach Norden –, Stein gewordene Repräsentation der »Königsstaatlichkeit«. Über 250 Meter lang ist die Front, auf dem Säulenportikus thronen Statuen (Ludwig von Schwanthaler), die acht Kreise des wittelsbachischen Reichs verkörpernd. Bayern hatte sein Territorium Anfang des 19. Jahrhunderts beträchtlich erweitert – so waren Schwaben und Franken dazugekommen –, die Einteilung in acht Kreise 1817 diente der effektiven Verwaltung des Flächenstaats.

Die Theatinerkirche

Henriette Adelaide von Savoyen war nicht begeistert, als sie 1650 in Turin mit dem bayerischen Thronfolger Ferdinand Maria vermählt wurde. Ihre Mutter wollte eine andere Verbindung für sie, mit dem französischen Kronprinzen und späteren Sonnenkönig, doch das ließ sich politisch nicht realisieren. München statt Paris, Bayern, der Pufferstaat zwischen den Großmächten Frankreich und Österreich – das muss bitter gewesen sein, und manch (männlicher) Chronist behauptet, Henriette habe ihren Ehrgeiz auf den Sohn übertragen und Max Emanuel die Flausen in den Kopf gesetzt, die das Land an den Rand des Ruins brachten (s. S. 216). Tatsache ist, dass Henriette eine kluge und hochgebildete Frau war, deren Rat der Kurfürst schätz-

Rund um den Odeonsplatz

te und befolgte. Tatsache ist auch, dass sie das italienische Flair brachte, in dem die Stadt sich noch heute sonnt. Den schönen Künsten aufgeschlossen und von Heimweh geplagt, holte sie Künstler aus Italien an die Isar, sie lockerte das strenge Hofprotokoll, es wurde gefeiert, musiziert – 1654 erhielt München als erste deutsche Stadt ein Hofopernhaus –, die bayerische Residenzstadt stieg zu einem der glanzvollsten Höfe Europas auf. Blieb nur das Problem, dass sich kein männlicher Nachfolger einstellen wollte. Nach langen Jahren erst wurden die Gebete der frommen Adelaide erhört, 1662 wurde Max Emanuel geboren, und nun sollte Gott erhalten, was die Kurfürstin ihm versprochen hatte: eine Kirche.

Adelaide selbst lenkte und überwachte den Bau, selbstverständlich kam nur ein italienischer Baumeister infrage, erst Agostino Barelli, ab 1674 dann Enrico Zuccalli. Die mächtige Kuppel, wie der Innenraum 1688 vollendet, und die beiden Türme (1676–1690), die eigentlich nicht vorgesehen waren, sind sein Werk. Die Fassade erhielt ihre heutige Gestalt zwischen 1765 und 1768 durch Vater und Sohn Cuvilliés (1765–1768).

Der grandiose Innenraum ist von kühler Eleganz: ein gewaltiges, tonnengewölbtes Mittelschiff, lichtdurchflutet mit weißem Akanthus-Stuck. Hell erhebt sich die riesige Kuppel über der Vierung, den Kontrapunkt setzt die Kanzel aus dunklem Eichenholz von Andreas Faistenberger (1686). Die Kurfürstin hat das vollendete Kunstwerk nie gesehen. Sie starb 1676, nicht mal 40 Jahre alt. Die Krankheit zum Tode zog sie sich 1674 zu, als ein Feuer in der Residenz wütete und sie barfuß ihre Kinder rettete. München verdankt ihr ein Bauwerk, das einen unverwechselbaren Akzent im Stadtbild setzt, vollbusiges barockes Pathos, schwer in sich ruhend und doch beschwingt.

Oben: Sie prägt das Bild Münchens als Barockstadt – die Theatinerkirche vom Rathausturm gesehen
Mitte: Blick in die mächtige Tambourkuppel der Theatinerkirche
Unten: Das lichtdurchflutete Kirchenschiff

Wenn man im Hofgarten steht und erleben darf, wie die Sonne ihre letzten Strahlen über die mächtige Kuppel schickt und der Bau leuchtet unter schon grau werdenden Wolken, dann kann man nicht anders: Man muss diese Stadt lieben.

Blick in die Ludwigstraße

»Heinrich hatte sich aus dem Lärm verloren in eine lange und weite Straße, welche ganz von mächtigen neuen Gebäuden besetzt war. Steinerne Bildsäulen standen vor ernsten byzantinischen Fronten, die still und hoch in den dunkelnden Himmel hinauf stiegen, bald dunkelrot gefärbt, bald blendend weiß, alles wie erst heute und zur Mustersammlung für lernbegierige Schüler aufgestellt.« Gottfried Keller sagt es in *Der Grüne Heinrich* nicht, aber alles deutet darauf hin, dass sein jugendlicher Held in der Ludwigstraße gelandet ist, zumal ihm auch noch ein »hoher, magerer Mann« begegnet, der ihm die Mütze vom Kopf schlägt, weil er ihn, den König, nicht gegrüßt hat.

Gottfried Keller hatte sich von 1840 bis 1842 in München als Kunstmaler versucht, in jenen Jahren, als die vom Odeonsplatz bis zum Siegestor reichende Ludwigstraße Gestalt annahm: Die Universität (s. S. 169) war fertig, die Staatsbibliothek (s. S. 169) fast, ebenso die Ludwigskirche. Noch fehlte das Siegestor, es wurde ab 1843 erbaut. All diese Bauten entstanden unter der Leitung von Friedrich von Gärtner (1792–1847), sehr zum Ärger von Klenze, der 1816 die Gesamtkonzeption für den Platz und die Prachtstraße übernommen hatte. Aber Kritik wie die, dass die Straße eine Kulisse sei, die den Wohnbedürfnissen der Menschen nicht gerecht werde – »München sey nicht Rom und Herr Meyer ... kein Farnese oder Pitti« – gefiel dem König nicht. Und so suchte er einen »tüchtigen Architekten«, »der mit Klenze in die Schranke

Oben: Fronleichnam gehört zu den wichtigsten kirchlichen Festen in der Stadt. Die Prozession zieht vom Marienplatz über die Residenzstraße zur Ludwigskirche und über die Ludwig- und Theatinerstraße zurück zum Marienplatz.
Unten: In der Ludwigskirche

Die Feldherrnhalle, bewacht von zwei Löwen

treten kann, mit einem, welcher dieß nicht könnte, wäre nicht gedient«. Er fand Gärtner, und der
wurde ab 1827 des Königs neuer Star.

Der Odeonsplatz

Dass Gärtner Klenze nicht das Wasser reichen
konnte, führt der grandios proportionierte Odeonsplatz vor Augen. Das Hofgartentor (1817) ist
Klenzes erstes Werk in München, an der Westseite
errichtete er das Leuchtenberg-Palais (1817 bis
1821), 1826 bis 1828 dann das Odeon, einst eine
Musikhalle, bekannt für ihre exzellente Akustik.

Die Feldherrnhalle, in der die Statuen der Generäle
Tilly und von Wrede stehen, erbaute Gärtner 1841
bis 1844. Die beiden 1906 am Aufgang aufgestell-
ten Löwen konnten nicht verhindern, dass vor der
Feldherrnhalle manch martialische Versammlung
stattfand: Hier feierten die Bürger den Ausbruch
des Ersten Weltkriegs, am 9. November 1923 mar-
schierte Hitler mit seinen Anhängern auf. Die Lan-
despolizei beendete den Putschversuch mit Waffengewalt. Den Lauf der Geschichte änderte das
nicht, es zögerte ihn nur hinaus.

AUTORENTIPP!

BLICK HINTER DIE KULISSEN
Diesem Museum würde man mehr
Platz wünschen, damit es seine
Schätze auch in einer Dauerschau
zeigen kann. Leider muss man sich
hier auf (sehr gute) Sonderausstellungen begrenzen: Bühnenbilder, Ma-
nuskripte, Plakate, Regiebücher, Kri-
tiken, Kostüme … Die Archive des
Deutschen Theatermuseums bergen
alles, was mit der Geschichte des
deutschsprachigen Theaters zusammenhängt. Den Grundstock legte die
Schauspielerin Clara Ziegler
(1844–1909), die ihre Villa, ihr Ver-
mögen und ihre Sammlung zur Einrichtung eines Theatermuseums stiftete. Als eine der ersten Frauen fand
sie im Jahr 2000 Aufnahme in die
Ruhmeshalle der Bavaria.

Deutsches Theatermuseum. Di–So
10–16 Uhr, Bibliothek und Foto-
sammlung Di–Do 10–12 und
13.30–16 Uhr, Galeriestr. 4a,
www.deutschestheatermuseum.de

Infos und Adressen

SEHENSWÜRDIGKEITEN

Hofgarten. In den westlichen, von Klenze nach dem Bau des Hofgartentors erneuerten Arkaden sind 16 Fresken zu sehen, die die Geschichte des Hauses Wittelsbach zeigen. Sie entstanden 1826–1829 im Auftrag König Ludwigs I., die Entwürfe stammen von Peter Cornelius (s. S. 146), ausgeführt wurden die Arbeiten von seinen Schülern, unter ihnen Wilhelm Kaulbach (s. S. 162). U3, 4, 5, 6 (Odeonsplatz).

Theatinerkirche. Die Kirche erfüllte zwei Funktionen: Sie war Ordenskirche der Theatiner und Hofkirche; in der Fürstengruft fanden 49 Mitglieder der Familie Wittelsbach ihre letzte Ruhe, unter anderen auch Henriette Adelaide und ihr Gatte. 7–19 Uhr

ESSEN UND TRINKEN

Café Tambosi. Sie greifen zum Superlativ und schrecken auch vor der Annexion eines öffentlichen Platzes nicht zurück: »Ihre Piazza« nennen die Betreiber des »Tambosi« den Odeonsplatz und heißen auf ihrer Website »Willkommen am italienischsten Platz Münchens!« Man verzeiht es ihnen, weil der Service und die Preise stimmen und

Sommertag im »Café Tambosi« im Hofgarten

dies wirklich eines der schönsten Cafés der Stadt ist – wegen des Blicks auf »die Piazza« oder wahlweise in den Hofgarten. 8–1 Uhr, Odeonsplatz 18, Tel. 089/29 83 22, www.tambosi.de

Historienmalerei schmückt die Hofgarten-Arkaden.

Welser-Kuche. Im »Tambosi« beim Opern-Diner tritt man im Nadelzwirn an, in der Welser-Kuche geht's bodenständiger zu – mittelalterlich eben, oder so, wie wir uns das vorstellen. Als »Mannsbilder und Weibsbilder« werden die Gäste Teil eines Rollenspiels, bei dem es auch Strafen hagelt, wenn man die Regeln nicht beachtet. Musik und Spiel – wenn man so was mag, recht vergnüglich. 19 Uhr bis der Nachtwächter kommt, Residenzstr. 27 (im Feldherrnkeller), Tel. 089/29 65 65, www.welser-kuche.de

AUSGEHEN

Schumann's Bar am Hofgarten. Wie das »P1« (s. S. 187) gehört Schumann's seit Jahrzehnten zu den festen Größen im Münchner Nachtleben. Charles Schumann war der Erste, der die Münchner mit der New Yorker Barkultur vertraut machte. Anders als das »P1« braucht Schumann keine Türsteher, sein freundliches Personal heißt jeden willkommen – ob Promi und schön oder nicht. Nur: Wer meint, er sei wichtig, sollte sich nicht allzu wichtig machen, das kommt nicht gut an. Die Bar öffnet erst ab 18 Uhr, im Camparino kann man auch tagsüber einen Drink genießen. Mo–Fr 8–3 Uhr, Sa, So 18–3 Uhr, Odeonsplatz 6–7, Tel. 089/22 90 60, www.schumanns.de

EINKAUFEN

Nymphenburg Store. In der 1747 gegründeten Porzellanmanufaktur Nymphenburg wird bis heute in Handarbeit produziert. In dem Laden an der Ecke Brienner Straße findet man Klassiker wie die

Figuren der Commedia dell' arte von Franz Anton Bustelli, und Entwürfe von modernen Künstlern. 10–18.30 Uhr, Sa 10–18 Uhr, Odeonsplatz 1, Tel. 089/28 24 28, www.nymphenburg.com

VERANSTALTUNGEN

Konzerte. Nach der Zerstörung des Odeon brauchte München nach dem Krieg dringend wieder einen Konzertsaal. Beim Wiederaufbau (der ebenfalls zerstörten) Residenz wurde daher der ehemalige Thronsaal im Festsaalbau zum Herkulessaal in der Residenz umgebaut. Das Symphonieorchester des Bayerischen Rundfunks und das Bayerische Staatsorchester veranstalten dort regelmäßig Konzerte, es treten auch Chöre und Popstars auf. Residenzstraße 1, Zugang vom Hofgarten.

Tambosi-Oper. Jeden Donnerstag kann man im »Tambosi« mit musikalischer Untermalung dinieren, im Winter im Speisesaal im ersten Stock, im Sommer unter den Arkaden im Hofgarten. Junge Opernsänger und Musikstudenten tragen bekannte Opernarien vor, durch eine Rahmenhandlung verbunden und in vier Akte gegliedert, die sich ins Fünf-Gänge-Menü fügen. www.tambosi.de

Klassik am Odeonsplatz. Einen schöneren Konzertsaal kann es nicht geben! Jedes Jahr im Juli geben die beiden Top-Orchester – Münchner Philharmoniker und Symphonieorchester sowie der Chor des Bayerischen Rundfunks – hier Konzerte. Tickets rechtzeitig bestellen! www.klassik-am-odeonsplatz.de

AKTIVITÄTEN

Tanzen. Im Diana-Tempel im Hofgarten wird an Sommerabenden (bei schönem Wetter) getanzt: Freitag Tango, Mittwoch und Sonntag Salsa, Sonntag Swing. Beginn 20 Uhr, Ende 23 Uhr. Die Veranstaltungen werden privat organisiert und sind kostenlos. Getränke muss man selbst mitbringen. Und ein paar Regeln beachten – die Treffen werden vom Hausherrn des Parks, der Bayerischen Schlösserverwaltung, nur toleriert, solange sich alle gut benehmen. Das heißt: Musik nicht zu laut, nicht mit dem Rad in den Hofgarten fahren, Müll wieder mitnehmen.

Von der Terrasse des »Tambosi« blickt man auf den Odeonsplatz mit Feldherrnhalle und Theatinerkirche.

11 Wittelsbacher Platz
Grandioser Stadtraum und Marktplatz

Im Juni duftet es nach Fisch, Bananen-Fred und Aale-Dieter preisen ihre Waren an, gewürzt mit derben Sprüchen. Da ein gestrandetes Schiff, dort ein Plastik-leuchtturm: Seemannslieder sorgen für Stimmung, alle essen, trinken, lachen. Auf dem Wittelsbacher Platz findet der Hamburger Fischmarkt statt. Und mittendrin Kurfürst Maximilian I., hoch zu Pferd.

König Ludwig I. ließ das Denkmal 1839 errichten. Der Entwurf stammt von dem Dänen Bertel Thorwaldsen (1770–1844), und vielen gilt dieses Reiterstandbild als das schönste in Süddeutschland. Maximilian I. (1597–1651), erster Kurfürst von Bayern, kann sich also gut präsentiert fühlen. Trotzdem müsste man verstehen, wenn er im Juni in seinem Grab in der Michaelskirche rotieren würde. Hamburger, Lutherische – um sein Denkmal geschart!

Maximilian war nicht nur ein strenggläubiger, sondern in Zeiten der Glaubenskriege auch wehrhafter Katholik. 1620 zog er höchstpersönlich an der Spitze des kaiserlich-katholischen Heeres gegen die Böhmen in die Schlacht und jagte deren protestantischen König vom Thron. Er erlebte die Belagerung Münchens durch die Schweden 1632 – mit viel Geld konnte man sich loskaufen, aber dann hatte die Stadt unter den Folgen der Pest zu leiden, die die »Ketzer« eingeschleppt hatten.

Eleganz auf kleinem Raum

Man sieht, der Kurfürst hätte allen Grund sich aufzuregen, andere tun's mit weniger Grund: Die

Oben: Leo von Klenze erbaute das Palais Ludwig Ferdinand im Jahr 1825 und bewohnte es 25 Jahre lang selbst.
Unten: Das »Luitpold« mit seiner Terrasse und dem schönen Innenhof gehört zu den traditionsreichen Münchner Cafés.

Wittelsbacher Platz

untere Brienner Straße ist eine sehr teure Geschäftsadresse, und manche befürchten, die noble Kundschaft würde wegbleiben, wenn's »fischelt«. Sie können es nicht ändern: Dieser Platz ist einer von vieren, auf denen Marktbetreiber in der Innenstadt willkommen sind, und die Hamburger sind nicht die einzigen, die sich hier breitmachen.

Schöner ist der Platz natürlich, wenn er leer ist, als wunderbar proportionierter Stadtraum. Die Brienner Straße stellte die Verbindung zwischen der Residenz und Schloss Nymphenburg her. Anfang des 19. Jahrhunderts wurde der ehemalige Fürstenweg zur Prachtstraße ausgebaut, zeitgleich entstand die rasterförmig angelegte Maxvorstadt. Die architektonischen Akzente auf dem Wittelsbacher Platz setzte Leo von Klenze in den 1820er-Jahren: Gen Osten rahmt das Odeon (s. S. 89) den Platz ein, gegenüber das Palais Arco-Zinneberg. Auf der Nordseite erhebt sich das Palais Ludwig Ferdinand, dessen Fassade Klenze entwarf und in dem er zeitweise wohnte – mit Blick auf Odeon, Leuchtenberg-Palais, Ludwigstraße und Wittelsbacher Platz. Heute residiert Siemens in diesem Prachtbau.

Das Palais Holnstein

Wer von hier nach Süden geht – über den Salvatorplatz in die Kardinal-Faulhaber-Straße –, erblickt ein weiteres Juwel: das Palais Holnstein. Karl Albrecht (s. S. 81) ließ es 1733 bis 1737 für seinen illegitimen Sohn errichten. Stuckdetails, beschwingt, spielerisch, trotz seiner Größe leicht – Rokoko in höchster Vollendung, ein Meisterwerk von François Cuvilliés (s. S. 80).

Das Palais Holnstein ist nicht zu besichtigen. Dort, wo Karl Albrecht einst seinen »in Sünde gezeugten« Sohn unterbrachte, lebt heute der Erzbischof.

Infos und Adressen

ESSEN UND TRINKEN

Brasserie OskarMaria im Literaturhaus. Das Restaurant wurde nach dem bayerischen Schriftsteller Oskar Maria Graf (1894–1967) benannt, die Installationen von Jenny Holzer arbeiten mit Zitaten aus seinen Werken. Moderner, lichter Saal, Kuchen, kleine und große Gerichte, Terrasse. Und oft interessante Gäste aus der Kunst- und Literaturszene. Mo–Sa 10–24 Uhr, So 10–19 Uhr, Salvatorplatz 1, Tel. 089/29 19 60 29, www.oskarmaria.com

EINKAUFEN

Bernheimer Old Masters und Bernheimer Fine Art Photography. Alte Meister und klassische sowie zeitgenössische Fotokunst bietet die Galerie Bernheimer. Die Familie ist bereits in der vierten Generation im Münchner und internationalen Kunsthandel tätig. Brienner Str. 7, Tel. 089/22 66 72, www.bernheimer.com

VERANSTALTUNGEN

Weihnachtsmarkt. In der Adventszeit findet auf dem Wittelsbacher Platz der mittelalterliche Weihnachtsmarkt statt, bei dem auch Gaukler, Tänzer, Musiker und Quacksalber auftreten.

Literaturhaus. Hier werden Ausstellungen, Lesungen renommierter Autorinnen und Autoren, Podiumsdiskussionen etc. veranstaltet. Das ehemalige Schulhaus wurde mit einer lichten Stahl-Glas-Konstruktion überdacht, vom obersten Stock hat man einen herrlichen Blick auf die Theatinerkirche. Salvatorplatz 1, Tel. 089/291 93 40, www.literaturhaus-muenchen.de

12 Theatinerstraße
Einkaufen, bis die Kreditkarte glüht

Wie hieß das eigentlich früher, bevor die Worte »Shopping« und »Store« unsere Sprache bereicherten – Geschäftsstraße, Einkaufsstraße? Egal: Die Theatinerstraße ist eine Shoppingstraße, eine der elegantesten und im Sommer eine der lebendigsten. Da der Mensch zu jeder Jahreszeit shoppen will, wurde die Passagenwelt der »Fünf Höfe« geschaffen. Sorry, korrekt lautet der Name: CityQuartier Fünf Höfe.

Zwei Straßen führen vom Marienplatz nach Norden: die Diener- und die Weinstraße. Direkt hinter dem Rathaus säumen sie einen Platz, den Marienhof. Kein König hat ihn geplant, kein Architekt gestaltet. Er wurde geschaffen von dem, der laut Heraklit »aller Dinge Vater« ist, dem Krieg. Das dicht bebaute Areal war komplett zerstört, es dauerte Jahre, den Schutt wegzuräumen, und danach lässt sich an der Nutzung der freien Fläche in bester Innenstadtlage ablesen, welche Prioritä-

Oben: Die Theatinerstraße beginnt am Marienhof. Die Theatinerkirche bildet den krönenden Abschluss der Einkaufsstraße.
Unten: »Eilles« in der Residenzstraße hat schon den königlichen Hof mit Tee und Kaffee versorgt.

MAL EHRLICH
FUSSGÄNGERZONE ODER RADRENNSTRECKE?

München war die erste deutsche Stadt, die 1972 eine Fußgängerzone einrichtete. Also einen Bereich, in dem man geht. Auf zwei Beinen, als Hund auf vier. Dürfte eigentlich klar sein, aber wir sind in München, wo Radler machen, was sie wollen, und die Obrigkeit das nicht nur duldet, sondern ihnen immer mehr Rechte zugesteht. Die Residenzstraße ist Fußgängerzone, aber sie ist auch für Radfahrer freigegeben. Resultat: Die Radler rasen, die »Zone« der Fußgänger sind die Gehsteige. Super!

ten die Bevölkerung setzte: In der Zeit, als das Gespenst der »autogerechten Stadt« umging, diente das Gelände als Parkplatz. In den 1960er-Jahren, beim Bau der ersten U-Bahn, wurde der Marienhof zum Bauhof. Danach schmiedete man diverse Nutzungspläne – sie scheiterten: kein Konsens, kein Geld. Billig und mehrheitsfähig war die Begrünung, in den 1990er-Jahren wurde der Marienhof zum Park. Die Bäume sind weg, die archäologischen Ausgrabungen abgeschlossen, das Geviert soll erneut Bauplatz werden, wenn die S-Bahn ihre zweite Stammstrecke erhält. 2015 soll es damit losgehen.

Edles auch in der Parallelstraße

Jenseits des Marienhofs wird die Diener- zur Residenzstraße und die Wein- zur Theatinerstraße. Die Straßenzüge verlaufen parallel, verbunden werden sie durch Passagen. Eine davon (Theatinerstr. 32) birgt eines der schönsten Kinos der Stadt: »Theatiner Filmkunst« steht über dem Eingang, der Schriftzug wie das Theater stammen aus den frühen 1950er-Jahren. Das Interieur blieb stilrein erhalten, das Programm ist exzellent: Klassiker der Filmkunst, ausländische Produktionen im Original mit Untertiteln.

Auch an der Residenzstraße liegen edle Geschäfte wie Eilles, Spezialitätenhaus für Tee und Kaffee, Ed Meier, bekannt für seine handgefertigten Schuhe, und die Konditorei Rottenhöfer – alle ehemals königlich-bayerische Hoflieferanten. Ed Meier gibt es seit 1596 – wer so lang überlebt, muss sich den Zeitläuften anpassen, und so beherbergt der Laden an der Residenzstraße heute das Ed/Meier Outletcenter. Seine hochwertigen, hochpreisigen Produkte – Schuhe, Trachten, Sportmode, Accessoires – offeriert Meier seinen Stammkunden nun in der Briennerstraße.

KUNST AM BAU

Die Passagen, die etwa in Paris im 19. Jahrhundert entstanden, waren in sich geschlossene Bauten, die sich als Gegenentwurf zur Außenwelt verstanden. Die »Fünf Höfe« folgen einem anderen Konzept und spielen mit den Möglichkeiten, die der Wechsel von geschlossenen und offenen Räumen bietet. So ist die Salvatorpassage mit 14 Metern Höhe und einer Länge von 90 Metern das Zentrum der Anlage, von gläsernen Wänden umgeben und von einem Gitter überdacht, durch das Tageslicht dringt. Und von der Decke hängt ein Garten aus Schlingpflanzen. Nahe liegend, dass die 1942 geborene Künstlerin Tita Giese ihrem Werk den Namen »Hängende Gärten« gab. Neben Tita Giese waren auch andere Künstler an der Gestaltung der »Fünf Höfe« beteiligt. Viel beachtet, viel fotografiert ist das Werk des dänisch-isländischen Künstlers Olafur Eliasson, Jahrgang 1967. Seine acht Tonnen schwere Spiralkugel »Sphere« hängt im Viscardihof. Die beiden Pole sind offen, und wenn man direkt unter der Kugel steht, kann man den Himmel sehen.

Oben: Der Perusahof mit dem
»Café Kunsthalle«
Mitte: Das Preysing Palais in der
Residenzstraße birgt diesen
wunderschönen Treppenaufgang.
Unten: *Sphere* im Viscardihof, ein
Werk von Olafur Eliasson.

Laufsteg Theatinerstraße

In die Residenzstraße gehen die Münchner gezielt,
zum Flanieren eignet sie sich nur bedingt: Die Residenz und die hohen Paläste gegenüber werfen
ihre Schatten, und die vielen Radler vereiteln
sorgloses Schreiten. Anders die Theatinerstraße:
herrlich der Blick nach Norden auf die Theatinerkirche, sonnig die Plätze der vielen Cafés und Restaurants. Wann immer das Wetter es erlaubt, nutzen die Gastronomen die Straße als Terrasse, hier
kann man sitzen, sehen und gesehen werden.

Zu sehen gibt es viel: gut situierte Münchnerinnen,
dezent und schick gekleidet. Blonde, hochbeinige
Russinnen, die alles an Statussymbolen tragen, was
sich an einem Körper unterbringen lässt. Eilige
Chinesen, tschadorumwehte Araberinnen mit
männlichem Hüter. Chinesen, Russen und Araber
sind die »stärksten Touristengruppen« in München,
und da ihr dezidiertes Ziel Shoppen ist, landen sie
in der Theatinerstraße, wo von Armani bis Zara alles vertreten ist, was Rang und Namen hat.

Die Fünf Höfe

Wohnungen, Büros, Kunsträume, Geschäfte, Gastronomie – vereint unter den Dächern der Fünf
Höfe. Den Masterplan für den 2003 vollendeten
Bau lieferten die Architekten Herzog & de Meuron, hinter der historischen Fassade verlaufen
miteinander verbundene Passagen, mal offen, mal
überdeckt, jede mit eigenem Charakter. Hochwer-
tig auch hier das Angebot der Geschäfte, die Gastronomie bietet für jeden Geschmack und jeden
Geldbeutel etwas. Der Besuch der Fünf Höfe lohnt
sich, auch wenn man weder essen noch einkaufen
will. Das Ensemble ist ein sehr gelungenes Werk
zeitgenössischer Architektur – Moderne, die sich
im Stadtbild nicht in Szene setzt, aber durch Qualität überzeugt –, so mag man's in München.

Infos und Adressen

SEHENSWÜRDIGKEITEN

Kunsthalle der Hypo-Kulturstiftung. Eine Bereicherung in der Münchner Kulturszene. Hier finden ausgezeichnete wechselnde Ausstellungen statt. Das Themenspektrum ist weit gefächert und reicht von der Kunst der Antike bis zur Gegenwart. 10–20 Uhr, Theatinerstr. 8, Tel. 089/22 44 12, www.hypo-kunsthalle.de, alle S-Bahnen (Marienplatz), U3, U4, U5, U6, Bus 53 (Odeonsplatz), Tram 19

Fünf Höfe. Die Einkaufspassagen haben mehrere Zugänge, man kann sie erreichen von der Maffeistr. im Süden, der Kardinal-Faulhaber-Str. im Westen, der Salvatorstr. im Norden sowie der Theatinerstr.

Wer ins Theatinerkloster wollte, musste anklopfen.

ESSEN UND TRINKEN

Café Maelu. An dieser Auslage kann man nicht vorbeigehen, und die Kuchen, Tartes etc. halten, was der Augenschein verspricht: Sie sind köstlich. Die Preise allerdings sind gesalzen. Mo–Sa 10.30–19 Uhr, So 13–18 Uhr, Theatinerstr. 32, Tel. 089/24 29 25 97, www.maeser-luksch.de

Aran. Das rechte »Pausenbrot«, wenn man beim Einkaufsbummel mal innehalten will. Köstliches Brot aus Natursauerteig. Neben dem klassischen Butterbrot mit Schnittlauch wird eine Vielfalt von ausgezeichneten Aufstrichen angeboten. Im Som-

Schäfflerstatue am Schäfflereck

mer kann man sein Pausenbrot draußen genießen. 9–20 Uhr, Theatinerstr. 12, Tel. 089/25 54 69 82, www.aran.coop.de

Di Gennaro. In dem italienischen Feinkostgeschäft in den Fünf Höfen gibt es jeden Mittag ein Gericht – je nach Saison und Marktangebot zubereitet. Mo–Fr 10–19 Uhr, Sa 10–18 Uhr, Theatinerstr. 14, Tel. 089/20 30 08 13, www.digennaro.de

Kaimug in den Fünf Höfen. Kaimug ist eine Restaurantkette, die sich auf thailändische Küche spezialisiert hat und bei der Qualität und Preise stimmen. Mo–Sa 10–21 Uhr, Küche ab 11 Uhr, Theatinerstr. 15, Tel. 089/20 60 33 25, www.kaimug.de

Verführung für erschöpfte Shopper: »Café Maelu«.

13 Promenadeplatz
Max und Michael – denk mal modern!

Die Gäste des »Bayerischen Hofes« schätzen die Lage – mitten in der Stadt und doch fernab der Hektik. Der lang gestreckte, rechteckige Promenadeplatz mit seiner Grünanlage dient gleichsam als zweites Foyer, gerahmt von eleganten Bauten. Die Bankendichte ist beeindruckend an diesem Platz, mit dessen »exklusivem Ambiente« jeder wirbt, der hier ein Geschäft betreibt.

Ebenso beeindruckend die Denkmaldichte. Vier Herren wurden im 19. Jahrhundert auf Sockel gehoben, einer von ihnen erfreut sich noch heute großer Zuwendung, allerdings nicht um seiner selbst willen. Die Blümchen, Herzchen, Zettelchen am Standbild von Orlando di Lasso (s. S. 79) sind eine Hommage der Fans von Michael Jackson, einst Gast im »Bayerischen Hof«.

Es gibt noch ein Denkmal, und auch das fällt aus dem Rahmen: Aluminium, nicht Bronze. Kein Podest, der Mann steht auf der Erde. Die 6,2 Meter hohe Statue des Grafen Maximilian von Montgelas (1759–1838) ist interessant, realistisch in der Darstellung der Person, abstrahierend durch Material und Technik: Alu, gefräst. »Wenn man die Figur aus der Nähe sieht, löst sie sich gleichsam auf und wird abstrakt. Je weiter man sich aber von ihr wegbewegt, desto realistischer wird sie«, so die Künstlerin Katrin Sander. Um den Politiker möglichst authentisch darzustellen, scannte sie zeitgenössische Darstellungen, der mathematische Mittelwert diente der Erstellung eines virtuellen Computermodells. Die Statue, 2005 aufgestellt, ist wie alles Moderne in München »umstritten«.

Oben: Ausgefallenes Denkmal für den ungeliebten Reformer Montgelas, Katrin Sander schuf die Aluminiumstatue.
Unten: Die Fans von Michael Jackson »posten« an der Orlando-Statue ihre Grüße ins Jenseits.

Ungeliebter Reformer

9,5 Tonnen wiegt der Alublock, ein angemessener Materialaufwand – schließlich war Montgelas ein politisches Schwergewicht. Ihn als Minister »unter« Kurfürst Maximilian IV. Joseph (s. S. 70) zu bezeichnen, wäre falsch. Er war die graue Eminenz, er fädelte ein, was der Kurfürst absegnete, und er agierte auch als Königsmacher: Montgelas' Verhandlungen mit dem französischen Gesandten führten zum Vertrag von Bogenhausen (1805), einem einfachen Kuhhandel: Bayern opfert seine Soldaten für Frankreich und nicht für Österreich, Maximilian wird dafür König, und Napoleon belohnt ihn mit der Erweiterung seines Territoriums.

Montgelas hatte schon 1796 ein Konzept zum grundlegenden Umbau des bayerischen Staates vorgelegt, das von den Ideen der Französischen Revolution geprägt war: Beschneidung der Rechte des Adels, Gleichberechtigung der christlichen Konfessionen, Gleichheit vor dem Gesetz, Pressefreiheit und vieles mehr, das in die bayerische Verfassung floss und sie zu einer der modernsten Europas machte. Montgelas war ein Aufklärer, aber er war kein Demokrat. Der Staat, so sein Credo, solle sich mithilfe eines riesigen Beamtenapparats um die Bürger kümmern. Den Gemeinden entzog er 1808 wichtige Rechte, mit der Begründung, sie seien »Minderjährige« und deshalb unter die »besondere Aufsicht des Staates« zu stellen.

Montgelas machte sich viele Feinde, in Franken und Schwaben, wo er freie Reichsstädte und Reichsritterschaften auflöste, und im katholischen Altbayern. Im Zuge der Säkularisation wurde die Kirche enteignet, ihr Besitz ging an den Staat, unzählige Kulturgüter, die von den ausführenden Beamten nicht als solche erkannt wurden, fielen der Zerstörung anheim. Ludwig I. war es schließlich, der seinen Vater drängte, den Minister 1817 zu entlassen.

SEHENSWÜRDIGKEITEN

Palais Montgelas. 1811 bis 1813 für den Grafen Montgelas erbaut, eines der wenigen erhaltenen Werke von J. E. Herigoyen. Heute Teil des »Bayerischen Hofes«. Promenadeplatz 2, Tram 19

Parcus-Haus. Das fünfstöckige Gebäude mit der Kuppel, die die interessante Ecklösung des Baus betont, errichtete 1887 bis 1890 Friedrich von Thiersch. Promenadeplatz 12

Gunetzrhainerhaus. Rokokojuwel mit stuckverzierter Fassade – Johann Baptist Gunetzrhainer erwarb das Haus 1726 und gestaltete es um. Nettes Detail: die Hausmadonna von Hubert Gerhard in einer Rundbogennische. Promenadeplatz 15

Eisner-Bodendenkmal. Das 1989 von Erika M.Lankes geschaffene Denkmal markiert die Stelle, an der Eisner (s. S. 56) 1919 ermordet wurde. Kardinal-Faulhaber-Straße

ÜBERNACHTEN

Hotel Bayerischer Hof. Luxusherberge seit 1841, Ludwig I. ließ das Haus für seine Gäste errichten. Unter der eindrucksvollen Glaskuppel in der Lobby gehen seitdem alle ein und aus, die Rang und Namen haben. Promenadeplatz 2–6, Tel. 089/ 212 00, www.bayerischerhof.de

AUSGEHEN

falk's Bar. Elegant, innenarchitektonisch eine Meisterleistung. »falk's« wurde im Spiegelsaal von 1839 eingerichtet, dem einzigen Raum im »Bayerischen Hof«, der das Bombardement des Kriegs überlebte. 11–2 Uhr, Promenadeplatz 2–6

14 Vom Stachus zum Lenbachplatz
Da geht's zu!

Wer glaubt, dieses gemütliche München mit seinen vielen dörflich anmutenden Oasen sei keine veritable Großstadt, muss zum Stachus. Rund 160 000 Menschen bewegen sich hier täglich, strömen aus den Untergeschossen, wo sich die U- und S-Bahnlinien kreuzen und Europas derzeit größtes unterirdisches Einkaufszentrum liegt, eilen zu den Trambahnen, taschenbepackt nach einem Beutezug durch die Geschäfte.

Wenn in der Stadt Gedränge herrscht und kein Durchkommen mehr ist, sagen die Münchner: »Da geht's ja zua wia am Stachus.« Der Ausdruck stammt aus der Zeit, als dieser Platz der verkehrsreichste Europas war. Das Wirtschaftswunder hatte auch den Münchnern Autos beschert, mehr als die Stadt verkraften konnte. Und nun standen sie im Stau. Die Situation am Stachus entspannte sich erst, als die Olympischen Spiele 1972 vorbereitet wurden. U- und S-Bahnen wurden gebaut, zwischen Stachus und Marienplatz entstand die erste Fußgängerzone Deutschlands.

Panoramablick mit Gourmetmenü

Dass der Stachus Charme hat, erkennt man nur aus der Distanz. Vom Restaurant »Königshof« (im gleichnamigen Hotel) aus kann man den Blick auf das Rondell genießen, das sich wie ein großer Empfangsraum öffnet, in der Mitte die Vortürme des alten Stadttors. Der große Springbrunnen davor, nachts angestrahlt, die Turmkulisse – das Panorama ist wunderschön. Aber wer kann es schon genießen? Der »Königshof« ist ein teurer Gour-

Mitte: Verkehrsknotenpunkt Stachus – im Zentrum des Rondells sind die alten Vortürme des Stadttors zu sehen, im Hintergrund erkennt man die Frauenkirche.
Unten: Blick durchs Karlstor in die Neuhauser Straße.

Vom Stachus zum Lenbachplatz

Bollwerk des Glaubens: die barocke Michaelskirche

mettempel in luftiger Höh'. Die meisten bleiben auf dem Boden und befriedigen ihre kulinarischen Bedürfnisse bei »McDonald's« – die Filiale im Rondell zählt zu den umsatzstärksten der Welt.

Die Gastronomie spielte übrigens auch bei der Namengebung des Platzes eine Rolle. Offiziell heißt er Karlsplatz, benannt nach Kurfürst Karl Theodor (s. S. 203). Doch der erfreute sich keiner Sympathien, der Wirt Eustachius Föderl hingegen schon. Er betrieb im 18. Jahrhundert hier eine Wirtschaft, die »Stachus« hieß. Sein Name blieb in aller Munde.

Prachtbauten des Historismus

Karl Theodor mag die Münchner mit seinen polizeistaatlichen Methoden verärgert haben, aber er hatte auch vernünftige Ansichten. »München kann fernerhin keine Festung mehr sein«, verkündete er und begann 1791 mit der Schleifung der Stadtmauern. Das erste Projekt zur Erweiterung der Stadt war der Karlsplatz, schon damals in Rondellbauten gefasst. 1899 wurden sie abgerissen und von Gabriel v. Seidl (s. S. 189) neu errichtet. In einem Stil, in dem sich das erstarkte und durch die Industrialisierung reich gewordene Bürgertum in öffentlichen und privaten Bauten dar-

AUTORENTIPP!

KLERIKALE MACHT UND STILLES GEDENKEN

Der Erzengel Michael in der Mittelnische der Fassade besiegt den Satan und zeigt, worum es geht: den rechten, sprich den katholischen Glauben. Seinetwegen holte Herzog Wilhelm V. die Jesuiten nach München und ließ ihnen eine Kirche und ein Kollegium errichten, für dessen Bau »zum Unwillen der gemein« 34 Häuser abgerissen wurden. Die Michaelskirche (1583–1597) sprengte alle damals gültigen Dimensionen: Sie war die erste Renaissancekirche nördlich der Alpen, ihr frei tragendes, über 20 Meter gespanntes Tonnengewölbe ist nach dem Petersdom in Rom das zweitgrößte.

St. Michael zeugt von Macht und Prunksucht, ganz anders die Unterkirche des Bürgersaals: In dem niedrigen Raum gedenken Betende des Paters Rupert Mayer, der hier begraben ist. In der Zeit des Nationalsozialismus war Mayer einer der wenigen regimekritischen Priester, wofür er mit KZ-Haft und nach seiner Entlassung mit Predigtverbot bestraft wurde. Die Bürgersaal-Oberkirche ist ein prächtiger barocker Raum, in dem auch schöne Konzerte stattfinden.

St. Michael. Neuhauser Str. 6, **Bürgersaal.** Neuhauser Str. 14

Oben: Von oben ist zu sehen, wie raumgreifend die Anlage des Justizpalastes ist.
Mitte: Der Neptunbrunnen im Alten Botanischen Garten.
Unten: Die segensreichen und die zerstörerischen Wirkungen des Wassers zeigt der Wittelsbacher Brunnen.

stellen konnte. Dieser »neue Altmünchner Stil« war insofern neu, als die Architekten gegen Ende des 19. Jahrhunderts nicht mehr nur in die Vergangenheit blickten und kopierten, sondern in wildem Eklektizismus Eigenes schufen.

Zeugen des Historismus sind am Lenbachplatz erhalten: der Justizpalast (1891–1898, Friedrich v. Thiersch) neben dem Alten Botanischen Garten, das Palais des Kunst- und Antiquitätenhändlers Bernheimer (1889–1891, v. Thiersch), das Künstlerhaus (1893–1900, v. Seidl). Das Haus für die Münchner Künstlergesellschaft Allotria war einstöckig, dahinter erhob sich die 1887 eingeweihte und 1938 zerstörte Hauptsynagoge.

Der Alte Botanische Garten

Er wurde 1804 bis 1814 von Ludwig Sckell angelegt, erhalten blieb das wohlproportionierte Eingangsportal (1811/12, E. Herigoyen). Wo heute das »Park-Café« mit seinem schönen Garten überwiegend junges Publikum anzieht, erhob sich früher der Glaspalast, damals hypermodern – Klenze spuckte immer aus, wenn er daran vorbeiging, denn mit »Glas und Eisen hantirt ein reputirlicher Meister nicht«. Die Halle wurde 1854 anlässlich der »Ersten Allgemeinen Deutschen Industrieausstellung« errichtet. Besucher strömten nach München, aber schon nach 14 Tagen waren Halle und Stadt leer: Die Cholera wütete. Durch sie änderte sich in der dicht besiedelten Stadt einiges: Max von Pettenkofer, Professor für medizinische Chemie, sah die katastrophalen sanitären Zustände als Ursache der Krankheit und setzte sich für deren Verbesserung ein. Ihm ist zu verdanken, dass 1883 erstmals »gutes Wasser« nach München floss. Daran erinnert der monumentale Wittelsbacher Brunnen (1893–1895, A. v. Hildebrand), der den Lenbachplatz zum Maximiliansplatz hin abschließt.

Infos und Adressen

SEHENSWÜRDIGKEITEN

Wittelsbacher Brunnen. Die baumbestandene Kulisse passt zum Thema dieses Brunnens, der seine italienischen Vorbilder nicht verleugnen kann. Es geht um Wasser, dessen segensreiche wie zerstörerische Kraft die Amazone auf dem Stier und der Jüngling auf dem Pferd verkörpern. Nachts angestrahlt, zeigt der Brunnen seine ganze Schönheit, den angrenzenden Park sollte man allerdings meiden. Denn da geht's zu wie am Stachus: Hier toben die Nachtschwärmer, die auf der »Feierbanane« (s. S. 53) unterwegs sind.

Deutsches Jagd- und Fischereimuseum. Wildschweine müssen nicht draußen bleiben, schließlich sind auch sie Thema dieses Museums. Trotzdem sitzt der Keiler brav vor der Tür und lässt sich von Passanten über die Bronzenase streichen. Das Museum beherbergt eine hervorragende Sammlung – Geweihe, Tierpräparate, Jagdwaffen –, und allein schon die Räumlichkeiten sind sehenswert:
Es ist in der ehemaligen Augustinerkirche untergebracht. Mo–So 9.30–17 Uhr, Do bis 21 Uhr, Neuhauser Str. 2, www.jagd-fischerei-museum.de

ESSEN UND TRINKEN

L'Osteria im Künstlerhaus. Pizza und Pasta zu günstigen Preisen und in guter Qualität. Man kann sie im prachtvollen venezianischen Saal oder auf der Sonnenterrasse genießen. Aber ohne Reservierung hat man hier kaum eine Chance, also unbedingt ein paar Tage vorher anrufen! Lenbachplatz 8, Tel. 089/99 01 98 10, www.losteria.de

ÜBERNACHTEN

Anna Hotel. Zentraler geht's nicht – das Anna Hotel liegt zwischen dem Stachus und dem Hauptbahnhof, Schallschutzfenster sorgen dafür, dass die Nachtruhe ungestört ist. Modern und sehr schön eingerichtet. Preislich in der oberen Mitte, Zimmer mit Blick über die Stadt sind teurer. Schützenstr. 1, Tel. 089/59 99 40, www.annahotel.de

Im neu gestalteten Untergeschoss des Stachus liegt Europas größtes unterirdisches Einkaufszentrum.

15 Isartor
Kein Mauerblümchen

Mit der Umgestaltung des St.-Jakobs-Platzes brach in der Innenstadt die Bauwut aus. An der Kaufinger- und Sendlinger Straße, am Opernplatz – überall wird entkernt oder abgerissen, neue Prestigeobjekte entstehen: Büroflächen, Luxusappartementhäuser, Showräume für exklusive Geschäfte. Die Archäologen sind glücklich: Wo gebaut wird, dürfen sie buddeln und sich über manchen Fund freuen.

140 Steine kamen zutage, als eine Baulücke an der Westenriederstraße geschlossen wurde – grob behauener Nagelfluh. Dieses harte, widerstandsfähige Material war der »Beton des Mittelalters« und das Beste, was die Münchner in Stadtnähe abbauen konnten. Nagelfluh wurde für die Fundamente der Frauenkirche benutzt und für ein Bauwerk, an dem das Wohl und Weh der mittelalterlichen Siedlung hing: die Stadtmauer. München war in den 100 Jahren nach seiner Gründung zu einem florierenden Handelszentrum herangewachsen und platzte aus allen Nähten. Ein zweiter Mauerring, ab Mitte des 13. Jahrhunderts errichtet, löste das Problem und versechsfachte die Stadtfläche. Den Verlauf dieser Anlage zeichnet heute der Altstadtring nach, von den vier Haupttoren blieben Karlstor, Sendlingertor, Isartor.

Die Festung München

Die beiden anderen Tore wurden nach der Schleifung der Stadtmauern kastriert, einzig das Isartor – weitgehend in seinem ursprünglichen Aussehen und Umfang erhalten – vermittelt eine Ahnung davon, welch mächtiges Castrum Mün-

Blick vom Rathausturm aufs Tal. Zu sehen sind: der Giebel vom Alten Rathaus, der Turm des Isartors und der des Müller'schen Volksbads und der Gasteig.

Wehrhaft stellte sich das Isartor jenen entgegen, die Einlass in die Stadt begehrten.

chen einst war. Südlich des Tores wurden die 140 Nagelfluhsteine verlegt, als »Fußabdrücke« der einst vier Kilometer langen Zwingermauer aus dem 14. Jahrhundert.

Wer das Privileg besaß, innerhalb dieses doppelten Verteidigungswalls zu leben, konnte ruhig schlafen. Die Festung München schreckte nicht nur potenzielle Eindringlinge ab, sie war auch uneinnehmbar – bis die Osmanen in Konstantinopel 1453 bewiesen, dass Kanonen gar dreifache Mauern zu Fall bringen. Diese Entwicklung verschlief München. Erst Maximilian I. (s. S. 92) erkannte die Gefahr, die sich im Zeitalter der heraufziehenden Glaubenskriege abzeichnete und drängte den Magistrat zum Ausbau der Befestigungsanlagen, aber der reagierte nicht. 1618 übte Maximilian I. massiv Druck aus und zwang die Münchner, Mauern, Wälle und Gräben zu errichten – mit mäßigem Erfolg. Als die Schweden 1632 vor der Stadt standen, war die nicht mal zur Hälfte umgürtet, die Besatzer hatten ein leichtes Spiel – und die Münchner Glück, dass sie sich freikaufen konnten. Die horrende Summe war allerdings nicht in Gänze aufzubringen, und König Gustav Adolf nahm 22 weltliche und 22 geistliche Geiseln als Pfand mit. Sie kamen erst nach drei Jahren wieder frei.

GLOBETROTTER: INDOOR OUTDOOR ERLEBEN

Es regnet, die Kinder quengeln und wollen nicht schon wieder in ein Museum, sondern was echt »Cooles« machen – dann bleibt den Eltern nichts anderes übrig, als zum Globetrotter zu gehen. Was übrigens auch die Erwachsenen nicht bereuen werden, außer sie sind absolute Sportmuffel. Der Megastore bietet auf vier Etagen und 6500 Quadratmetern eine sehr gut präsentierte und hochwertige Auswahl für Sportbegeisterte. Hauptzielgruppe sind Kletterer, Bergsteiger und -wanderer, die ihre Ausrüstung in einer Kälte- oder Regenkammer ausprobieren oder in der Höhenkammer testen können, wie sie sich fühlen, wenn die Luft immer dünner wird. Für Kinder und Erwachsene stehen Kletterwände bereit, und im Untergeschoss befindet sich ein 121 Quadratmeter großes Becken, in dem man Kanus testen kann – mit Gegenstromanlage. Der Geysir, den die Angestellten per Knopfdruck aus dem Becken jagen, reicht bis in den zweiten Stock hinauf.

Globetrotter. Mo–Sa 10–20 Uhr, Isartorplatz 8–10

Detail aus dem Fries

Großbaustelle Befestigungsgürtel

Jetzt hatten's auch die Münchner kapiert, und es wurde gebaut: Zeitweise bis zu 40 000 Menschen packten nun an. Ein Kupferstich aus dem Jahr 1644 im Stadtmuseum zeigt die Stadt aus der Vogelperspektive: Der barocke Befestigungsgürtel folgt weitgehend dem Verlauf der alten Stadtmauer, umschließt aber auch den Hofgarten und die kurfürstlichen Zeughäuser bei der Residenz.

So eingeschnürt blieb München bis zum Ende des 18. Jahrhunderts, und als dann der Mauergürtel fiel, wollte die Bevölkerung das Isartor gleich mit abreißen. König Ludwig I. rettete den Bau, Friedrich v. Gärtner restaurierte ihn 1833 bis 1835, und dann schickte der König Bernhard von Neher (1806 bis 1886), denn Historienmalerei durfte nicht fehlen an so einem traditionsreichen Gebäude. Ludwig der Bayer (s. S. 68) wurde zum Thema erhoben. Das Fresko an der Stirnwand (1835) zeigt den Einzug nach der Schlacht bei Ampfing 1322. Bayern hatte gesiegt – gegen den Erzrivalen Habsburg.

Das Valentin Musäum

Es heißt Falentin. Man sagt ja auch nicht Water, sondern Vater, so der Schauspieler/Komiker/Filmemacher/Erfinder Karl Valentin (1882–1948, s. S. 40). Ihm und seiner Partnerin Liesl Karlstadt (1892–1960) ist dieses Museum gewidmet, das in unvergleichlicher Weise einen Einblick in die skurrile, tragikomische Welt des Universalgenies liefert. Unter den Exponaten ist der Nagel, an den Valentin seinen Beruf hängte, und ein Winterzahnstocher, pelzverbrämt. Filme und Tondokumente zeigen die beiden als kongeniales Paar: er spindeldürr, melancholisch, oft an den Unsinnigkeiten der Sprache und der Welt verzweifelnd, sie drall, geerdet, bürgerlich – der »normale« Widerpart, der sie auch in der Realität für den Geliebten war.

Oben: Das Valentin-Musäum zeigt Leben und Werk Valentins und seiner Partnerin Liesl Karlstadt. **Mitte:** Valentin im Treppenaufgang: ein schlaksiges Genie. **Unten:** Auch die Geschichte der Münchner Volkssänger wird thematisiert.

Infos und Adressen

SEHENSWÜRDIGKEITEN

Valentin Karlstadt Musäum. »99-Jährige in Begleitung ihrer Eltern – Eintritt frei!«, verkündet ein Schild, das vielleicht in ein paar Jahrzehnten – die Menschen werden bekanntlich immer älter – zum Ruin des kleinen Museums führen wird. Ein Muss: der Besuch des Turmstüberls, wo man gemütlich sitzt und sich bei Kaffee und Kuchen vom Treppensteigen erholen kann. Mo, Di, Do 11.01–17.29 Uhr, Fr, Sa 11.01–17.59 Uhr, So 10.01–17.59 Uhr, Tal 50, Tel. 089/22 32 66, Turmstüberl 089/29 37 62, www.valentin-musaeum.de, alle S-Bahnen (Isartor), Tram 16, 18, Bus 131

Wirtshausschild am Gasthaus Isartor

Oktoberfestmuseum: 365 Tage im Jahr Wiesn

Bier- und Oktoberfestmuseum. Hier kann man das ganze Jahr über Oktoberfest-Atmosphäre schnuppern und dabei Interessantes über das größte Volksfest der Welt erfahren. Neben dem Biermuseum ist auch das Haus selbst interessant: Etwa 1340 erbaut, ist eines der ältesten in München. Im verwinkelten Untergeschoss lädt eine urige Gastwirtschaft zur Einkehr. Di–Sa 13–18 Uhr, Sterneckerstr. 2, Tel. 089/24 23 16 07, www.bier-und-oktoberfestmuseum.de

ESSEN UND TRINKEN

Gasthaus Isarthor. In dem alten Wirtshaus, das nur aus einem schmalen Raum besteht, sitzt man eng und gemütlich, die Küche ist gut und nicht teuer. Reservieren empfiehlt sich, es gibt nur wenige Tische. 10–1 Uhr, Kanalstr. 2, Tel. 089/22 77 53, www.gasthaus-isarthor.de

ÜBERNACHTEN

Hotel Torbräu. Freundlich, zentral gelegen, reichhaltiges Frühstücksbuffet, Vier-Sterne-Hotel mit gutem Preis-Leistungs-Verhältnis, empfehlenswertes Restaurant. Tal 41, Tel. 089/24 23 40, www.torbraeu.de

Um's Thema Gerstensaft geht's im Biermuseum.

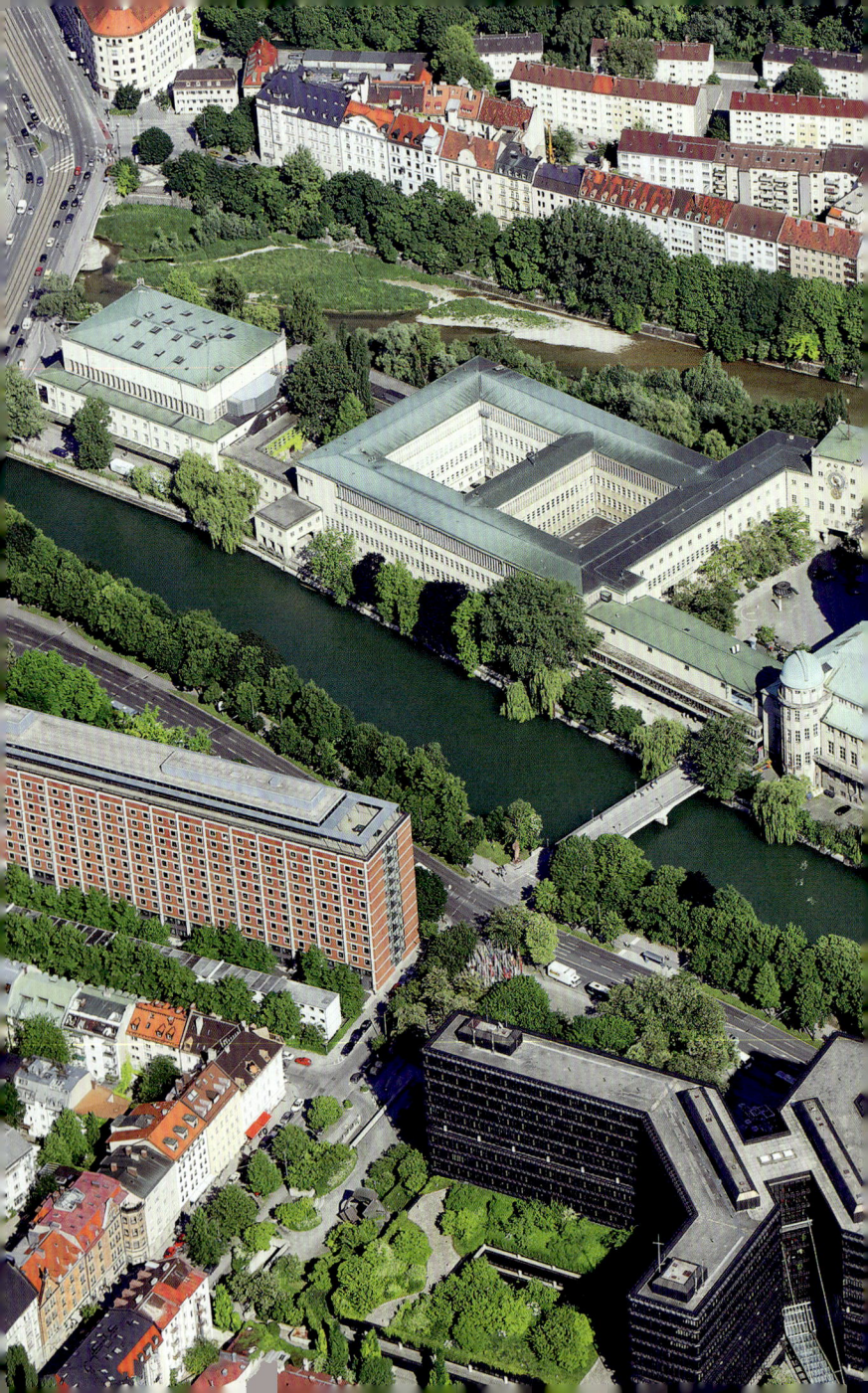

LINKS UND RECHTS DER ISAR

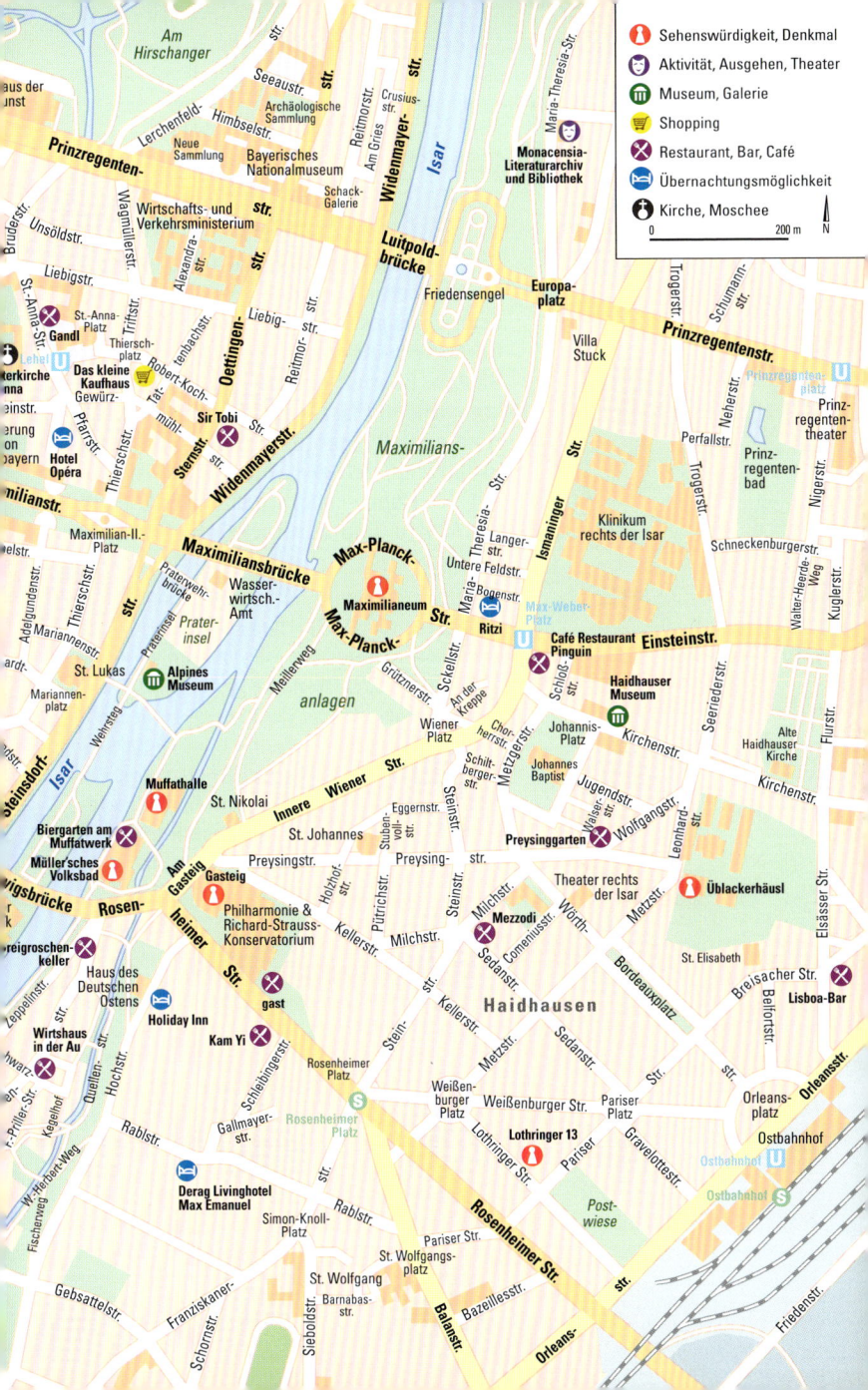

Legend

🔴 Sehenswürdigkeit, Denkmal
🟣 Aktivität, Ausgehen, Theater
🏛 Museum, Galerie
🛒 Shopping
❌ Restaurant, Bar, Café
🛏 Übernachtungsmöglichkeit
⛪ Kirche, Moschee

0   200 m   N

Am Hirschanger

Seeaustr.
Lerchenfeld-
Himbselstr.
Neue
Sammlung
Archäologische
Sammlung
Reitmorstr.
Am Gries
Crusius-
str.
Maria-Theresia-Str.

Prinzregenten-
Wagmüllerstr.
Bayerisches
Nationalmuseum
Schack-
Galerie
str.
**Luitpold-
brücke**
Monacensia-
Literaturarchiv
und Bibliothek

Wirtschafts- und
Verkehrsministerium
Alexandra-
str.
Friedensengel
**Europa-
platz**
Prinzregentenstr.

Unsöldstr.
Liebigstr.
Liebig-
str.
Villa
Stuck
Neherstr.
Prinz-
regenten-
platz
Prinz-
regenten-
theater

🔴 **Gandl**
St.-Anna-Str.
St.-Anna-
Platz
Thierschstr.
Triftstr.
Oettingen-
Robert-Koch-
Perfallstr.
Prinz-
regenten-
bad

Veterkirche
anna
Das kleine
🛒 **Kaufhaus**
Gewürz-
mühl-
str.
Maximilians-
Trogerstr.
Nigerstr.

rung
on
bayern
Pfarrstr.
🔴 **Sir Tobi**
Sternstr.
Theresia-
str.
Ismaninger
Str.

🛏 **Hotel
Opéra**
Widenmayerstr.
Untere Feldstr.
Langer-
str.
Klinikum
rechts der Isar
Schneckenburgerstr.

Maximilian-II.-
Platz
Maximiliansbrücke
Max-Planck-
Maria-
Bogenstr.
Max-Weber-
Platz

ilianstr.
Praterwehr-
brücke
Wasser-
wirtsch.-
Amt
🔴 **Maximilianeum**
🔴 **Ritzi**
Str.
Schloß-
str.
Seiederstr.

Adelgundenstr.
Mariannenstr.
Pratermühl
**Prater-
insel**
Max-Planck-
Sckellstr.
🔴 Café Restaurant
Pinguin
Einsteinstr.
Walter-Heerde-
Weg
Kuglerstr.

St. Lukas
🏛 **Alpines
Museum**
anlagen
Grünzerstr.
An der Kreppe
Haidhauser
🏛 **Museum**
Flurstr.

Marianner-
platz
Meillerweg
Wiener
Platz
Chor-
herrstr.
Johannis-
Platz
Alte
Haidhauser
Kirche

Steinsdorf-
🔴 **Muffathalle**
St. Nikolai
Innere Wiener Str.
Schilt-
berger-
str.
Metzgerstr.
Johannes
Baptist
Kirchenstr.
Kirchenstr.

🔴 **Biergarten am
Muffatwerk**
St. Johannes
Eggernstr.
Stuben-
vollstr.
Steinstr.
Jugendstr.
Leonhard-
str.
Wolfgangstr.

🔴 **Müller'sches
Volksbad**
**Am
Gasteig**
🟣 **Gasteig**
Preysingstr.
Preysing-
str.
🟣 **Preysinggarten**

wigsbrücke
Rosen-
🟣 **Philharmonie &
Richard-Strauss-
Konservatorium**
Holzstr.
Pütrichstr.
Kellerstr.
Milchstr.
Steinstr.
Wörth-
str.
**Theater rechts
der Isar**
Metzstr.
🔴 **Überackerhäusl**
Elsässer Str.

Kreisgroschen-
❌ keller
heimer
Sedanstr.
🔴 **Mezzodi**
Comeniusstr.
St. Elisabeth
Breisacher Str.

Haus des
Deutschen
Ostens
🛏 **Holiday Inn**
🟣 **gast**
Str.
Haidhausen
**Bordeaux-
platz**
❌ **Lisboa-Bar**
Bellfortstr.
Orleansstr.

🔴 **Wirtshaus
in der Au**
❌ **Kam Yi**
Scheibingerstr.
Rosenheimer
Platz
Metzstr.
Sedanstr.
Pariser
Platz
Orleans-
platz

Quellenstr.
Hochstr.
Gallmayerstr.
Weißenburger
Platz
Weißenburger Str.
Gravelottestr.
Ostbahnhof

Kegelhof
🛏 **Derag Livinghotel
Max Emanuel**
Rablstr.
🔴 **Lothringer 13**
Lothringer Str.
Pariser
Str.

Prilerstr.
Rablstr.
Simon-Knoll-
Platz
**Post-
wiese**
Rosenheimer Str.

Gebsattelstr.
Franziskanerstr.
Schornstr.
St. Wolfgang
Barnabastr.
St. Wolfgangs-
platz
Bazeillestr.
str.
Balanstr.
Orleans-
Friedenstr.

16 Gärtnerplatz und Glockenbachviertel
Keiner schlafe

Die Münchner Jugend hat Geschmack – sie hat sich ein schönes Fleckchen zum Feiern ausgesucht. Die heitere Fassade des Gärtnerplatztheaters: Bänke, Brunnen, Büsten, Blumen auf der grünen Insel im kreisrunden Platz. Tagsüber im Café sitzend genießt man das friedliche urbane Idyll. Neigt sich der Sommertag, ist's aus mit der Ruhe – »Let's party« heißt dann das Motto, und nun rockt's im Rondell.

An schönen Abenden nutzen über 1000 Menschen den Gärtnerplatz als Partyraum. Flaschen kreisen, Blumenbeete werden zu Liegeplätzen, es ist friedlich, fröhlich, laut. Wenn sie »vorgeglüht« haben, ziehen sie weiter – der Platz ist Foyer für Statisten und Protagonisten des nächtlichen Spiels, von hier aus geht's ins Glockenbachviertel, an die Isar oder auf die »Feierbanane« (s. S. 53). Zurück bleiben Flaschen, Chipstüten, Pizzakartons. 5500 Flaschen und Dosen will ein unter Schlaflosigkeit lei-

Oben: Sternförmig laufen die Straßen auf den Gärtnerplatz zu. Das Viertel wurde von einem privaten Investor erbaut.
Unten: Der Gärtnerplatz mit dem Theater an einem Sommertag – Ruhe vor dem abendlichen Sturm

---

MAL EHRLICH
GUTE LAUNE, SCHLECHTE MANIEREN
Plätze und Grünanlagen sind für die Menschen da, vorbei die Zeiten, dass »Rasen betreten verboten« ist. Gut so. Nur: An der Isar, im Englischen Garten, überall dasselbe – die Karawane zieht weiter, der Müll bleibt liegen. Physikalisch ein Phänomen: Die Leute sind in der Lage, volle Flaschen und Tüten an einen Ort zu schleppen, aber zum Abtransport der leeren Behältnisse fehlt ihnen die Kraft. Oder der Wille. Sollen doch die anderen den Dreck wegputzen, den ich mach'. Nicht gut so!

dender Anwohner im Sommer 2012 in 17 Nächten gesammelt haben. »Mir gärtnerplatzt der Kragen«, verkünden Aufkleber. Und die Stadt? Hält nichts von Verboten, appelliert – vergeblich – an die Vernunft, schafft jede Nacht den Müll weg und resümiert im schönsten Amtsdeutsch, kein zweiter Platz habe so eine »hohe Reinigungsdichte«.

Das Theater und sein Platz

Von Feingefühl zeugt das nicht: den Platz nach dem Architekten Friedrich v. Gärtner (s. S. 168) zu benennen und seinem Konkurrenten Leo v. Klenze (s. S. 88) nur eine Straße zu geben. Und die beiden dann nebeneinander zu platzieren, Büste an Büste. Seit 1867 stehen sie auf ihren Stelen, Klenze war zwischendurch mal verschwunden, die Betreiber der »Deutschen Eiche« sorgten dafür, dass er zurückkehrte. Gerade zur rechten Zeit, jetzt kann er triumphieren: »Schau, was aus deinem Platz geworden ist«, sagt er jede Nacht zu Gärtner. »Partyraum mit hoher Reinigungsdichte! Ha, ha!«

Klenze sollte schweigen. Als Ludwig I. plante, das Gebiet zwischen Altstadt und Isar zu bebauen, war er dagegen, und so kam 1861 erstmals ein privater Investor zum Zug, der das Gärtnerplatzviertel als Kapitalanlage errichtete. Allerdings am Bedarf vorbei geplant: Die Arbeiter konnten sich die großen Wohnungen nicht leisten, und so teilten sich schon bald mehrere kinderreiche Familien eine Unterkunft, die Gegend um den Gärtnerplatz wurde zum Arbeiterviertel. Auch das Theater entstand nicht auf königliches Geheiß, sondern wurde als »Münchner Actien-Volkstheater« von betuchten Bürgern 1864/65 errichtet. Die Aktionäre hatten nicht viel Freude an ihrer Investition, 1868 waren sie pleite und mussten unter den königlichen Rettungsschirm flüchten. Das klassizistische Theater wurde nach Entwürfen von Franz Michael

AUTORENTIPP!

HERZ-JESU-KLOSTERKIRCHE

Die wenigsten Münchner kennen diese Kirche, dabei ist sie einer der ersten modernen Sakralbauten und das erste Gotteshaus in der Stadt, das vollständig als Stahlbetonbau ausgeführt wurde. Ihr Reiz liegt im Schlichten: Steil proportioniert erhebt sich über engem Grundriss eine hohe dreischiffige Halle, schmuckloser Sichtbeton, das auf den Altar gelenkte Licht kommt von oben.

Das 1953–1955 errichtete Bauwerk steht bereits unter Denkmalschutz und ist das Werk eines Architekten, der in München zu einem der prägendsten werden sollte. Alexander von Branca (1919–2011) errichtete nicht nur die Neue Pinakothek (s. S. 146) und die Olympia-Pressestadt, er gestaltete auch die U-Bahnhöfe Marienplatz, Theresienwiese und Prinzregentenplatz.

»Was ist denn die Funktion einer Kirche? Die Funktion einer Kirche ist, die Menschen aus der Zerstreutheit in die Sammlung zu führen. Wenn ich Sammlung will, muss der Raum so sein, dass er Sammlung zulässt«, sagte Branca. Ein gelungenes Werk!

Herz-Jesu-Klosterkirche. Wenn die Kirche geschlossen ist, an die Klosterpforte wenden. Buttermelcherstr. 10

Reifenstuel und nach dem Vorbild des Nationaltheaters errichtet. Bescheidener natürlich, nicht
nur wegen der Standesunterschiede, sondern auch
wegen des Baugrunds: Schmal fügt sich die Front
ins Rund des Platzes, nach hinten dehnt der Bau
sich trapezförmig aus. Am Gärtnerplatztheater
werden überwiegend Musicals und Operetten aufgeführt, bis 2015 wird der Bau renoviert.

Einst *gay*, heute »verhetet«

Gärtnerplatz und Glockenbach heißen die beiden
Bezirksteile, die Fraunhoferstraße trennt sie, doch
Nachtschwärmer kennen keine Grenzen, und meist
wird alles, was zwischen Müllerstraße und Isar liegt,
Glockenbachviertel genannt. Die Gegend erwarb
sich ihren Ruf als Szeneviertel durch die Schwulen-
bewegung. 1967 eröffnete der »Ochsengarten« als
erste Lederbar Deutschlands, weitere Schwulen-
und Lesbentreffs folgten. In der »Deutschen Eiche«
hielt Rainer Werner Fassbinder Hof, »Queen«-Sän-
ger Mercury lebte mal in der Hans-Sachs-Straße. In
den 1980er-Jahren zählte München neben New
York, San Francisco und Amsterdam zu den
»schwulsten Städten« der Welt, rund um den Gärtnerplatz konzentrierte sich die Gay Community.

Die Trennung nach sexuellen Präferenzen existiert
heute nicht mehr – die Gegend »verhetet«, klagen
die Schwulen. Andere prophezeien den Untergang
durch Kommerzialisierung und steigende Mieten,
und auch wenn jeder ein bisschen recht hat, so ist
das Glockenbachviertel doch noch immer ein
Quartier, in dem Handwerker zu Hause sind, neben originellen Läden auch Geschäfte für den
täglichen Bedarf existieren und Kreative ihre Ide-
en verwirklichen. Tagsüber wirken manche Straßenzüge charmant, andere banal und abgelebt,
die Nacht macht sie zu Flaniermeilen voller kleiner Restaurants und Bars, in denen gefeiert wird.

Oben: Gemütliche Cafés laden am
Gärtnerplatz zur Einkehr ein.
Mitte: »GötterSpeise, Chocolaterie
& Café« in der Jahnstraße 30:
köstliche Schokoladen und Torten
Unten: Büste von Friedrich von
Gärtner, dem zu Ehren der Platz
benannt wurde.

Infos und Adressen

ESSEN UND TRINKEN

Trachtenvogl. Hirschgeweih und Alpenpanorama, Kaminfeuer vom Bildschirm, bunte alte Sessel – seit mehr als zehn Jahren existiert der Trachtenvogl, aber 2012 musste er Federn lassen: Abends geht's zwar noch immer heiß her, aber um 22 Uhr ist Schluss. Kleine Gerichte, nett und gemütlich. 9–22 Uhr, Reichenbachstr. 47, Tel. 089/201 51 60, www.trachtenvogl.de

Fei Scho. Klein, eng, manchmal chaotisch, originell: Bayerischer Kitsch kombiniert mit Fernost-Kitsch und eine Küche, die Einheimisches mit Asiatischem vereint. Schweinsbraten Dim Sum zum Beispiel. Mo–Fr 11.30–15 und 17.30–22 Uhr, Sa 17.30–22 Uhr, Kolosseumstr. 6, Tel. 089/55 06 22 99, www.feischo.com

Bergwolf. Grundlage zum »Vorglühen« oder zur Stärkung nach durchfeierter Nacht – die Currywurst vom Bergwolf hat Kultstatus. Fr, Sa bis 3 Uhr, sonst bis 2 Uhr, Fraunhofer Str. 17

Blick vom Foyer des Theaters auf den Platz.

AUSGEHEN

Ksar. Eine Konstante im sonst stetem Wandel unterworfenen Szeneviertel: gute Drinks, gute Musik – wechselnde DJs –, gute Stimmung, faire Preise. Bis 3 Uhr, Müllerstr. 31, www.ksar-barclub.de

EINKAUFEN

Sams & Son. Oldtimerfahrer, Filmausstatter und Sammler von historischem Reisegepäck gehören zu den Kunden, die hier seit über 15 Jahren finden, was sie suchen: Autokoffer, Reisetruhen und Schrankkoffer, aber auch historische und moderne Globen. Mo–Fr 13–19 Uhr, Sa 11–14 Uhr, Fraunhoferstr. 23, www.alte-koffer.de

VERANSTALTUNGEN

Werkstattkino. Klitzekleines Kino in einem Hinterhofkeller. Harte Klappstühle, einzigartiges Programm weitab des Mainstream. Die meisten Filmtitel wird man nicht kennen, aber die Auswahl ist immer interessant. Fraunhoferstr. 9, Tel. 089/260 72 50, www.werkstattkino.de

Der Gärtnerplatzbrunnen, im Jahr 1866 erbaut

17 Deutsches Museum
Weltweit einzigartig

Wo beginnen – tief unten im Stollen oder hoch oben, den Sternen nah? Was ist interessanter: Schifffahrt oder Luftfahrt, Mikroelektronik oder Wasserbau? Soll man sich den Raumanzug von Frank Borman aus der GEMINI-7-Mission ansehen oder das »Universum Vliesstoffe« in der Abteilung Textiltechnik? Was ist spannender: ein Gang durch eine menschliche Zelle oder der Besuch der steinzeitlichen Altamira-Höhle?

Die Fragen sind nicht zu beantworten. Dieser Reiseführer kann – getreu dem Motto »Zeit für das Beste« – nur empfehlen, sich für dieses grandiose Museum viel Zeit zu nehmen, wer alles sehen will, braucht Tage. Was »das Beste« ist, muss jeder nach persönlichem Interessenschwerpunkt entscheiden. Das »Deutsche Museum von Meisterwerken der Naturwissenschaft und Technik« ist das größte seiner Art weltweit, sämtliche Sehenswürdigkeiten von Aerodynamik bis Zupfinstrumente aufzuzählen, würde den Rahmen dieses Buches sprengen. Und so muss das Printmedium die Segel streichen und das Feld dem Internet überlassen, das keine Seitenzahlbegrenzung kennt: Auf der Website des Museums gelangt man über »Sammlungen« und dort über »Ausgewählte Werke« zu den »Meisterwerken«, und kann aus Fülle schon mal wählen, was man unbedingt sehen möchte.

Apropos Print und Neue Medien: Zum Thema Papier und Drucktechnik findet man im zweiten Stock alles Wissenswerte. Da wird vorgeführt, wie handgeschöpftes Papier gefertigt wird, der Übergang von der Mühle zur Papierfabrik ist doku-

Oben: Das Deutsche Museum war der erste große Stahlbetonbau in München – die Architektur greift aber noch auf klassizistische Vorbilder zurück.
Unten: Buchdruck – früher ein mühseliges Geschäft

Motoren begeistern Männer jedes Alters.

mentiert ebenso wie – im Modell – eine moderne Maschine zur Papierherstellung. Ebenfalls chronologisch behandelt die anschließende Abteilung Drucktechnik ihr Thema: von Gutenbergs Erfindung – dem Druck mit Bleilettern Mitte des 15. Jahrhunderts – über die Lithografie bis zum Fotosatz.

Die Abteilungen Informatik, Mikroelektronik und Telekommunikation liegen im dritten Stock. Dort kann man auch einen Nachbau des Z3 (1941) sehen, des ersten funktionsfähigen programmierbaren Computers der Welt. Was viele nicht wissen: Erfunden hat ihn ein Deutscher, Konrad Zuse.

Propagandist der neuen Technik

»In diesem Haus darf jeder machen, was ich will«, ist im Eingangsbereich des Museums zu lesen. Dieses selbstbewusste Statement stammt vom Gründer des Museums, Oskar von Miller (1855–1934). Was wollte Miller? In erster Linie seine Begeisterung für Technik weitergeben, auf damals revolutionäre Weise: Maschinen sollten rattern, Funken sprühen, Kessel dampfen – es geht ums »Begreifen« im wahrsten Sinne des Wortes. Dass sie hier Knöpfe drücken und Experimente selbst in Gang setzen können, hat Generationen

Detail der Astronomischen Kunstuhr

AUTORENTIPP!

IN MEMORIAM PLUTO – DER PLANETENWEG

Seit 2006 ist Pluto kein Planet mehr. Kleinliche Wissenschaftler haben ihm den Status genommen und ihn zum Zwergplaneten degradiert. Weil er nicht aufgeräumt – sprich, seine »Nachbarschaft von anderem kosmischen Material freigeräumt« – hat. Ein Lehrstück für Kinder: Immer schön Ordnung halten im Zimmer! Kinder können noch mehr lernen auf dem Planetenweg, der vom Deutschen Museum zum Tierpark führt. Den Ausgangspunkt bildet die Sonnenkugel im Innenhof des Museums. Maßstabgetreu geht es dann immer die Isar entlang nach Süden, von Planet zu Planet. Erwachsene müssen 5900-mal ausschreiten, um die rund 4,5 Kilometer lange Strecke abzulaufen, jeder Schritt auf der Erde entspricht etwa einer Million Kilometer im Weltall. Auf dem schönen Spaziergang am Fluss kann man nachvollziehen, wie weit der jeweilige Planet von der Sonne entfernt ist. Und: Pluto ist auch noch dabei, der Weg wurde 1995 angelegt, als der Arme noch nicht degradiert war und als neunter und äußerster Planet des Sonnensystems galt.

Wo's blitzt – in der Hochspannungsabteilung

von Münchner Kindern begeistert, für die es noch nicht selbstverständlich war, mit dem Finger über den Touchscreen zu streichen.

Zugleich führte Miller mit seiner Sammlung der Welt vor Augen, dass München im 19. Jahrhundert nicht nur als Kunststadt seinen Platz auf der Landkarte gefunden hatte, sondern auch ein Hort der Wissenschaft geworden war. Gefördert von König Maximilian II. wirkten bedeutende Erfinder aus ganz Deutschland in der Isarmetropole, unter ihnen Carl von Linde, der Chemiker Justus von Liebig und Rudolf Diesel.

Oskar von Miller, ein Münchner Urgestein, jüngster Sohn des Erzgießers Ferdinand, hatte Maschinen- und Wasserbau studiert, aber seine besondere Liebe galt der Elektrizität. 1882 regte er die erste elektrotechnische Ausstellung in Deutschland im Münchner Glaspalast (s. S. 102) an und bewies einem staunenden Publikum, dass sich Strom sehr wohl »transportieren« ließ. Durch diese erste Stromübertragung der Welt wurde Miller zum berühmten Mann. Seinen Ruf und seine Beziehungen brauchte er, um sein großes Lebenswerk zu verwirklichen, das Deutsche Museum. 1903 stellte er seinen Plan vor, erst 1925, am 70. Geburtstag des Gründers, wurde der erste Teilbereich eröffnet.

Deutsches Museum

Der Architekt Gabriel von Seidl (s. S. 188) erlebte das Ereignis nicht mehr, sein Bruder Emanuel sowie Oswald Bieber vollendeten das Werk, den ersten großen Stahlbetonbau in München – hochmoderne Ingenieurkunst, klassizistisch verkleidet.

Als Baugrund hatte die Stadt die frühere Kohleinsel zur Verfügung gestellt – die sich als denkbar schlechtestes Fundament erwies. Tausende Betonpfähle mussten in den Boden getrieben werden, bevor der monumentale Komplex wachsen konnte. Dann kamen Krieg und Inflation, Jahr für Jahr musste Miller als »Bettelmönch« herumziehen, um die Gelder für sein Projekt zu beschaffen.

Blitze, Züge, Sterne

Der »Großvater der Elektrizität« beschäftigte sich auch in seinem Museum mit der Erzeugung und Verteilung elektrischer Energie und schuf mit der Abteilung Starkstromtechnik im Erdgeschoss eine Sensation, die noch heute zu den Publikumsmagneten gehört. Dreimal am Tag (11, 14, 16 Uhr) bewegen sich die Besucherströme dorthin, wo elementare Ängste geweckt werden, Blitz und Donner ihr Unwesen treiben und – der Höhepunkt der Vorführung – ein Mensch in eine Drahtgitterkugel steigt, die emporgezogen und unter Hochspannung gesetzt wird. Die Versuchsperson kommt heil wieder heraus – der Faraday'sche Käfig funktioniert. Nach dieser Demonstration wird man angstfrei im Flugzeug durch jede Gewitterfront fliegen. Zur selben Zeit wie die Hochspannungsanlage ist auch die Modelleisenbahn in Betrieb. Über 300 Meter Gleislänge bewegen sich bis zu 22 computergesteuerte Züge.

Je höher man im Deutschen Museum hinaufsteigt, desto näher kommt man den Sternen. Die Abteilungen Astronomie, Amateurfunk sowie zwei

Oben: Der Traum vom Fliegen beschäftigt die Luftfahrtabteilung.
Mitte: Büste des amerikanischen Erfinders Thomas Alva Edison (1847–1931)
Unten: Die fahrbare Dampfmaschine wurde 1878 entwickelt.

Sternwarten liegen im vierten Obergeschoss, über das fünfte – ebenfalls Astronomie – gelangt man zum Planetarium (Extra-Eintrittskarte, im Erdgeschoss kaufen). Ein Zeiss-Projektor zaubert den Sternenhimmel auf die Innenseite einer 15-Meter-Kuppel mit Sonne, Mond, Planeten und etwa 5000 Sternen.

Unter Tage

Wie gesagt, das Beste kann und soll nicht gekürt werden. Aber eine besondere Empfehlung darf schon sein. Weil es so schön altmodisch ist, schummrig und ein bisschen beklemmend, naturalistisch und dadurch beeindruckender als jede Computer-3-D-Simulation: das Bergwerk. In der kleinen Betstube (19. Jahrhundert) wandten sich die Bergleute an ihren Gott, bevor sie ihr gefährliches Tagwerk begannen, und sie dankten ihm, wenn sie gesund wieder nach oben kamen. Wie das Leben unter Tage ablief, ist hautnah zu erfahren. Schmal, niedrig und nur spärlich mit Grubenlichtern beleuchtet die Stollen, die so angelegt sind, dass man das Gefühl hat, man steige Hunderte von Meter nach unten. Immer wieder Einblicke, nachgestellte Szenen aus der Geschichte des Bergbaus, lebensgroße Figuren demonstrieren ihre Arbeit im Erz-, Salz- und Kohlebergbau. So realistisch ist das Grubenpferd modelliert, dass man ihm ein Zuckerstück zustecken möchte – wenn es das denn kennt und nimmt, ein Zuckerschlecken war die Arbeit unter Tage nicht, auch nicht für die Tiere.

Oben: Segelschiffe, Dampfschiffe, U-Boote – die Fortbewegung auf und unter Wasser ist Thema der Abteilung Schifffahrt.
Mitte: Modell eines Brennofens einer alten Töpferei
Unten: Fertigungsstraße einer modernen Ziegelbrennerei im Modell

Besucher mit Platzangst sollten wissen: Wer einmal drin ist, muss den gesamten 900 Meter langen Rundgang machen. Mit Besichtigung der Räume, die sich den Themen Handwerkszeug, Maschinen, Aufbereitung von Erz, Kohleveredelung widmen, dauert das eine Stunde.

Infos und Adressen

SEHENSWÜRDIGKEITEN

Deutsches Museum. Die thematisch geordneten Ausstellungen verbinden die historische Rückschau mit dem Blick auf aktuelle und dem Ausblick auf künftige Entwicklungen. Regelmäßig Führungen und Vorführungen. Vor dem Besuch unbedingt auf die Website schauen: Der 73 000 Quadratmeter große Komplex wird derzeit saniert, und es ist immer mal wieder eine Abteilung geschlossen. 9–17 Uhr (Kinderreich bis 16.30 Uhr), Kartenverkauf bis 16 Uhr, Museumsinsel 1, Tel. 089/217 91, 089/217 94 33, www.deutsches-museum.de, alle S-Bahnen (Isartor), Tram 16

Zeigen wie's funktioniert – das wollte Miller.

Alpines Museum. Auf der Praterinsel hat der Alpenverein ein Museum eingerichtet, in dem interessante Sonderausstellungen stattfinden. Die Dauerausstellung widmet sich der Geschichte des Alpinismus. Di–Fr 13–18 Uhr, Sa, So 11–18 Uhr, Praterinsel 5, www.alpenverein.de

ESSEN UND TRINKEN

Wirtshaus in der Au. Gepflegtes altes Gasthaus, das berühmt ist für seine Knödelvielfalt. Hier kann man (mit oder ohne Fleisch) die Klassiker – Semmel- und Kartoffelknödel – genießen und neue Kreationen probieren, wie Spinat- und Rote-Bete-Knödel. Gastgarten. Mo–Fr 17–1 Uhr, Sa, So 10–1 Uhr, Lilienstr. 51, Tel. 089/448 14 00, www.wirtshausinderau.de

Königsquelle. Ein treues Stammpublikum weiß die seit Jahren gleichbleibend gute Qualität der Küche und den aufmerksamen Service zu schätzen. Täglich wechselnde Speisekarte mit österreichischen, italienischen und französischen Gerichten. Nicht billig, aber gutes Preis-Leistungs-Verhältnis. So–Fr 17–1 Uhr, Sa 19–1 Uhr, Baaderplatz 2, Tel. 089/22 00 71, www.koenigsquelle.com

Die bayerische Lebensart lässt sich im Biergarten des »Wirtshaus in der Au« in vollen Zügen genießen.

18 Müller'sches Volksbad
Schwimmen und schwitzen mit Nostalgie

Ob Sommer oder Winter, der Koffer für die Reise nach München muss unbedingt eines enthalten: Badekleidung. Denn zum Besichtigungsprogramm in dieser Stadt gehört eine Sehenswürdigkeit, die man nur mit Badeschlappen abklappern kann: das Müller'sche Volksbad. 1901 wurde es eröffnet, und so wie damals sieht es noch immer aus: ein Jugendstiljuwel und das schönste Hallenbad Deutschlands.

Wer zahlt, schafft an. Karl Müller hatte gezahlt. In Form einer Schenkung von fünf Mietshäusern, mit der Auflage, aus dem Verkaufserlös ein Volksbad, »hauptsächlich für das unbemittel Volk zu erbauen«. Das tat die Kommune auch. Nur mit dem Anschaffen gab's ein Problem. Der Ingenieur hatte gänzlich andere Vorstellungen von Ästhetik als Architekt Carl Hocheder. Und so lagen sie im Clinch, der Carl und der Karl. Über jedes Detail wurde gestritten, die Bauarbeiten zogen sich hin – von 1897 bis 1901. Einen Tag vor der Eröffnung hob der Prinzregent Karl Müller noch schnell in den Adelsstand, wohl um zu verhindern, dass der die Feier durch Absingen böser Lieder störe. Müller hätte Grund zur Klage gehabt: Der Architekt hatte sich auf ganzer Linie durchgesetzt.

Historismus trifft Jugendstil

Freilich muss man Karl von Müller in einem recht geben: Die Funktion des Baus ist in seiner Architektur nicht zu erkennen, und noch heute betreten Touristen das Foyer in dem Glauben, das Gebäude mit der neobarocken Fassade und dem

Man könnte meinen, das Gebäude sei eine Kirche. Der Turm hat aber eine Funktion: Er dient als Wasserspeicher für das Bad, das für die Reinlichkeit des »unbemittelt Volks« sorgen sollte.

Die große Halle, früher nur kühles Nass für Männer

Turm sei eine Kirche. Der Turm hat übrigens eine Funktion: Er speichert das Wasser für die Becken.

Das Volksbad besteht aus vier Bereichen: große Halle, kleine Halle, Wasserturm, römisch-irisches Schwitzbad mit Dusch- und Wannenabteilung. Jeder Raumkomplex stellt eine in sich geschlossene Einheit dar. Auch innen bediente Hocheder sich barocker Schmuckelemente – breite Treppen führen in die Becken, die große Halle überspannt ein Tonnengewölbe mit Galerie –, den Gesamteindruck aber prägt die dekorative, liebevoll gestaltete Jugendstilausstattung: Eisengitter, Banklehnen, Kacheln, Wandmalereien, Holzbrüstungen, Uhren und Lampen, Wasserspeier …

Bis 1980 war das kleine Becken den Damen vorbehalten, heute wählt man nach der Temperatur: 30 Grad im kleinen, 27 im großen Becken. Derartige Temperaturen locken keine Profischwimmer, im Volksbad pflügt man gemütlich durchs Wasser, Springen, Schreien und Toben sind hier verboten.

Die Entdeckung der Hygiene

In der ersten Hälfte des 19. Jahrhunderts hatte sich Münchens Bevölkerung mehr als verdoppelt,

123

Oben: Die alten Umkleidekabinen liegen auf der Galerie oberhalb der Becken.
Mitte: Der Wasserspeier sorgt für eine wunderbare Rückenmassage.
Unten: Reinster Jugendstil, es gibt kein schöneres Hallenbad in Deutschland.

zwischen 1846 und 1900 wuchs sie von 85 555 auf 490 000 Einwohner. Eingemeindungen nach 1854 beförderten die rasante Entwicklung, der Hauptgrund aber lag in der Industrialisierung. Zigtausende Arbeitssuchende strömten in die Stadt, die dem Ansturm in keiner Weise gewachsen war. Es fehlten Wohnungen, es fehlten sanitäre Einrichtungen – die Menschen lebten wie im Mittelalter: Nachttöpfe wurden auf die Straße gekippt, Fäkalien in Gruben gefüllt, die Abwässer versickerten im Boden, aus dem das Trinkwasser kam.

Kein Wunder, dass Seuchen wüteten – Ruhr, Typhus, dazu die Cholera, die, aus Indien eingeschleppt, Anfang der 1830er-Jahre erstmals in Deutschland ausbrach. Die zweite Choleraepidemie traf München 1854, sie rief Max von Pettenkofer (1818–1901) auf den Plan. Der Arzt, Hofapotheker, Chemiker und Professor für medizinische Chemie glaubte nie daran, dass der Cholerabazillus, den Robert Koch 1884 entdeckte, die Ursache der Krankheit sei. Er machte die haarsträubenden hygienischen Verhältnisse dafür verantwortlich. Pettenkofer ist zu verdanken, dass »gutes Wasser« (s. S. 102) nach München floss und ein Zentralschlachthof sowie eine Schwemmkanalisation gebaut wurden. 1865 richtete er den ersten Lehrstuhl für Hygiene in Deutschland ein, die damit zum großen Thema des 19. Jahrhunderts wurde.

Müllers Wunsch, ein Bad für »das unbemittelt Volk zu erbauen«, entsprach also ganz dem Zeitgeist. Badezimmer waren damals Luxus, und so bot das Volksbad 86 Wannen- und 22 Brausebäder, in denen sich jedermann reinigen konnte. Übrigens: Auch die Hygiene der Münchner Hunde sollte nicht zu kurz kommen. Im Keller des Volksbads befand sich ein »Zampelbad«, wo der Familienhund einer Säuberung unterzogen wurde, während Frauchen im Wasser planschte.

Infos und Adressen

SEHENSWÜRDIGKEITEN

Müller'sches Volksbad. Zwei Schwimmbecken, das kleine ist jeden Di 15–20 Uhr weiblichen Gästen vorbehalten. Neben dem römisch-irischen Schwitzbad, das schon seit Inbetriebnahme des Volksbads existiert – man erwärmt sich langsam in verschieden temperierten Räumen (45, 60, 80 Grad) – gibt es auch eine finnische Sauna. Zum Ausruhen nach den Saunagängen sollte man eine der Einzelkabinen mieten, um unbehelligt ein Schläfchen zu halten. Schwimmhalle 7.30–23 Uhr, Sauna 9–23 Uhr, Wannen- und Brausebad Mo 17.30–20.30 Uhr, Mi, Fr 8–13.30 Uhr, Rosenheimer Str. 1, Tel. 089/23 61 50 50, alle S-Bahnen, Tram 16

Die Büste ehrt den Stifter Karl von Müller.

Palastartiges Treppenhaus fürs »unbemittelt Volk«.

ESSEN UND TRINKEN

Café-Restaurant im Müller'schen Volksbad. Gemütlich, gute Küche, schönes Ambiente, Terrasse. Mo–So 10–24 Uhr, Rosenheimer Str. 1, Tel. 089/44 43 92 50, www.cafe-volksbad.de

Biergarten am Muffatwerk. Der größte Vorteil: keine Anwohner, die sich gestört fühlen, hier kann man bis 1 Uhr draußen sitzen. Weiteres Plus: frisch zubereitete Bioprodukte, auch Vegetarisches. Dazu Münchens größte Markise, unter der 100 Menschen sitzen können, wenn Regenwolken aufziehen. Bei schönem Wetter 12–1 Uhr, Zellstr. 4, www.muffatwerk.de

ÜBERNACHTEN

Derag Livinghotel Max Emanuel. 3-Sterne-Hotel mit Sauna und Fitnessraum, ruhig gelegen und günstig. Die Appartements sind mit Kitchenette oder Küche ausgestattet. Rablstr. 10, Tel. 089/45 83 00, www.deraghotels.de

Holiday Inn. Großhotel mit bewährter Ketten-Qualität, Zimmer in den oberen Stockwerken mit schönem Blick. Mittlere Preislage. Hochstr. 3, Tel. 0800 181 36 56, wwww.holidayinn.com

Stärkung nach dem Schwimmen: Café im Volksbad

19 Gasteig
Ein Bunker für die Kultur

Der Friedensengel als krönender Abschluss der Prinzregentenstraße. Das Maximilianeum am Ende der Sichtachse Maximilianstraße. Und ausgerechnet hoch über dem ältesten Verkehrsweg, der ehemaligen Salzstraße – der Gasteig. Man wünscht sich die guten alten Zeiten zurück, wenn man diesen Protzbau sieht. Die Form beleidigt, aber die Funktion stimmt, und so wurde er doch »angenommen«.

Statt dieses aus dem Amtsdeutsch stammenden Begriffs könnte man auch sagen: Die Münchner haben die Kröte geschluckt. Obwohl selbst ein bayerischer Magen, der an sich einiges verträgt, daran schwer zu verdauen hatte. Welch unseligen Zeiten entstammt dieser Bau? Den 1970ern natürlich. Höhenflug, Olympia, wir werden modern ... Wie man sich die schöne neue Welt in diesen Jahren vorstellte, bezeugen heute das Einkaufszentrum Motorama und der Hotelbau am Rosenheimer Berg – Bausünden in Beton, angesichts derer man den Entwurf aus rotem Backstein für das Kulturzentrum (Architektengemeinschaft Raue, Rollenhagen und Lindemann), der 1972 den Zuschlag bekam, noch fantasievoll nennen möchte.

Teuer und langwierig

Oben: Im Gasteig sind zahlreiche kulturelle Institutionen untergebracht, so zum Beispiel die Volkshochschule, die größte ihrer Art in Deutschland.
Unten: Konzertsaal mit einer Akustik, die nicht alle überzeugt.

Dass München ein Kulturzentrum brauchte, stand außer Zweifel: Die beiden Konzertsäle, das Odeon (s. S. 89) und die Tonhalle, waren im Krieg zerstört worden, den Münchner Philharmonikern fehlte ein Stammhaus. Auch Stadtbibliothek und Volkshochschule waren heimatlos. Umso ärgerlicher die Posse, die sich abspielte: 1974 Abriss der alten Gebäude – gegen den Protest der Bevölkerung. Vier Jahre danach der erste Spatenstich. Dann explodieren die Kosten, von ursprünglich 137 Millionen DM (1975) auf 370 Millionen DM (1980), der Stadtrat ist entsetzt. Eine private Leasinggesellschaft wird eingeschaltet, doch erst 1984 können die Stadtbibliothek, die Volkshochschule, die Städtische Sing- und Musikschule und das Richard-Strauss-Konservatorium auf dem Hügel, am »gachen« (steilen) Steig einziehen. 1985 wird die Philharmonie eröffnet. Im selben Jahr gibt der amerikanische Dirigent und Komponist Leonard Bernstein ein Konzert. Sein Kommentar zur Akustik: »Burn it«. Er steht mit seiner Meinung nicht allein, die Diskussion um einen neuen Konzertsaal hält bis heute an.

Gescheitertes Attentat

»An dieser Stelle im ehemaligen Bürgerbräukeller versuchte der Schreiner Johann Georg Elser am 8. November 1939 ein Attentat auf Adolf Hitler. Er wollte damit dem Terror-Regime der Nationalsozialisten ein Ende setzen. Das Vorhaben scheiterte. Johann Georg Elser wurde nach 5 1/2 Jahren Haft am 9. April 1945 im Konzentrationslager Dachau ermordet.« Zu lesen auf einer Bodenplatte am Ausgang vom Gasteig zum GEMA-Gebäude. Der 1885 eröffnete »Bürgerbräukeller« gehörte zu den großen Bierpalästen außerhalb der Innenstadt, deren Festsäle auch für Veranstaltungen genutzt wurden. Als Ausgangspunkt des »Marsches nach Berlin«, der an der Feldherrnhalle endete (s. S. 89), hatte er für die Nazis besondere Bedeutung, und Hitler hielt alljährlich am 8. November dort eine Gedenkfeier für die getöteten »Helden« ab. Gewöhnlich dauerten diese Veranstaltungen bis 21.30 Uhr, doch 1939 verließ Hitler die Versammlung früher, und die von Elser (s. S. 167) in monatelanger Nachtarbeit in einer Säule angebrachte Bombe explodierte ohne Wirkung.

(s. S. 89)

(s. S. 167)

SEHENSWÜRDIGKEITEN

Gasteig. In dem Kulturzentrum sind die Stadtbibliothek, die Volkshochschule, die Städtische Musikschule und die Hochschule für Musik und Theater untergebracht. Für Konzerte stehen zwei Säle zur Verfügung, die Black Box bietet zusätzlich Raum für Theater, Lesungen, Kleinkunst etc. Rosenheimer Str. 5, Tel. 089/ 48 09 80, www.gasteig.de, alle S-Bahnen (Rosenheimer Platz), Tram 16

ESSEN UND TRINKEN

Kam Yi. Wenn beim Chinesen auch Asiaten essen, ist das immer ein gutes Zeichen. Besonders empfehlenswert: Dim Sum, gefüllte, meist gedämpfte Teigtaschen. Große Auswahl an Gerichten. 11.30–23.30 Uhr, Rosenheimer Str. 32, Tel. 089/ 448 13 66, www.kamyi.com

gast. Restaurant im Gasteig, italienisch, asiatisch, preiswert, gute Pizza, schöne Terrasse. Mo–Do 11 bis 1 Uhr, Fr 11–2 Uhr, Sa 10–2 Uhr, So 10–1 Uhr, Rosenheimer Str. 5, Tel. 089/480 98 27 20, www.gast-muenchen.de

Dreigroschenkeller. Jeder Raum dieses Kellerlokals ist anders und nach Motiven aus Bert Brechts »Dreigroschenoper« eingerichtet. Kulinarische Highlights darf man nicht erwarten, aber die Portionen sind groß – und es gibt für jeden Geldbeutel etwas. Am 1. und 3. Do im Monat Live-Darbietung bekannter Lieder aus der »Dreigroschenoper«. So–Do 17–1 Uhr, Fr, Sa 17–3 Uhr, Lilienstr. 2, Eingang Zeppelinstr., Tel. 089/37 95 58 34, www.3groschenkeller.de

20 Haidhausen
Ton, Steine, Scherben

Für Stadtteile mit »sozialem Konfliktpotenzial« hatte man früher in München ein Wort, das die Situation sehr bildlich beschrieb: »Glasscherbenviertel«. Ein solches war Haidhausen noch bis in die 1970er-Jahre hinein. Kleinkriminelle, Prostituierte, besonders die Gegend um den Ostbahnhof war berühmt-berüchtigt. Heute ist die Gentrifizierung längst vollzogen, Haidhausen ist hip und Wohnraum teuer.

Im Vergleich mit Vierteln, die eine ähnliche Aufwertung erfuhren, lässt sich Haidhausen charakterisieren: so bunt und trendig wie das Glockenbachviertel, aber nicht Horden von Nachtschwärmern ausgeliefert. Ebenso schöne, aufwendig renovierte Altbauten wie im »Lechl«, doch interessanter durch die gemischte Bausubstanz. Während man in weiten Teilen des Lehels in ruhiger Abgeschiedenheit residiert, blieb in Haidhausen eine Infrastruktur erhalten, die das Leben im Viertel lebenswert macht: die alteingesessene Metzgerei um die Ecke, der Bäcker, der seine Kunden mit Namen kennt, Eckkneipen, Buchläden, Nachbarschaftstreffs, wie das »Haus der Eigenarbeit«, wo Heimwerker und Bastler in verschiedenen Werkstätten töpfern, schweißen, polstern und Tische fürs heimische Wohnzimmer fertigen.

Selbstverständlich gibt es in Haidhausen auch Dinge, die man nicht unbedingt täglich braucht wie Shakermöbel und Blechblasinstrumente, Lampen, Schmuck und allerlei Exzentrisches und Modisches – was wäre ein Szeneviertel ohne Künstler und Kreative, die malend, Tattoos stechend, wahrsagend und neue kulinarische Dimensionen er-

Oben: Schön renovierte Altbauten, wie hier an der Elsässer Straße, prägen das Bild Haidhausens und machen die Gegend zum teuren Wohnviertel.
Unten: Der Wiener Platz – Markt, Maibaum, Biergarten und die Isar nur ein paar Schritte entfernt.

Der Weißenburger Platz, kreisrund und mit Brunnen

schließend dem Viertel erst den Status verleihen, mit dem es sich schmückt.

Lehm und Herbergen

Das urkundlich erstmals 808 erwähnte Haidhausen profitierte von der unrechten Tat Heinrichs des Löwen (s. S. 32): Über die heutige Einstein-, Kirchen- und Wienerstraße ratterten die Salzfuhrwerke, Gasthäuser und Handwerker siedelten sich östlich der Isar an. Als die Stadt wuchs, die Holzhäuser brannten, die Feinde dräuten, bot Haidhausen, was München brauchte: Lehm. Ziegel für die Stadtmauer, für Häuser, für die Frauenkirche. Die Stadt kaufte den Grund und gab ihn ausgebeutet wieder zurück. Auf ihm entstanden ab dem 17. Jahrhundert die Herbergen, in denen auch in den Vorstädten Giesing und der Au die Tagelöhner und Kleingewerbler lebten, die zu arm waren, um das Bürgerrecht in München zu erwerben. Eine Herberge war ein Stockwerk, ein Zimmer, ein Verschlag in einer Holzhütte, nicht unterkellert, feucht. Die Häuser bestanden aus mehreren Wohneinheiten, die einzeln verkauft wurden, jede

DIE AUER DULT

Der Rummel auf dem Oktoberfest geht vielen auf die Nerven, aber die Auer Dult besuchen die Münchner gern. Weil der Trödelmarkt zu Füßen der Mariahilfkirche übersichtlich ist, man am Biertisch einen Platz bekommt und Stöbern einfach Spaß macht: Antiquitäten, Bilder, Schallplatten, Kerzen, Holzwaren und Süßigkeiten, Schnitzereien, Wolle, Keramik, Kräuter, Körbe, Messer, Lederwaren – auf der Dult gibt es alles, sogar »textilen Wundschnellverband«. Viel Raum nimmt der Topf- und Geschirrmarkt ein, magisch zieht der »Billige Jakob« die Massen an. Keiner kann ihm widerstehen, wenn er Sprüche klopft und seine Angebote immer billiger werden, sodass man schließlich kauft, was man gar nicht braucht.

Auer Dult. Die Dult findet dreimal im Jahr statt und dauert jeweils neun Tage: Mai-Dult: Ende April/Anf. Mai 10–20 Uhr, Jakobi-Dult: Ende Juli/Anf. August 10–20 Uhr, Kirchweih-Dult: Ende Okt. 10–19 Uhr, Mariahilfplatz, Tram 17, Bus 52, 152, www.auerdult.de

Unterkunft besaß ihren eigenen Zugang – Stiegen, Leitern, Galerien –, keine verfügte über sanitäre Einrichtungen. In den oft nur 15 Quadratmeter großen »Eigentumswohnungen« hausten ganze Familien. Wie das roch und aussah, davon kann heute nur annähernd das Üblacker-Häusl einen Eindruck geben, und auch die leider sehr geschleckt restaurierten Häuschen An der Kreppe vermitteln nur ein geschöntes Bild der damaligen Realität.

Das »Franzosenviertel«

Haidhausen, die Au und Giesing wurden 1854 eingemeindet, damit verdoppelte sich die Stadtfläche, und das »Neuland« weckte nun auch die Begehrlichkeiten des Bankiers Karl von Eichthal, der schon an der Bebauung des Gärtnerplatzviertels gut verdient hatte. Als Mitbegründer der Ostbahngesellschaft wusste Eichthal, welchen Aufschwung der 1871 eröffnete Ostbahnhof bringen würde – Ansiedlung von Industrie und mittelständischen Zulieferbetrieben –, und er hatte ausreichend Land erworben, um hier ein Viertel mit Mietshäusern zu errichten, geometrisch wie das Gärtnerplatzviertel, aufgelockert durch Plätze: Weißenburger-, Pariser-, Bordeauxplatz. Da man 1870/71 gerade Frankreich besiegt hatte, lag es nahe, die Straßen nach den Schlachtfeldern zu benennen. Bei den Münchnern hieß das neue Quartier mit »der öden Reihe hoher Mietskasernen«, wie Ludwig Thoma schrieb, bald das »Franzosenviertel«.

Es sollte 100 Jahre dauern, bis die Münchner erkannten, welches Potenzial die »Mietskasernen« bergen, wie schön der Bordeauxplatz mit seinen Bäumen und Rasenflächen ist, und dass die Wörthstraße, die Hauptachse des »Franzosenviertels«, die »bedeutendste städtebauliche Konzepti-

Oben: Die Steinstraße, aus dem ehemals grauen Arbeiterquartier wurde ein buntes Szeneviertel.
Unten: An der Kreppe stehen noch ein paar alte Herbergshäuser.

Rundgang

Ⓐ Die **Weißenburger Straße,** die den Rosenheimer Platz mit dem Orleansplatz verbindet, ist die Hauptgeschäftsstraße des »Franzosenviertels«. Sie quert den Weißenburger und den Pariser Platz. Der Brunnen auf dem Weißenburger Platz (1853, August v. Voit) stand früher im Glaspalast (s. S. 102).

Ⓑ Das **Café im Hinterhof** (Sedanstr. 29) liegt gemütlich und versteckt in einem Innenhof. Preiswert, gutes Frühstück, reiche Auswahl an Zeitungen.

Ⓒ Herrliche Gründerzeitfassaden – der lang gestreckte **Bordeauxplatz** mit dem Brunnen (1929) im Zentrum der Wörthstraße gehört zu den schönsten Plätzen Münchens.

Ⓓ So schmuck wie der **Kriechbaumhof** aussieht, möchte man nicht meinen, dass hier Herbergen untergebracht waren. Der Hof wurde komplett restauriert, heute dient er als Jugendhaus des Deutschen Alpenvereins.

Ⓔ Lohnt einen kleinen Spaziergang: der alte **Friedhof von Haidhausen.** Er gehört vermutlich

zu den ältesten Grünanlagen der Stadt, die erste Kirche wurde vor über 1000 Jahren hier errichtet.

Ⓕ Am **Johannisplatz,** den die neugotische Kirche St. Johann Baptist (1879) beherrscht, liegt das **Johannis Café** (Johannisplatz 15). Die Einrichtung entspringt nicht einer Retro-Laune des Besitzers, das Café wurde in den 1950er-Jahren von der Vorbesitzerin eingerichtet, und seitdem blieb es so: rot bezogene Stühle, Lüster, Kuchentheke.

Ⓖ Über einen steilen Weg gelangt man von der Inneren Wiener Straße auf den **Wiener Platz.** An der Kreppe blieben noch zwei – leider sehr beschönigend restaurierte – Herbergshäuser erhalten. Und der Brunnen, der zur Wasserversorgung der vielen diente, die hier lebten.

Ⓗ Der **Wiener Platz** lag im Dorf Haidhausen an der Straße nach Wien, daher der Name. Unbedingt einen Besuch wert: der Biergarten des »Hofbräukellers«.

Historische Bausubstanz: der Kriechbaumhof

AUTORENTIPP!

DIE MAXIMILIANSANLAGEN

An schönen Sommertagen kann es recht voll werden im Englischen Garten. Und da bieten sich die Maximiliansanlagen am östlichen Isarufer als Alternative an. Natürlich sind auch hier Menschen unterwegs, und so sie zwei Räder statt ihrer Beine benützen, verwandeln sie manchen Weg in eine Radlerautobahn. Aber vor allem weiter im Norden findet sich immer eine Wiese, auf der man gemütlich ruhen oder schlendern kann.

Die von Maximilian II. in Auftrag gegebenen Anlagen erstrecken sich vom Gasteig bis zur Max-Joseph-Brücke. Eigentlich wollte der König einen grünen Ring um die gesamte Stadt legen, Alleen und Parkanlagen, die weit nach Westen reichen, im Norden bei Bogenhausen und im Süden bei Thalkirchen auf die Isar treffen und dann auf deren Ostufer den Kreis schließen. Doch aus dem Plan wurde nichts, Carl von Effner, der auch die Maximilianstraße gärtnerisch gestaltete, nahm sich nur des Isarufers an und schuf ab 1857 aus der ehemaligen Schafwiese eine wunderschöne Parklandschaft mit verschwiegenen Eckchen und schönen Blicken auf die Stadt.

Wiener Platz, im Hintergrund die Johanniskirche

on des späten 19. Jahrhunderts in München« dargestellt, wie in der Denkmalliste zu lesen ist.

Stadt, Land, Dorf

Seit Ende 1957 spielt München in der Liga der Millionenstädte – damals stolz, aber auch etwas schüchtern, die anderen beiden im Lande waren immerhin Hamburg und Berlin. Heute nähert sich die Stadt der 1,5-Millionen-Marke, 2030 sollen es 1,65 vielleicht sogar 1,77 Millionen sein. Beeindruckende Zahlen, und doch kursiert es noch immer, das Wort »Millionendorf«. Wenn man am Ring im Stau steht, sich durch die Fußgängerzone kämpft, erscheint einem das Attribut wie ein Hohn, aber dann gibt es wieder Momente, wo es einfach stimmt. Der Wiener Platz ist so ein Fleckchen. Vom Kaffeehaus der Blick auf Marktstände und Maibaum, dahinter das Grün der Kastanien, die im Biergarten des »Hofbräukellers« Schatten spenden. Hier schrumpft München zum Dorf, fern die Fußgängerzone, nah die Isar, an der man spazieren kann, weit nach Norden und immer im Grünen.

Infos und Adressen

SEHENSWÜRDIGKEITEN

Haidhauser Museum. Interessante wechselnde Ausstellungen zu Kultur und Geschichte des Viertels. So 14–18Uhr, Mo, Di, Mi 16–18 Uhr, Kirchenstr. 24, U 4,5 www.haidhausen-museum.mux.de

Üblacker-Häusl. In der Herberge (Ende des 18. Jh.) ist das mit Möbeln aus der Zeit ausgestattete Wohn- und Schlafzimmer einer Tagelöhner-Familie zu sehen, im Erdgeschoss, dem ehemaligen Ziegenstall, finden Ausstellungen statt. Mi, Do 17–19 Uhr, Fr, So 10–12 Uhr, Preysingstr. 58, Tel. 089/480 76 79

ESSEN UND TRINKEN

Preysinggarten. Ein gemütliches Lokal, viel Holz, kein Schnickschnack, beliebter Treff von Haidhausener Müttern und deren Kindern, immer voll, immer laut. Kleiner Garten. Mo–So 9–1.30 Uhr, Preysingstr. 69, Tel. 089/688 67 22, www.preysinggarten.com

Lisboa-Bar. Ausgezeichneter Portugiese mit reellen Preisen und freundlichem Service. 18–1 Uhr, Breisacherstr. 22, Tel. 089/448 22 74, www.lissabon-bar.de

Der Hofbräukeller, einer der schönsten Biergärten

Mezzodi. Italienische Weine und Delikatessen, gute, nicht überteuerte Küche und ein herrliches Plätzchen, um im Sommer im Freien zu sitzen. Mo 16–22 Uhr, Di–So 10.30–22 Uhr, Steinstr. 57, Tel. 089/48 49 50, www.mezzodi.de

VERANSTALTUNGEN

Lothringer 13. Künstlern, die unkonventionelle Wege gehen, bietet das »Lothringer 13« ein Forum, um mit ihrer Kunst an die Öffentlichkeit zu treten. Ausstellungen, Lesungen, Videokunst. Fr–So 16–19 Uhr, Lothringer Str. 13, Tel. 089/448 69 61, www.lothringer13.de

In dieser Bar am Wiener Platz treffen sich die Weintrinker, Bier gibt's nebenan im Hofbräukeller.

21 Maximilianeum
Viel Verpackung, wenig Inhalt

»Das Maximilianeum will bewusst etwas traumhaft Schwebendes haben, und unbestreitbar balanciert es zwischen festlich-starrer Repräsentation und zu sehr gelockerter Verspieltheit traumwandlerisch sicher.« Karl Schindler. »Ihr Urteil über das Maximilianeum ist leider nur zu gerecht. Es ist ein Kartonmachwerk, und wenn man die kümmerliche Rückseite sieht, wird einem vollends schwach.« Jacob Burckhardt.

Die Liebeserklärung stammt aus dem Jahr 1973, Burckhardt fällte sein Urteil 1877. In diesen 100 Jahren hatte sich die zur Stadt gewandte Fassade nicht verändert, wohl aber die Funktion des Maximilianeums. Seit 1949 residiert hier hoch über der Isar der Bayerische Landtag, für dessen Bedarf der Komplex mehrfach umgebaut und erweitert wurde. Das »Kartonmachwerk« bekam nach dem Krieg einen positiv besetzten Inhalt, wurde zum Synonym für Parlamentarismus und Demokratie nach Hitler.

Nobles Studentenheim

Noch eine Stimme aus dem 19. Jahrhundert: »Ein ungeheurer Palast, dazu bestimmt, zehn Jünglinge zu beherbergen, die für den höheren Staatsdienst vorbereitet werden sollen … So baut man bloß, um zu bauen!« Der Historiker Heinrich von Treitschke hat recht. Ein kleineres Haus hätte genügt, um den Zweck der 1852 von König Maximilian II. gegründeten Stiftung zu erfüllen. Man wollte eine Einrichtung schaffen, in der »talentvolle Jünglinge, welche die Gymnasial-Studien absolviert, und sich … sowohl in intellectueller, als auch moralischer Beziehung vor ihren Altersgenossen rühmlich

Oben: Seit 1949 ist das Maximilianeum Sitz des Bayerischen Landtags. Es bildet den optischen Abschluss der Maximilianstraße.
Unten: Das Vorbild (Ölskizze) für das mittlere Mosaik des nördlichen Risalits am Maximilianeum.

Maximilianeum

hervorgetan haben«, freie Kost und Logis erhielten, damit sie an der Universität studieren konnten.

Den Zusatz, dass Aspiranten standesunabhängig aufgenommen werden, darf man nicht im Sinn der Chancengleichheit verstehen. Weder Arbeiter- noch Bauernkinder besuchten damals Gymnasien, und ihr Kleiderschrank gab die »erforderliche Aus- stattung« der Maximilianeum-Zöglinge nicht her: »1 schwarzer Frack, 1 tuchener Gehrock, 12 Hem- den von mittelfeiner Leinwand, 12 Sacktücher, 12 Paar weißzwirnene Socken, 3 Paar Stiefel, 3 Paar färbige Handschuhe …« Die Stiftung besteht noch immer, doch die Kleiderordnung ist geändert, und seit 1980 werden auch Mädchen aufgenommen.

Rettende Renaissance

Neben den Studenten gehörten die Jungen der Pa- gerie, der Schule der bayerischen Edelknaben, zum lebenden Inventar. Das »tote« bestand aus 30 Histo- riengemälden und 24 Marmorbüsten. Der Rest ist Kulisse. Mitte des 19. Jahrhunderts entstand die Maximilianstraße (s. S. 74) in ihrem eigenwilligen Stil, und deren Architekt Friedrich Bürklein (1813–1872) erhielt auch den Auftrag, ihren opti- schen Abschluss zu gestalten. Die Bauarbeiten zo- gen sich von 1857 bis 1874 hin, das Gelände erwies sich als denkbar ungeeignet, zahlreiche Stützmau- ern mussten errichtet werden, um den Geröllhang zu sichern. Eigentlich sollte das Maximilianeum den Stilvorgaben der Prachtstraße folgen, doch der Kö- nig entschied kurz vor seinem Tod 1864, die goti- schen Fenster durch Rundbögen zu ersetzen. Das brachte ihm posthum dann doch ein Lob des kriti- schen Jacob Burckhardt ein: »Ich habe nur deshalb einige Dankbarkeit für das Gebäude empfunden, weil es wenigstens äußerlich in die Formen der Re- naissance überleitet und den Geist von dem jäm- merlich Gotischen der Maximilianstraße befreit.«

Infos und Adressen

SEHENSWÜRDIGKEITEN

Maximilianeum. Besichtigung nur am (leider unregelmäßig stattfinden- den) Tag der offenen Tür, aber man kann unangemeldet Plenarsitzungen beiwohnen, solange es Besucher- plätze gibt – Achtung, Personalaus- weis erforderlich! Bayerischer Land- tag, Max-Planck-Str. 1, Tel. 089/ 412 60, U4, U5, Tram 16

VERANSTALTUNGEN

Monacensia Literaturarchiv und Bi- bliothek. Rund 132 000 Bücher und ein Archiv mit etwa 350 000 Autogra- fen und Handschriften – die Moncen- sia ist eine wissenschaftliche For- schungsbibliothek, in der alles gesammelt wird, was zu München in gedruckter Form erscheint. In der al- ten Villa finden Vorträge und Ausstel- lungen statt. Mo–Mi, Fr 10.30–18 Uhr, Do bis 19 Uhr, Maria-Theresia-Str. 23, Tel. 089/41 94 72 50, www.monacen sia.net, Tram 16

ESSEN UND TRINKEN

Café Restaurant Pinguin. Nettes, preiswertes Café. Gutes Essen, italie- nisch und international. Mo–Fr 8–1 Uhr, Sa, So 9–1 Uhr, Max-Weber- Platz 9, Tel. 089/47 22 10

Restaurant Ritzi. Im Hotel, bekannt für seinen hervorragenden Sonntags- Brunch, 10.30–13 und 13–15.30 Uhr. Tel. 089/470 10 10

ÜBERNACHTEN

Ritzi. Originell: Jedes Zimmer hat seinen eigenen Charakter – maritim, asiatisch, marokkanisch … Spitzen- lage in Isarnähe, mittleres Preisni- veau. Maria-Theresia-Str. 2, Tel. 089/ 414 24 08 90, www.hotel-ritzi.de

22 St.-Anna-Platz
Lebendiges »Lechl«

Im München-Monopoly wird mit hohem Einsatz gespielt, und wer im Lehel mithalten will, muss viel Geld auf den Tisch legen. Isar, Englischer Garten, Innenstadt – alles vor der Haustür, das kostet. Die Verlierer sind die Alteingesessenen, die sich die Mieten nicht mehr leisten können. Die meisten, die heute in dem Viertel leben, wissen nicht mal, wie man den Namen richtig ausspricht: Lechl, nicht Lehel.

Mit »St.-Anna-Vorstadt« würden sich die Neumünchner leichter tun. Diese offizielle Bezeichnung erhielt das Viertel im Jahr 1812, als im Rahmen der Stadterweiterung die Maxvorstadt (s. S. 93) angelegt wurde. Doch der neumodische Name setzte sich nicht durch. Im »Löhel« (kleiner Wald) siedelten bereits seit dem 14. Jahrhundert jene, die es sich nicht leisten konnten, die Bürgerrechte zu erwerben. Sie standen an der Isar und zogen die Flöße an Land, mit denen das Holz aus den Bergen nach München transportiert wurde. Sie arbeiteten in den Mühlen an den Bächen im Auwald, und »am Gries«, wo die ärmsten Hütten standen, wuschen die Frauen Wäsche für die Stadtleute. Um 1700 zählte das Viertel 2000 Seelen, genug, um ihnen jemanden zu senden, der sich nur um sie sorgte: im Jahr 1725 gründeten die Hieronymiten ein Kloster, und nachdem Kurfürstin Maria Amalia 1727 einen Thronfolger geboren hatte, stiftete sie dem »Lechl« eine eigene Kirche: die Klosterkirche St. Anna.

Nur das Beste für die Vorstadt

Am St.-Anna-Platz setzen sich zwei Gebäude wuchtig in Szene: Das St.-Anna-Gymnasium, 1912

Oben: Am St.-Anna-Platz laden Restaurants ein, den Sommerabend zu verbringen. Im Hintergrund die Pfarrkirche St. Anna.
Unten: Die Klosterkirche St. Anna mit ihrem ovalen Hauptraum ist die erste Rokokokirche Altbayerns.

St.-Anna-Platz

nach heftigem Drängen des »Vereins für Fraueninteressen« als zweite städtische Schule eröffnet, in der Mädchen höhere Bildung erlangen konnten. Daneben die neoromanische St.-Anna-Kirche (Gabriel v. Seidl, 1892). Auch wenn sie als beachtliches Werk des Historismus gilt, das »Beachten« kann äußerlicher Natur bleiben. Unbedingt betreten jedoch muss man die kleine Kirche gegenüber, deren elegante Fassade dezent aus dem Klosterbau hervortritt. Gunst und Geld der Kürfürstin ist zu verdanken, dass Johann Michael Fischer in der ärmlichen Vorstadt 1727–1733 die erste Rokokokirche Altbayerns errichtete. Unter Beteiligung der besten Künstler der damaligen Zeit: die Gebrüder Asam (s. S. 54) und Johann Baptist Straub übernahmen die Innenausstattung mit Stuck, Skulpturen und dem lichten Deckenfresko. Ein heiter verspieltes Kirchlein und ein Meisterwerk derer, die das Bauwerk nach dem Krieg rekonstruierten, es war fast völlig ausgebrannt.

Bodenständig mediterran

Der St.-Anna-Platz ist das Wohnzimmer der Menschen in den renovierten Altbauten des Lechls. Biedermeier, Klassizismus, Historismus, Jugendstil – die Bausubstanz stammt aus dem ausgehenden 19. Jahrhundert, ergänzt durch Neubauten, die oft erstaunlich gut gelungen sind, wie an der Seitzstraße, wo auf Klostergrund Luxuswohnungen errichtet wurden. Nicht nur, wenn donnerstags Markt ist, gehört der St.-Anna-Platz zu jenen, die das Attribut »mediterran« verdienen, und die Geschäftsleute greifen es auf: »Opéra« heißt das Hotel, »La Stanza« das Café, »Salotto« das Restaurant. Nur einer tanzt aus der Reihe. Zwar werden in dem ehemaligen Tante-Emma-Laden heute »leichte Gerichte mit feiner italienischer Note« und »gehobene Gastronomie« geboten, aber wenigstens sind die Betreiber dem schönen bayerischen Namen treu geblieben: Der Laden war und ist der »Grandl«.

Infos und Adressen

SEHENSWÜRDIGKEITEN
Klosterkirche St. Anna. 6–19 Uhr, St.-Anna-Platz 21, U4, U5, Tram 18

ESSEN UND TRINKEN
Gandl. Restaurant mit Feinkostladen, im Sommer sitzt man wunderschön vor dem Lokal, gute Mittagskarte, abends geht's schicker zu. 9–1 Uhr, St.-Anna-Platz 1, Tel. 089/ 29 16 25 25, www.gandl.de

Sir Tobi. Kleines Bistro mit feiner bayerischer Küche. Unbedingt probieren: die geschmorten Ochsenbäckchen. Preislich sehr reell. Mo–Mi 11.30–15 Uhr, Do, Fr, So 11.30–15 und 17.30–23 Uhr, Sternstr. 16, Tel. 089/32 49 48 25, www.sirtobi-muenchen.de

ÜBERNACHTEN
Hotel Opéra. Ein ganz besonderes Hotelerlebnis: Unter dem 1898 erbauten Haus, das seit 1968 renoviert und zu einem Schmuckstück umgestaltet wurde, fließt der Eisbach, dessen Rauschen das Frühstück im hübschen Innenhof begleitet. St.-Anna-Str. 10, Tel. 089/210 49 40, www.hotel-opera.de

EINKAUFEN
Das kleine Kaufhaus. Kunstgewerbe, Bastelmaterial, Kurzwaren, Tabak, Zeitschriften, Textilpflege, Spielzeug, Süßigkeiten, Christbaumschmuck, Backformen, Getränke … Dies und noch vieles andere mehr gibt's bei Frau Manz, die seit 1966 einen Tante-Emma-Laden betreibt, der so vollgestopft ist, dass sie selbst oft suchen muss, bis sie das Gewünschte findet. Mo–Fr 8–19 Uhr, Sa 9–18 Uhr, Triftstr. 2

MUSEUMS-KARREE UND SCHWABING

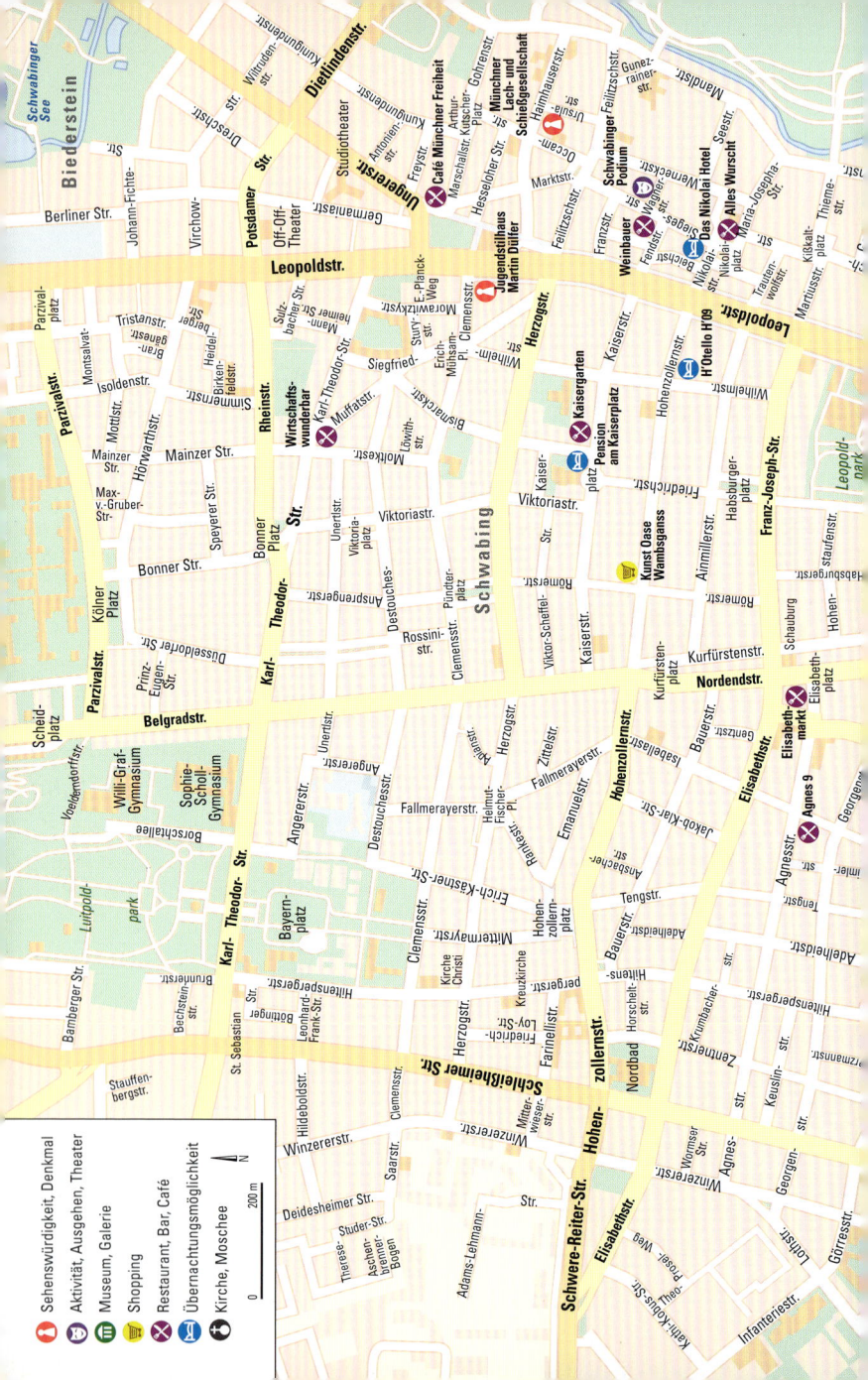

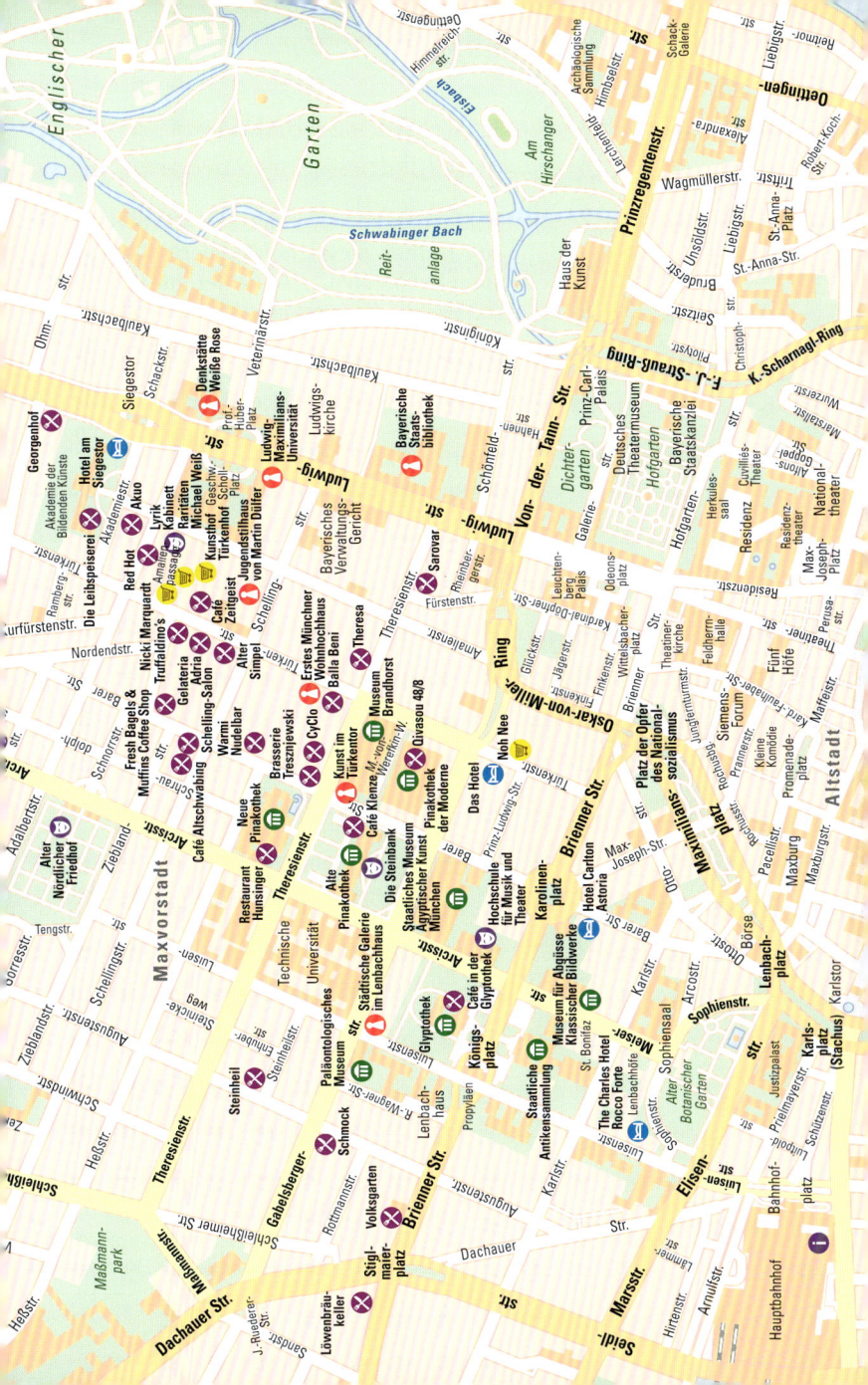

23 Alte Pinakothek
Von Altdorfer bis Zurbarán

»München hat als Stadt eigentlich erst seit Anfang dieses Jahrhunderts Bedeutung bekommen. ... In keiner anderen europäischen Hauptstadt wurden in dieser Zeit so viele ausgezeichnete Gebäude aufgeführt.« Es steht »überhaupt jetzt in Beziehung auf Baukunst und Reichthum an Bildhauer- und Malerwerken den ersten Städten Europa's ... völlig gleich.« So zu lesen in Baedekers *Handbuch für Reisende in Deutschland*, 1846.

So weit, so gut. Aber dann besucht Herr Baedeker die Pinakothek, und da vergreift er sich im Ton: »Die Bilder der niederdeutschen Schule ... bilden denjenigen Theil der Aufstellung in der Pinakothek, durch welche diese sich von allen bekannten Galerien am meisten auszeichnen. Es fehlen ihr indes auch nicht tüchtige Meisterstücke der italienischen Schulen. Perlen jedoch ... besitzt sie nicht.« Zur Ehrenrettung des Baedeker sei gesagt, dass folgende Autorengenerationen dieses Urteil revidierten. Heute bezeichnet auch dieser Reiseführer die Alte Pinakothek als »eine der wichtigsten Gemäldegalerien der Welt« und benennt Perlen, wie eine der weltweit größten Rubens-Sammlungen.

Bilderschatz und kein Platz

S. 138/139: Das Siegestor bildet die Grenze zwischen Maxvorstadt und Schwabing.
Oben: Die Plastik *Zueinander* von Alf Lechner gehört zum Skulpturenpark vor der Alten Pinakothek.
Unten: *Verkündigung Mariae* von Fra Filippo Lippi (um 1450).

Das Museum zeigt Werke vom Mittelalter bis zum 18. Jahrhundert, rund 700 Gemälde werden chronologisch und nach Schulen geordnet in den Sälen sowie den jeweiligen Kabinetten präsentiert. Generationen von Wittelsbachern haben die Sammlung zusammengetragen, ihren Grundstock bildet die *Alexanderschlacht* von Albrecht Altdor-

Die Highlights

Ⓐ Saal XI, XII, XIII Altdeutsche Malerei – Stefan Lochner, *Madonna vor der Rasenbank* (um 1440); Pieter Bruegel, *Das Schlaraffenland* (1566); Michael Pacher, *Der Kirchenväteraltar* (um 1480)

Ⓑ Saal I, II, III Altniederländische und Altdeutsche Malerei – Albrecht Altdorfer, *Die Alexanderschlacht* (1529); Albrecht Dürer, *Selbstbildnis* (1500), *Vier Apostel* (1526); Rogier van der Weyden, *Der Dreikönigsaltar (Columba-Altar,* um 1455)

Ⓒ Saal IV, V Italienische/Venezianische Malerei 15., 16. Jh. – Sandro Botticelli, *Beweinung Christi* (um 1495); Raphael, *Die Hl. Familie aus dem Hause Canigiani* (um 1505); Tizian, *Kaiser Karl V.* (1548)

Ⓓ Saal VI, VII, VIII Flämische Malerei 17. Jh. – Anthonis van Dyck, *Susanna im Bade* (um 1620); Peter Paul Rubens, *Das Große Jüngste Gericht* (1617), *In der Geißblattlaube* (um 1610), *Raub der Töchter des Leukippos* (um 1618)

Ⓔ Saal IX Holländische Malerei 17. Jh. – Rembrandt, *Brustbild eines Mannes in orientalischem Kostüm* (1633)

Ⓕ Saal X Italienische Malerei 17., 18. Jh. – Giovanni Battista Tiepolo, *Die Anbetung der Könige* (1753)

Ⓖ Saal XI Französische Malerei 17. Jh. – Claude Lorrain, *Die Verstoßung der Hager* (1668); Nicolas Poussin, *Midas und Bacchus* (um 1624)

Ⓗ Saal XII Französische Malerei 18. Jh. – François Boucher, *Ruhendes Mädchen* (1752)

Ⓘ Saal XIIB Italienische Malerei 18. Jh. – Canaletto, *Vedute von Venedig mit Sta. Maria della Salute* (um 1740)

Ⓙ Saal XIII Spanische Malerei Schwerpunkt 17. Jh. – El Greco, *Entkleidung Christi* (um 1590); Bartholomé Estéban Murillo, *Trauben- und Melonenesser* (um 1650)

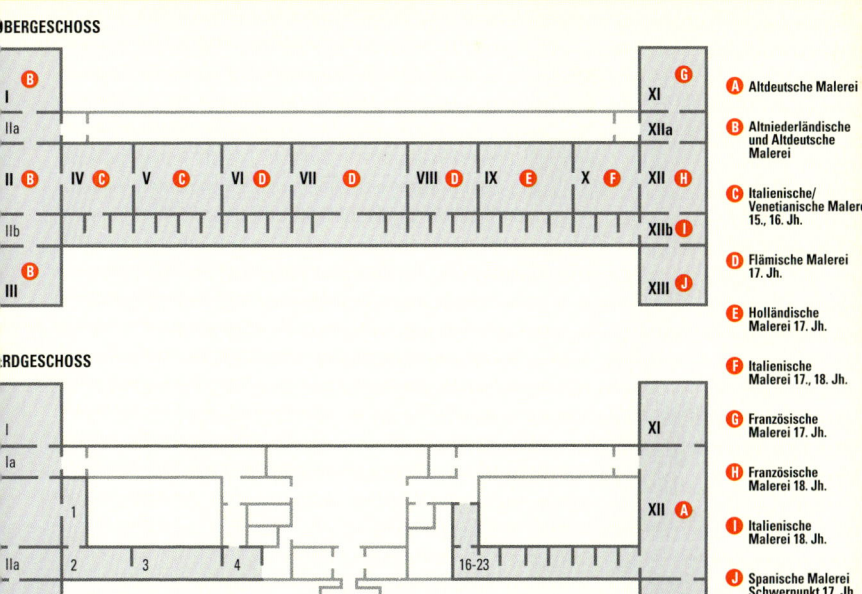

AUTORENTIPP!

BAYERN MEETS AFRICA

An Trachtengeschäften mangelt es nicht in München, aber in allzu vielen müssen Lederhose und Dirndl Kitschfoltern ertragen. Bei »Noh Nee« kann das Kleid sich wohlfühlen, das suggeriert schon der Name, »Geschenk Gottes« (Suaheli). Den Laden betreibt Rahmée Wetterich mit ihrer Schwester und einer Freundin. Rahmée, die aus Kamerun stammt, lebt schon 30 Jahre in Bayern. Ihre Kreationen vereinen Heimat und Wahlheimat: Dirndl im klassischen Schnitt, aber aus afrikanischen Stoffen, mit kräftigen Farben und auffälligen Mustern – kein Kitsch, sondern eine Hommage an die Tracht! Bei »Noh Nee« gibt es nichts von der Stange: Man sucht sich ein Modell und den Stoff aus, dann wird das Dirndl nach Maß gefertigt. Natürlich ist das nicht billig, aber so muss frau nirgends befürchten, dass jemand im selben Outfit auftaucht!

Noh Nee. Die Öffnungszeiten variieren, die Website ist aber stets aktuell. Türkenstr. 52, Pavillon im Innenhof, Tel. 089/88 98 12 70, www.dirndlalafricaine.com

fer, eines der bis heute bedeutendsten Gemälde der Sammlung, das Herzog Wilhelm IV. Anfang des 16. Jahrhunderts in Auftrag gab. Kurfürst Maximilian erwarb u.a. Dürers *Vier Apostel*, Max Emanuel Rubens, Karl Theodor Rembrandt und Bruegel, und Ludwig I. sorgte dafür, dass die »tüchtigen Meisterstücke der italienischen Schulen«, u.a. Giotto, Raphael und Botticelli, nach München kamen. Als der König Bilanz zog, stellte er fest, dass er keinen Platz hatte, um seine 8500 Bilder auszustellen – die Hofgartengalerie war viel zu klein und hatte zu wenig Licht, war feucht und vom Salpeterfraß bedroht. Rechtfertigung genug, sich den teuren Traum vom eigenen Museum zu erfüllen und Klenze an die Arbeit zu schicken.

Einst bürgerlich, heute feudal

Die 1836 eröffnete Pinakothek im Renaissancestil ist ein Gebäude, das neue Maßstäbe im Museumsbau setzte – der russische Zar war so beeindruckt, dass er Klenze mit der Errichtung der Neuen Eremitage in St. Petersburg beauftragte. Trotz seiner Bedeutung wurde das im Krieg beschädigte Gebäude in den 1950er-Jahren durch den Einbau der feudalen Treppe entscheidend verändert. Klenze hatte den Eingang auf die Ostseite gelegt und im ersten Stock eine Galerie zum Promenieren mit Blick auf die Stadt geschaffen. Er verstand das Museum als einen Ort, den die Bürger regelmäßig besuchen sollten, ein Treffpunkt zum Plaudern, bereichert durch Kunstgenuss. Gute 100 Jahre später hatten Museen bereits eine völlig andere Funktion: Sie standen auf der touristischen Agenda, ein Besuch dauerte wenige Stunden und diente nur dem Betrachten der Kunst. Die Gestaltung des Programms der Sehenswürdigkeiten hat übrigens einer ganz entscheidend geprägt, der schon in den 1840er-Jahren nicht promenierend, sondern wertend durch die Museen zog: Herr Baedeker.

Infos und Adressen

SEHENSWÜRDIGKEITEN

Alte Pinakothek. Architektur und Werke alter Meister zum Gesamtkunstwerk vereint. Beim Wiederaufbau nach dem Krieg wurde die Fassade bewusst so restauriert, dass die Wunden, die die Bomben schlugen, sichtbar bleiben. Di 10–20 Uhr, Mi–So 10–18 Uhr, Barer Str. 27, www.pinakothek.de

ESSEN UND TRINKEN

Café Klenze. Museumscafé, sehr schönes »britisches« Ambiente, gute Kuchen und große Teeauswahl, nicht billig. Barer Str. 27, Tel. 089/12 13 49 80

Brasserie Tresznjewski. Das »Trezi« ist ein beliebter Treff, gemischtes Publikum, gutes Frühstück. So–Do 8–24 Uhr, Fr, Sa bis 1.45 Uhr, Theresienstr. 72, Tel. 089/28 23 49, www.tresznjewski.com

AKTIVITÄTEN

Sonnenbaden. Die Aktivitäten können sich aufs Kauen eines Snacks oder Eisschlecken beschränken. Die Steinbank vor der Alten Pinakothek zur Gabelsberger Straße hin ist ein beliebter Platz für

Das Treppenhaus der Alten Pinakothek

alle, die Wärme suchen, sogar während der unwirtlichen Jahreszeit ist's hier kuschelig, die Steine speichern die Wärme.

»Very british« – im Café Klenze kann man sich bei einer Tasse Tee entspannen.

24 Neue Pinakothek
Meisterwerke des 19. Jahrhunderts

Fast scheint es, als ducke sich das Gebäude, suche Schutz hinter Bäumen. In direkte Konkurrenz mit der Alten will die Neue Pinakothek nicht treten. Der Architekt Alexander von Branca erhielt viel Schelte für sein 1981 vollendetes Gebäude, einen Betonbau, der keine eigene Sprache spricht und in postmoderner Weise Elemente des gegenüberliegenden Klenzebaus zitiert.

Der Vorgängerbau trat selbstbewusster auf, als wahres Pendant zu Klenzes Werk. So war sie ursprünglich gedacht, die Neue Pinakothek: als gleichwertiges Museum, das aber, so verfügte es Ludwig I., nur »für Gemälde aus diesem und aus künftigen Jahrhunderten« bestimmt sei. Diese Trennung der Präsentation von alter und moderner Kunst war für damalige Zeiten bahnbrechend, die Neue Pinakothek präsentierte als erstes Museum Europas nur zeitgenössische Kunst. Die Münchner schassten ihren König nicht aus revolutionären Gründen – sie hatten sich zwar veraltete Waffen aus dem Arsenal geholt, gaben die aber brav zurück, nachdem Ludwig den Hut genommen hatte –, die Affäre mit der jungen Tänzerin Lola Montez hatte den über 60-Jährigen das Amt gekostet.

»Ich bin die Kunst«

Die Neue Pinakothek ermöglicht einen Blick auf die Werke, die in der Kunststadt München im 19. Jahrhundert entstanden. Da ist Peter Cornelius vertreten, der zum Kreis der Nazarener gehörte, einer Gruppe deutsch-römischer Maler, in deren

Oben: Nach dem Kunstgenuss lädt die Terrasse des Museumsrestaurants »Hunsinger« in der Neuen Pinakothek zum Naturgenuss ein. **Unten:** Ein Foto wert: William Turners *Ostende* (1844).

Statue von Max Klinger, Porträt von Jacques-Louis David.

Themen sich antike Mythologie mit altdeutschem Empfinden paart. Ludwig I berief den Maler 1819 zur Ausmalung der Glyptothek an den bayerischen Hof. Cornelius wurde erster Direktor der Akademie (s. S. 170) und schuf das Fresko in der Ludwigskirche. 1841 kam es zum Zerwürfnis, in dessen Folge Ludwig befand: »Cornelius ist kein großer Maler!« Als man ihm widersprach, wurde Ludwig heftig und sagte jenen wunderschönen Satz: »Nicht an Cornelius ist die Kunst in München gebunden! Ich, ich der König, bin die Kunst von München!«

Gemobbt: Wilhelm Leibl

»Isar-Athen« zog damals Künstler aus dem In- und Ausland an, und einer von ihnen schaffte es, sich so zu assimilieren, dass er heute als Münchner Maler gilt: Wilhelm Leibl. Er kam 1864 aus Köln zum Studium nach München. Leibl war talentiert, aber er hatte das Pech, dass der Malerfürst Lenbach (s. S. 162) diese Begabung erkannte und sie als Bedrohung der eigenen Stellung empfand. Lenbach mobbte Leibl, wo er konnte, und sorgte dafür, dass dessen Bilder bei Ausstellungen immer so hoch hingen, dass kein Mensch sie sehen konn-

AUTORENTIPP!

FRIEDHOFSRUHE

Der Satz »wir sehen uns am Kreuz« mag für Außenstehende bedrohlich klingen, in der Gegend zwischen Schleißheimer- und Ludwigstraße weiß jeder, was damit gemeint ist: ein Treffen am Kruzifix im Zentrum des Alten Nördlichen Friedhofs. Zum Spielen mit den Kindern, die hier geschützt hinter Mauern toben können, zum Joggen, Sonnenbaden, Ratschen. An alte Grabsteine gelehnt entspannt Musik hören, bewacht von gramgebeugten Engeln ein gutes Buch lesen – in der Maxvorstadt sind Grünflächen rar, und der Gottesacker hat die Rolle eines Parks übernommen. Bestattet wird auf dem 1866 bis 1869 angelegten Gelände schon seit dem Krieg nicht mehr, zu groß waren die Schäden, und außerdem gibt es andere Friedhöfe, die den Münchnern letzte Ruhe gewähren. Der Alte Nördliche wird von Gärtnern gepflegt, aber er darf »kontrolliert verfallen«: Efeu greift nach den alten Grabsteinen, zarte Pflanzenwurzeln durchziehen pausbackige Puttengesichter.

Alter Nördlicher Friedhof. Zwischen Ziebland- und Adalbert-, Teng- und Arcisstraße

te. Leibl gab auf, zog sich aufs Land zurück und schuf eindringlich realistische Bildnisse aus dem Alltagsleben der bayerischen Landbevölkerung.

Lokalkolorit und Meisterwerke

Historienmalerei, schon in der ersten Hälfte des 19. Jahrhunderts hoch im Kurs, trieb nach der Gründung des Deutschen Reichs 1871 und der damit verbundenen Identitätssuche erneut Blüten. Als einer der wichtigsten Vertreter der realistischen Historienmalerei und Begründer der »Münchner Schule« gilt Carl von Piloty, der auch die *Allegorie Monachia* im Münchner Rathaus schuf. Piloty war Professor an der Akademie und ab 1874 deren Direktor, zu seinen Schülern zählten u.a. Franz von Lenbach, Rudolf Epp, Hans Makart und Franz Defregger.

Vieles, was damals entstand, erscheint uns heute allzu theatralisch, aber in der ersten Hälfte des 19. Jahrhunderts wirkten auch Maler, die Landschaften und das Wechselspiel des Lichts zu ihrem Thema machten, wie Johann Georg von Dillis, Wilhelm von Kobell und Carl Rottmann. Und dann gibt es noch einen, der ganz aus dem Rahmen fällt: Carl Spitzweg, Apotheker, Autodidakt und lange Außenseiter in der Münchner Künstlerszene. Sein Erstlingswerk *Der arme Poet* (1839) fand erst in den 1860er-Jahren Anerkennung. Mit feinem Humor zeigen seine Bilder, was hinter der scheinbar behaglichen kleinbürgerlichen Idylle steckt – die Spießigkeit und Enge der Biedermeierzeit.

Oben: Der Architekt von Branca musste Kritik einstecken, nicht aber für die Raumaufteilung.
Mitte: Peter Hess, *Einzug König Ottos von Griechenland in Nauplia*, 1835 (Auschnitt).
Unten: Friedrich Overbeck, *Im Moor I* (um 1897).

Neben »Lokalkolorit« bietet die Neue Pinakothek auch Meisterwerke, die den Besuch zum absoluten Muss machen und der »Kunststadt« vor Augen führen, dass sie so bedeutend nicht war: Francisco Goya, Caspar David Friedrich, Claude Monet, Vincent van Gogh, Pablo Picasso und, und, und.

Infos und Adressen

SEHENSWÜRDIGKEITEN

Neue Pinakothek. Der Name »neu« stammt noch aus dem 19. Jahrhundert, als hier die damals zeitgenössische Kunst präsentiert wurde. Do–Mo 10–18 Uhr, Mi 10–20 Uhr, Barer Str. 29, Tel. 089/23 80 51 95, www.pinakothek.de

ESSEN UND TRINKEN

Restaurant Hunsinger in der Neuen Pinakothek. Auf der Terrasse am Teich sitzt man wunderschön, gute Fischgerichte, Service nicht immer perfekt. Mi–Sa 11–1 Uhr, So 11–18 Uhr (bei schönem Wetter Terrasse auch am Abend geöffnet), Tel. 089/24 29 02 04, www.restaurant hunsinger.com

Warmi Nudelbar. Kleiner japanischer Imbiss, billig, gut, schneller Service, angenehmes Ambiente. Die Gerichte stellt man sich selbst nach dem »Bausteinsystem« zusammen. Mo–Sa 11.30–15.30 und 17.30–22 Uhr, Barer Str. 56, Tel. 089/95 47 00 16

Café Altschwabing. Liebevoll restauriertes Café aus dem Jahr 1887, Künstlertreff zu Zeiten der Schwabinger Boheme. Hier kann man sich vorstellen, dass gleich Frank Wedekind, Joachim Ringelnatz oder Paul Klee eintreten und am Nachbartisch

Museumsbummel, zu zweit am schönsten

Platz nehmen. Tgl. 8.30–2 Uhr, Schellingstr. 56, Tel. 089/273 10 22, www.altschwabing.com

Fresh Bagels & Muffins Coffee Shop. Wunderbare Bagels, am Sonntag kann man hier mit anderen Krimifreunden »Tatort« schauen. Tgl. 11–22 Uhr, Barer Str. 72, Tel. 089/271 21 86, www.bagelshop.de

Schelling-Salon. Eine Traditionswirtschaft in München, seit 1872 in Familienbesitz. Billardtische, urig, deftige bayerische Küche, gemischtes Publikum. Do–Mo 10–1 Uhr, Schellingstr. 54, Tel. 089/272 07 88, www.schelling-salon.de

Das »Café Altschwabing« war früher ein beliebter Künstlertreff.

25 Pinakothek der Moderne
Quantität und Qualität

Als Newcomer im Kreis der Älteren tut man gut daran, eine gewisse Demut walten zu lassen. Schließlich formulierte schon Schiller: »Ich sei, gewährt mir die Bitte, in eurem Bunde der Dritte.« Stephan Braunfels ist überzeugt, dass seine Pinakothek die angebrachte Zurückhaltung übt, sich »im Äußeren zurücknimmt« und der Alten Pinakothek »die Rolle der Königin« überlässt.

Darüber lässt sich streiten oder auch nicht – es geht ja um Geschmack – und da hat die *Spiegel*-Autorin Ulrike Knöfel eben einen anderen als der Architekt Stephan Braunfels. »Von außen wirkt die graue Schachtel so groß, grau und betonschlicht wie eine zu edel geratene Lagerhalle«, schrieb sie anlässlich der Eröffnung der Pinakothek der Moderne im Jahr 2002. Dann jedoch folgt ein Hymnus: »Im Gebäude selbst aber entwarf Braunfels ein Labyrinth aus überraschenden Öffnungen und Windungen, streng quadratischen Sälen, verzweigten Raumfluchten und virtuos verknüpften Höhenunterschieden – geometrisch gekonnt bündelte er das organisierte Chaos in einer gigantischen zentralen Rotunde.«

Konzentrationspunkt

Die riesige, lichtdurchflutete Rotunde mit der 25 Meter hohen Glaskuppel fungiert gleichsam als Marktplatz. Von hier führen die Wege in die Ausstellungsräume, hierher kehrt man zurück. Die Augen, beim Besuch stets auf Details konzentriert, können hier schweifen. Die Gedanken wandern,

Oben: Der Eingang zur Pinakothek der Moderne – ein mächtiger Bau, der die Menschen zu Ameisengröße schrumpfen lässt.
Unten: Geschickte Raumaufteilung: Von der Rotunde führen die Wege zu den vier Museen, die unter einem Dach vereint sind.

Pinakothek der Moderne

Blick in die 25 Meter hohe Kuppel der Rotunde

verarbeiten Eindrücke, und wenn der Kopf wieder frei ist, bricht man entspannt auf, um die nächste Kunstwelt zu entdecken. Diesen Ort der Sammlung, im wörtlichen wie im übertragenen Sinn, zu schaffen, war eine geniale Idee von Braunfels, denn die Hallen und Säle bieten so vieles, dass die Gefahr der Reizüberflutung groß ist.

Mit einer Fläche von 12 000 Quadratmetern gehört die Pinakothek der Moderne zu den größten Häusern für moderne und zeitgenössische Kunst, Architektur und Design in Europa. Einzigartig in Deutschland vereint sie vier eigenständige Museen unter einem Dach: das Architekturmuseum der Technischen Universität München, die Staatliche Graphische Sammlung München, die Neue Sammlung – Museum für angewandte Kunst und Design, die Sammlung Moderne Kunst der Bayerischen Staatsgemäldesammlungen.

Alles, was Kunst ist

Im Architekturmuseum finden wechselnde Ausstellungen zu Themen der Architekturgeschichte und zu aktuellen Entwicklungen statt. Die Kuratoren haben dabei die Qual der Wahl: Die größte Spezialsammlung ihrer Art in Deutschland besitzt rund 500 000 Zeichnungen von 700 Architekten,

AUTORENTIPP!

DEMNÄCHST IN DIESEM MUSEUM

Mit diesem Tipp wirft die Autorin einen Blick in die Zukunft: Das Museum Ägyptischer Kunst wird erst im Lauf des Jahres 2013 in seine neuen Räume ziehen. Dennoch birgt die Empfehlung kein Risiko – irgendwann wird der Bau schon bezugsfertig sein, schließlich ist dies kein Großflughafen. Auch die qualitativ hochwertige Sammlung ist bekannt: Sie war jahrzehntelang in der Residenz zu sehen und kann bis zum Umzug noch dort besucht werden. Die neuen unterirdischen Räume unterhalb der Freifläche vor der Filmhochschule wirken hell und versprechen interessante Durchblicke auf die Exponate. Mit 1800 Quadratmetern wird mehr als dreimal so viel Platz geboten wie in der Residenz. Die Dauerausstellung wird die Themenbereiche Ägypten in Rom, Kunst und Form, Pharao, Fünf Jahrtausende, Kunst und Zeit, Jenseitsglauben, Religion, Nach den Pharaonen, Ägyptisches Kunsthandwerk, Sprache und Schrift, Nubien und Sudan und Alter Orient umfassen.

Staatliches Museum Ägyptischer Kunst München. Gabelsbergerstr. 35, Tel. 089/28 92 76 30, www.aegyptisches-museum -muenchen.de

100 000 Fotografien und 500 Modelle. Ebenfalls immer nur einen Bruchteil der Bestände von etwa 400 000 Blatt – Druckgrafik und Zeichnungen aus allen Epochen – kann die Graphische Sammlung in ihren Wechselausstellungen vorstellen.

Die Neue Sammlung zeigt ihre Exponate in einer Dauerausstellung. Im Eingangsbereich des Designmuseums empfängt den Besucher ein zwei Stockwerke hohes Regal, das, einem Inhaltsverzeichnis gleich, Objekte zu den Themenschwerpunkten präsentiert: Fahrzeugdesign, Computer Culture, Designgeschichte. »Bugholz. Schichtholz« heißt die Abteilung, in der Möbel aus dem 19. und 20. Jahrhundert zu sehen sind, und in der Danner-Rotunde kann man Schmuck von über 100 zeitgenössischen Künstlern aus aller Welt bewundern.

Absoluter Publikumsmagnet ist die Sammlung Moderne Kunst. In 35 Sälen sind alle internationalen Stilrichtungen des 20. und 21. Jahrhunderts vertreten, vom Expressionismus bis zur Gegenwartskunst. Max Beckmanns Werk nimmt einen ganzen Saal ein, ebenso wie das von Pablo Picasso. Erich Heckel, Oskar Kokoschka, Robert Delaunay, Alexander Archipenko, Andy Warhol, Joseph Beuys und Arnulf Rainer – alles, was Rang und Namen hat, ist hier vertreten, zu den Highlights zählen: Henri Matisse, *Stillleben mit Geranien* (1910); August Macke, *Mädchen unter Bäumen* (1914); Ernst Ludwig Kirchner, *Sitzende Dame* (1910); Emil Nolde, *Tanz um das Goldene Kalb* (1910); Karl Hofer, *Großer Karneval* (1928); George Grosz, *Frau im schwarzen Mantel* (1927); Paul Klee, *Sängerin in der komischen Oper* (1927); Georg Baselitz, *Orangenesser* (1981); Willem de Kooning, *Stowaway* (1986). Auch Fotografie und Videokunst finden ihren Platz, in wechselnden Ausstellungen werden die Werke zeitgenössischer Künstlerinnen und Künstler gezeigt.

Oben: Über diese Treppe, gelangt man zum Museum für angewandte Kunst und Design.
Unten: Die Objekte, die in diesem Regal ausgestellt sind, weisen auf die Themenschwerpunkte des Museums für angewandte Kunst und Design hin.

Infos und Adressen

SEHENSWÜRDIGKEITEN

Pinakothek der Moderne. Vier Museen in einem Bau. Highlight: die Sammlung Moderne Kunst. Di–So 10–18 Uhr, Do 10–20 Uhr, Barer Str. 40, Tel. 089/23 80 53 60, www.pinakothek.de

ESSEN UND TRINKEN

Qivasou 48|8 in der Pinakothek der Moderne. Die hohen Bambusbäume im Wintergarten der Pinakothek sorgen fürs Ambiente, der Koch für dampfgegartes und gesundes Essen ohne künstliche Zusatzstoffe. Di–So 10–18 Uhr, Do 10–20 Uhr, Tel. 089/22 88 02 80

Sarovar. Gutes indisches Restaurant, freundlich, faire Preise. Tgl. 11.30–14.30 und 17.30–24 Uhr, Fürstenstr. 12 (Ecke Theresienstr.), Tel. 089/28 99 66 89, www.sarovar.de

ÜBERNACHTEN

Hotel Marienbad. Tolle Lage, ruhig, preiswert, altmodischer Charme. Barer Str. 11, Tel. 089/59 55 85, www.hotelmarienbad.de

Hotel Carlton Astoria. Gutes Preis-Leistungs-Verhältnis, das Frühstücksbuffet ist hervorragend. Fürstenstr. 12, Tel. 089/38 39 63, www.carlton-astoria.de

Bei dieser Führung kann man die Beine schonen.

VERANSTALTUNGEN

Bauernmarkt. Gute Produkte, bayerische Schmankerl, nette Schwabinger Atmosphäre. Sa 9–14 Uhr, in der Türkenstraße vor der Pinakothek der Moderne.

Zu den Themen, mit denen sich die Sammlung Moderne Kunst auseinandersetzt, gehört auch Fotografie.

26 Museum Brandhorst
Bunte Wunderkiste

Ein Baugrund 34 Meter breit, 100 Meter lang. Ein länglicher Kubus, ein würfelförmiger, der ihn überragt. Banaler geht's nicht. Doch hört man Klagen? Fällt das Wort »umstritten«, das in München so selbstverständlich zum Adjektiv »modern« gehört wie das Oktoberfest zum September? Mitnichten. Alle jubeln, alle lieben das Museum Brandhorst. Woran liegt's? Ganz einfach: Kleider machen Gebäude.

36 000 Keramikstäbchen, je 1,10 Meter lang, 4 mal 4 Zentimeter im Querschnitt, rund 2,75 Kilogramm schwer. In 23 Farben und unterschiedlicher Tonalität gefertigt, vertikal parallel nebeneinander angebracht. Simpel und damit genial das Konzept, grandios die Wirkung: Auf der bunten Fläche spielt das Licht, je nach Witterung und Tageszeit fluoresziert sie oder schimmert in Pastelltönen. Distanz und Blickwinkel des Betrachters bestimmen die Wahrnehmung, Streifen, verschwimmende Farbfelder unterschiedlicher Helligkeit – ob von nah oder fern, der Anblick beschwingt, erinnert an Kindertage, als man bunte Farbstifte in Schächtelchen ordnete. Frohsinn statt Bombastik aus Sichtbeton, Glas und Stahl, das kommt sogar in München an!

Dem Lärmschutz sei Dank

Hätten die Anwohner nicht aufgemuckt, stünde kein solches Chamäleon in Münchens Mitte. Der ursprüngliche Entwurf der Architekten Sauerbruch Hutton sah nämlich eine Glasfassade vor. Diese schallharte Oberfläche aber hätte den Lärmpegel in der viel befahrenen Türkenstraße ins Unerträgliche gesteigert. Die Lösung: unterschiedlich farbi-

Oben: Endlich innovative moderne Architektur in München! Das Museum Brandhorst setzt einen bunten Akzent ins Museumsviertel.
Unten: Außen farbenfroh, innen zurückhaltend. Böden und Treppe sind auch dänischer Eiche.

Museum Brandhorst

ge Lochbleche, die den Schall absorbieren, darüber das farbige Gitter als schützende Außenhaut.

So auffällig das Äußere, innen hält sich die Architektur im Hintergrund. Nüchtern, weiß, von Licht durchflutet bieten die Räume der Kunst eine Bühne. Einen grandiosen Akzent setzt die freitragende Treppe – eine Skulptur in sich, wie die Böden aus dänischer Eiche. Obwohl sich die Fassade kaum nach außen öffnet, gelingt es durch geschickte Lichtführung, Tageslicht in die fensterlosen Räume zu lenken. Die innovative Technik hier ist beachtlich: anspruchsvolle Klimatisierung, energiesparende Temperierung über eine Grundwasserpumpe – der Bau ist ein ökologisches Vorzeigeobjekt.

Warhol und Twombly

Das 2009 eröffnete Museum wurde vom Freistaat Bayern für die Präsentation der Privatsammlung des Ehepaars Brandhorst errichtet, die u. a. Werke von Joseph Beuys, Isaac Julien, Mario Merz, Jannis Kounellis, Sigmar Polke, Georg Baselitz, Gerhard Richter, Bruce Nauman, Damien Hirst, Jean-Michel Basquiat und Mike Kelley umfasst. Prominent vertreten ist Andy Warhol (1928–1987) mit weit über 100 seiner Werke aus allen Perioden.

Die obere Etage gehört dem Lieblingskünstler der Brandhorsts, dem Amerikaner Cy Twombly (1928–2011). Die gewölbte Wand wurde maßgeschneidert für die zwölfteilige Serie zur *Schlacht von Lepanto*, leichte, zarte Bilder, wunderbar inszeniert. Extra für das Museum fertigte Twombly sechs Rosengemälde, angeregt u.a. durch *The Waste Land* von T. S. Eliot, in dem der Hofgarten erwähnt wird: *»Summer surprised us, coming over the Starnbergersee / With a shower of rain; we stopped in the colonnade, / And went on in sunlight, into the Hofgarten, / And drank coffee, and talked for an hour.«*

Infos und Adressen

27 Königsplatz
Alles antik

Nicht dem Militär oder dem Handel sollte die Architektur des Königsplatzes huldigen, sondern »den anderen Künsten Wand, Schirm und Dach gewähren«. So wollte es zumindest einst Ludwig I., doch es sollte anders kommen. 1918 hatte die Monarchie ausgedient, 1919 fand die Münchner Räterepublik ein blutiges Ende, und nun entdeckten die Rechten den Königsplatz als »Wand, Schirm und Dach« für ihre Massenaufmärsche.

60 000 Männer ließen 1920 die Waffen knallen beim »Ersten Landesschießen der Einwohnerwehren«, die »Vaterländischen Verbände« fühlten sich ebenfalls wohl auf dem Königsplatz, und nachdem die Nationalsozialisten ihre Flagge auf dem Münchner Rathaus gehisst hatten, verlor der Platz endgültig seine Unschuld. Die Kulisse, Zitate antiker Größe am Gebirgsfluss Isar, der weite Raum, nur von drei Gebäuden beherrscht, bot das rechte

---

MAL EHRLICH
SPÄTE VERGANGENHEITSBEWÄLTIGUNG
Der Zweite Weltkrieg endete bekanntlich 1945. 2014 soll das »NS-Dokumentationszentrum« eröffnet werden. Dort, wo das »Braune Haus« stand, die Parteizentrale der Nationalsozialisten. Fast 70 Jahre ließ die Stadt verstreichen, bis das lange geplante Projekt endlich realisiert wurde. Und das ist besonders peinlich, weil München die »Hauptstadt der Bewegung« war und sich die Frage stellt, warum der erfolglose Kunstmaler Hitler genau hier den Aufstieg schaffte. Mal sehen, ob das Museum darauf eine Antwort gibt.

Oben: Der Königsplatz von oben gesehen, die Briennerstraße läuft auf den Karolinenplatz zu, den ein Obelisk schmückt.
Unten: Sirenenspiegel, attisch (um 440 v. Chr.), in den Staatlichen Antikensammlungen

Ambiente für Großmannssucht, die historische Legitimation suchte.

Die Bücherverbrennung

Am 10. Mai 1933 fanden sich hier trotz strömenden Regens mehr als 50 000 Menschen ein, um kurz vor Mitternacht ein Feuer lodern zu sehen, das die Bücher der besten deutschen Dichter und Schriftsteller speiste: Bertolt Brecht, Lion Feuchtwanger, Erich Kästner, Heinrich Mann, Anna Seghers, Kurt Tucholsky … Einer wurde nicht verbrannt - der aufrechte Linke Oskar Maria Graf (s. S. 256). Die Nazis hatten ihn wohl nicht gelesen und hielten ihn für einen harmlosen Heimatdichter. Empört veröffentlichte er in der *Wiener Arbeiterzeitung* den Aufruf »Verbrennt mich«, und sein Freund Bertolt Brecht dichtete: »Tut mir das nicht an! Lasst mich nicht übrig! Habe ich nicht/ Immer die Wahrheit berichtet in meinen Büchern? Und jetzt/ Werd ich von euch wie ein Lügner behandelt! Ich befehle euch:/ Verbrennt mich!« Graf erhielt Satisfaktion: Die Deutsche Studentenschaft organisierte für ihn eine spezielle Veranstaltung an der Universität, bei der seine Bücher den Flammen übergeben wurden.

1935 errichteten die Nationalsozialisten zwei Ehrentempel für die Toten des Hitlerputsches 1923 (s. S. 89), zwischen Karolinenplatz und Königsplatz nistete sich die Führungsriege der NSDAP ein, der Königsplatz wurde mit 20 000 Granitplatten bedeckt und diente von nun an Großkundgebungen, Rekrutenvereidigungen und anderen Massenveranstaltungen.

Die Glyptothek

»Im Zweiten Weltkrieg schwer getroffen, Bausubstanz bis zu 40 %, Innendekoration bis zu 90 %

AUTORENTIPP!

SOMMERTHEATER IN DER GLYPTOTHEK

Weinlaub rankt sich empor, Bäume rauschen, auf den weißen Tischen stehen Wasser, Wein und Brot, und dann treten die Schauspieler aufs Forum vor prächtiger antiker Kulisse – einen schöneren Spielort gibt es nicht in München. Seit über 20 Jahren führen Gunnar Petersen und seine Frau, die Schauspielerin Beles Adam, im Innenhof der Glyptothek in jedem Sommer zwei Stücke aus dem griechisch-römischen Kulturraum auf. Petersen ist ein Urgestein der freien Theaterszene in München, und er hat sein festes Stammpublikum, das jedes Jahr darauf wartet, was das Team aus den antiken Vorlagen macht. Da kommt es schon mal vor, dass ein griechischer Held ins Handy plärrt, aber die Adaptionen sind nie peinlich modernistisch, sondern höchst vergnüglich. Euripides, Aristophanes, Sophokles, Homer standen schon auf dem Spielplan, aber auch Hölderlin *(Der Tod des Empedokles)* oder Christine Brückner *(Wenn du geredet hättest, Desdemona)*.

Theaterspiele Glyptothek. Inklusive Wasser, Wein und Brot 23 Euro, Karten unter 089/300 30 13 oder 0171/300 62 59

Giebelfiguren des Aphaia-Tempels

Die Stufen der Glyptothek sind ein beliebter Treffpunkt.

zerstört, 1972 wiedereröffnet«, liest man in älteren Stadtbeschreibungen. Neuere Reiseführer halten sich mit diesen Fakten nicht mehr auf, bezeichnen die Glyptothek lieber korrekt als »Meisterwerk des europäischen Klassizismus«, erwähnen die edle Proportion des Baus und schwärmen von den Exponaten: Da ist der *Barberinische Faun* (um 200 v. Chr.), eine schlafende Männergestalt, nackt und ebenfalls von edler Proportion – Ludwigs Kunstagent erwarb ihn in Rom. Aus Griechenland stammen die *Ägineten*, Skulpturen vom Aphaiatempel der Insel Ägina (um 490 v.Chr.), die zu den besterhaltenen Giebelskulpturen der antiken Kunst zählen. Klenze war Kunstwerke ersteigernd in Paris unterwegs - u.a. brachte er die Göttin *Eirene* und den *Torso des Diomedes* nach München – ebenso wie der König selbst, der seine Sammlung u.a. um den *Ilioneus* bereicherte. Römische Bildnisse und Sarkophage, griechische Grabreliefs wie das der Mnesarete (4. Jh. v. Chr.) – das Museum zeigt Kostbarkeiten und Raritäten aus der Zeit vom 6. Jahrhundert v. Chr. bis zum 4./5. Jahrhundert n. Chr.

Das närrische Kronprinzenhaus

Die Glyptothek war das erste Museum, das Ludwig I.
für die Präsentation seiner Kunstwerke errichten
ließ, und mit dem Gebäude begann die Karriere
von zwei Männern, die unter dem Kronprinzen zu
Stars hochgejubelt wurden und vom König wieder
vom Podest gestoßen wurden: der Maler Peter
Cornelius (s. S. 146), der die Fresken schuf – sie
wurden beim Wiederaufbau nach dem Zweiten
Weltkrieg nicht restauriert – und Leo von Klenze.
Dies war der erste Großbau, den er für Ludwig
realisierte – eigentlich war bereits eine Ausschrei-
bung gelaufen und Pläne lagen vor, aber Ludwig
lockte Klenze mit dem Versprechen nach München, er werde das schon »richten«, und er hielt
Wort. Kein Wunder, dass Klenze von Anfang an
Feinde im Kollegenkreis hatte.

Die Bevölkerung blickte mit Verwunderung auf
das klassizistische Gebäude, das 1816 bis 1830 auf
der grünen Wiese vor der Stadt entstand, man
nannte es »das närrische Kronprinzenhaus«. Dabei
hätten die Münchner sich freuen sollen: Es war
das erste für antike und zeitgenössische Plastiken
errichtete Museumsgebäude in Deutschland, das
für die Öffentlichkeit zugänglich war. Ebenfalls
ein Novum: die chronologische, nicht inhaltliche
Anordnung der Exponate.

Die Staatlichen Antiken-
sammlungen

Als der zweite Bau auf dem Königsplatz entstehen
sollte, war Klenze zwar noch immer in Amt und
Würden, aber er erfreute sich nicht mehr der königlichen Gunst. Georg Friedrich Ziebland erhielt
1838 den Auftrag, ein »Kunst- und Industrie-Aus-
stellungsgebäude« zu errichten, das der Förderung
der Künste und Gewerbe in Bayern dienten sollte.
Heute sind in dem »korinthischen Tempel«, der mit

Oben: Der *Barberinische Faun* (um
200 v. Chr.) gehört zu den Glanz-
stücken der Sammlung in der Glyptothek.
Unten: Die Glyptothek zeigt auch
Exponate aus der Römerzeit, wie
hier im Saal XI der Römischen Bildwerke.

seiner steilen Freitreppe längst nicht so elegant wirkt wie Klenzes »ionische« Glyptothek, die Staatlichen Antikensammlungen untergebracht, die weltweit zu den bedeutendsten ihrer Art gehören. Griechische, etruskische, römische Kunst, Gold- und Silberschmuck, Terrakotten, Kleinplastiken, Tongefäße, Bronzen, Amphoren, Luxusgläser – Qualität und Quantität der Exponate, die den Zeitraum vom 3. Jahrtausend v. Chr. bis 400 n. Chr. abdecken, beeindrucken. Prunkstück ist die griechische Vasensammlung – jedes bemalte Gefäß erzählt eine Geschichte, wie Bilderbücher aus längst vergangener Zeit kann man sie betrachten.

Die Propyläen

Die Briennerstraße war die erste große Prachtstraße Münchens, sie schuf die Verbindung zwischen der Residenz und Schloss Nymphenburg. Die Straße abzuriegeln war ursprünglich nicht geplant, es war Klenzes Idee, den Platz mit einem Torbau abzuschließen. Seit 1817 lag das Konzept vor, und als Ludwig endlich bereit war, es zu realisieren, hatte er schon abgedankt und war zum privaten Bauherrn geworden, der seinen Klenze wieder schätzte. Und so konnte der 1862 einen Bau fertigstellen, der zu seinen grandiosesten Werken zählt: die Propyläen. Sie beinhalten nichts, erfüllen keinen Zweck, außer als drittes Bauwerk mit dorischen und ägyptischen Architekturelementen den Platz zu vollenden. Das Bildprogramm widmet Ludwig ganz dem geliebten Griechenland. Die Giebelplastiken von Ludwig Schwanthaler verherrlichen den Freiheitskampf der Hellenen, auf der Ostseite nimmt Ludwigs Sohn Otto, der 1830 von England, Frankreich und Russland zum König von Griechenland gewählt worden war, die Huldigung seines Volkes entgegen. Das freilich ist Schönfärberei: Die Griechen huldigten nicht mehr, sie hatten Otto 1862 aus dem Land gejagt.

Oben: Vasensammlung in den Staatlichen Antikensammlungen
Mitte: Römische Bronzestatue des Götterboten
Unten: Modell des Apolloheiligtums von Delphi, Staatliche Antikensammlungen.

Infos und Adressen

SEHENSWÜRDIGKEITEN

Glyptothek. Di–So 9–17 Uhr, Do 10–20 Uhr, Königsplatz, Tel. 089/28 61 00, www.antike-am-koenigsplatz.mwn.de

Staatliche Antikensammlungen. Di–So 10–17 Uhr, Mi 10–20 Uhr, Königsplatz, Tel. 089/59 98 88 30, www.antike-am-koenigsplatz.mwn.de

Museum für Abgüsse Klassischer Bildwerke. Mit 1780 Abgüssen klassischer Skulpturen gehört dieses Museum zu den vier größten seiner Art in Deutschland. Mo–Fr 10–20 Uhr, Katharina-von-Bora-Str. 10, Tel. 089/28 92 76 90, www.abgussmuseum.de

Etruskisches Gefäß, Staatliche Antikensammlungen

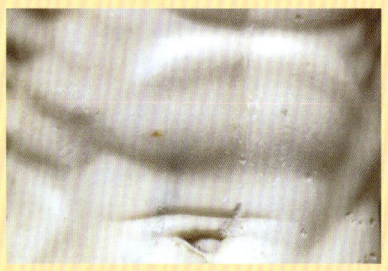

Waschbrettbauch: *Barberinischer Faun*, Glyptothek

kann man hier Filme sehen. Ticket für einen Rasenplatz kaufen, Decke und Picknick mitbringen und den Abend genießen!

Hochschule für Musik und Theater. Viele der Konzerte und Darbietungen in der Hochschule sind kostenlos. Arcisstr. 12, Tel. 089/28 92 74 30, www.musikhochschule-muenchen.de

ESSEN UND TRINKEN

Café in der Glyptothek. Dieses wunderschöne Plätzchen ist so beliebt, dass die Betreiber mit Recht 1 Euro Eintritt verlangen. Ruhig, abgeschieden – ein Idyll. Di–So 10–17 Uhr, Do 10–20 Uhr, Königsplatz 3, Tel. 089/28 80 83 80

ÜBERNACHTEN

The Charles Hotel Rocco Forte. Moderne Luxusherberge mit allem, was man für Geld in einem Hotel bekommen kann. Sophienstr. 28, Tel. 089/544 55 50, www.charleshotel.com

VERANSTALTUNGEN

Open Air am Königsplatz. Im Juni finden auf dem Königsplatz Konzerte statt, im Juli und August

Museumscafè in der Glyptothek

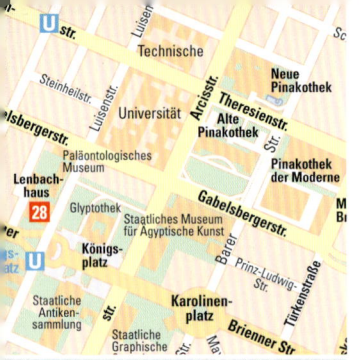

28 Lenbachhaus
Heim des »Blauen Reiters«

Wenn heute einer in der Gunst des Publikums steht und viel Geld verdient, ist er ein »Star«. Im 19. Jahrhundert – in Hollywood graste noch das Vieh – trugen die Stars in München einen aristokratischen Titel: »Malerfürsten«. Das verpflichtet und verlangt nach einer entsprechenden Behausung: »Ich gedenke mir einen Palast zu bauen, der das Dagewesene in den Schatten stellen wird«, verkündete Lenbach im Jahr 1885.

Drei Malerfürsten kannte die Stadt. Ihre Karriere war eng mit dem Hof verbunden, ihre Auftraggeber waren Blaublütige aus dem In- und Ausland, Politiker, Großbürger, reiche Unternehmer. Sogar aus Amerika reisten sie an, um sich in der Stadt an der Isar porträtieren zu lassen. Die drei hießen Franz Lenbach (1836–1904), Friedrich August Kaulbach und Franz Stuck (s. S. 194). Nachdem sie Karriere gemacht hatten, hießen sie von Lenbach, von Kaulbach, von Stuck. Denn das war der »Oscar« der Münchner Stars des 19. Jahrhunderts: »Ritter von«, bayerischer Personaladel, nicht vererbbar.

Italienischer Landhausstil

Der Bau dieser Villa mit dem Ziel, sie in München zum »Mittelpunkt der Künste und der gesellschaftlichen Belange« zu machen, war Stein gewordener Beweis für den steilen Aufstieg des Maurersohns Lenbach, der 1854 »ohne einen Pfennig Geld, die Stiefel und einen Packen Skizzen unterm Arm zu Fuß nach München gepilgert war«, wie ein Kommilitone berichtet.

Oben: Der Freund Gabriel von Seidl errichtete Lenbachs Haus, links im Anschnitt zu sehen der Erweiterungsbau von Norman Foster.
Unten: Zur Villa im italienischen Landhausstil gehört auch ein mediterran anmutender Garten.

Rund 30 Jahre später die Villa. Bestlage Briennerstraße, Königsplatz hinter den Propyläen. Toskanischer Stil, erbaut 1887 bis 1891 vom Freund Gabriel Seidl (s. S. 189). Hier hält Lenbach Hof, die restaurierten Räume vermitteln nur eine Ahnung von der Pracht. Hier steht Reichskanzler Bismarck auf dem Balkon und nimmt die Ovationen des Volks entgegen – Lenbach hat ihn rund 80 Mal gemalt. Und nicht nur ihn. Er kennt sie alle, die Großen Europas, den Papst, Könige, Kaiser. Er malt und sie zahlen. Nicht nur für das Bild, allein schon die Tatsache, dass Lenbach sie porträtiert, ist Gold wert – er nimmt nicht jeden.

Nach Paris Zentrum der Moderne

Wie ein absolutistischer Fürst stand Lenbach an der Spitze der Künstlergenossenschaft, sie und die Akademie bestimmten das offizielle Kunstleben und das Ausstellungswesen nach dem Motto: bloß nichts Neues, keine Öffnung nach außen. Trotzdem – oder vielleicht gerade deswegen – gärte es um das Jahr 1900 in München heftiger als in jeder anderen Stadt in Deutschland. Hier wurde die erste Secession gegründet (s. S. 195), hier entstand die Jugendstil-Bewegung, deren Ideen die 1896 erstmals erschienene Zeitschrift *Jugend* verbreitete. Wenn er einen Sohn hätte, der Maler werden wolle, schrieb Picasso 1897, würde er ihn nicht in Spanien halten und auch nicht nach Paris schicken, sondern nach München.

Die Aufbruchstimmung lockte zahlreiche Künstler aus dem In- und Ausland an, besonders die Russen – unter ihnen auch Alexej Jawlensky und Marianne von Werefkin – waren prominent vertreten. In Franz von Stuck fanden sie einen akademischen Lehrer, der das neue Verständnis von Kunst weitergab, zu seinen Schülern gehörten u.a. der Schweizer Paul Klee und der Russe Wassily Kan-

dinsky, der im Jahr 1910 in München das erste abstrakte Bild schuf.

Der »Blaue Reiter«

Auch wenn man mit dem Begriff unweigerlich eine ganze Gruppe von Malern in Verbindung bringt – Klee, Jawlensky, Werefkin und Kandinsky, Gabriele Münter, Alfred Kubin, Franz Marc, August Macke, Heinrich Campendonk, Robert Delaunay –, der »Blaue Reiter« war nie eine Künstlervereinigung mit Mitgliedern, Statuten und einer Jury, die ausstellungswürdige Bilder kürt. Davon hatten Kandinsky und Marc nach ihren Erfahrungen in der 1909 gegründeten »Neuen Künstlervereinigung« genug. Tonangebend waren die beiden, als »Redaktion Der Blaue Reiter« organisierten sie die Ausstellungen, entschieden, wer teilnehmen durfte und wessen Textbeiträge oder Werke in den Almanach »Der Blaue Reiter« aufgenommen wurden. Im Jahr 1912 erschienen, gilt dieser als die bedeutendste künstlerische Programmschrift des 20. Jahrhunderts.

Die weltweit größte Sammlung von Werken des »Blauen Reiter« – mehr als 220 Gemälde – bildet denn auch die Hauptattraktion des Lenbachhauses. Einen Großteil davon hat Gabriele Münter 1957 anlässlich ihres 80. Geburtstags der Stadt München geschenkt.

Auch Künstler des 20. und 21. Jahrhunderts sind vertreten, u. a. Joseph Beuys, Gerhard Richter, Anselm Kiefer, Andy Warhol, Dan Flavin, Richard Serra, Jenny Holzer, Olafur Eliasson, Angela Bulloch und Arnulf Rainer. Bilder des ehemaligen Hausherrn sind ebenfalls zu sehen, doch nicht ihm ist zu verdanken, dass das Lenbachhaus weltberühmt ist, sondern – Ironie der Geschichte – jenen, deren Werke Lenbach nie ausgestellt hätte.

Oben: Vor der Umgestaltung des Museums lag hier der Haupteingang zum Lenbachhaus, heute betritt man es durch den Anbau von Norman Foster.
Unten: Franz Marc, *Blaues Pferd 1* (1911)

Infos und Adressen

SEHENSWÜRDIGKEITEN

Städtische Galerie im Lenbachhaus. Das renovierte und durch einen Neubau des Stararchitekten Norman Foster erweiterte Museum wird am 8. Mai 2013 wiedereröffnet. Im Kunstbau, einer Ausstellungshalle im U-Bahn-Zwischengeschoss, sind ab Herbst 2013 wieder wechselnde Schauen zu sehen. Luisenstr. 33, Tel. 089/23 33 20 20, Kunstbau Tel. 089/23 33 20 00, www.lenbachhaus.de

ESSEN UND TRINKEN

Steinheil. Einfache Kneipe, studentisches Publikum. Bekannt für seine riesigen Schnitzel – niemand hat etwas dagegen, wenn man eine Portion zu zweit isst. Tgl. 10–1 Uhr, Steinheilstr. 16, Tel. 089/52 74 88

Schmock. Israelisch-arabisches Restaurant, orientalische Küche kreativ variiert. Sehr gut: die koschere Currywurst. Augustenstr. 52, Tel. 089/52 35 05 35, www.schmock-muenchen.de

Löwenbräukeller. Mit Festsaal, Galeriesaal, Terrassen und Biergarten gehört diese Wirtschaft zu

Kreatives aus der Küche des »Volksgartens«

den klassischen Biertempeln, die Ende des 19. Jh. entstanden. Tgl. 10–24 Uhr, Nymphenburger Str. 2, Tel. 089/52 60 21

Volksgarten. Innovative Küche, wunderschöner Garten, in dem im Sommer auch Liegestühle stehen. So–Mo 11–24 Uhr, Di–Fr 11–1 Uhr, Sa 17–1 Uhr, Briennerstr. 50, Tel. 089/57 87 78 59, www.volksgarten-muenchen.de

Im Sommer sitzt man gemütlich und vom Verkehr abgeschirmt im Garten des Restaurants »Volksgarten«.

29 Türkenstraße
Entspannt, entschleunigt, urban

Die bunte Stäbchenfassade des Museum Brandhorst hat viel Schall zu schlucken: Autos, Autos, Autos. Nach der freien Fahrt durch den Tunnel haben die Fahrer den Fuß noch fest auf dem Gas, wenn sie in die Türkenstraße biegen. Die sie auch gleich wieder verlassen: Als Durchgangsschneise eignet sich die Türkenstraße nicht, dort herrschen andere, die den Verkehr in die Stop-and-go-Position zwingen.

In zweiter Reihe geparkte Lieferwagen – die Geschäfte und Restaurants wollen versorgt sein. Schülerlotsen, die Kinder über die Straße winken – seit 130 Jahren gibt es die Türkenschule schon. Noch länger bevölkern Studenten das Viertel, mit Rucksack, die Augen heute aufs Handy statt auf die Straße gerichtet, schlendern sie zur Uni oder ins Café. Tagsüber Hunde, die ihre Menschen in den Park vor der Akademie führen, Nachbarn im Plausch auf dem Gehsteig. Nachts junge Leute, im Zickzack von Lokalität zu Lokalität strebend. Da fährt der Autofahrer nur durch, wenn er muss.

Gemischte Gesellschaft

Zwischen Theresien- und Georgenstraße blieb eine Enklave erhalten, in der sich Urbanität von ihrer besten Seite zeigt. Hier wird gewohnt, in Ateliers und Werkstätten arbeiten Künstler und Handwerker, man kann alles kaufen, was man im Alltag braucht und noch mehr – Schmuck, alte Bücher und Antiquitäten, Schuhe, Stoffe, Modisches. In dieser Straße könnte man leben, ohne sie je zu verlassen, sie bietet alles, was Geist und Körper fordern: Kino, Supermarkt, Buchhandlungen, Bil-

Oben: Der »Türkenhof« ist nur eine von vielen Gaststätten, die an der Türkenstraße zum Einkehren locken.
Unten: Das Malstudio im Türkenhof präsentiert sich am Tag der Offenen Tür der Galerien.

der, Malkurse, Cafés, Kneipen, Restaurants. Und sollte ein Anwohner akuten Mangel an Auflaufformen, Buntbartschlüsseln, Exzenterschleifern oder Holzbeize verspüren, muss er nur zum Suckfüll gehen, der führt 35 000 Artikel – Haushaltswaren, Eisenwaren etc. Das Geschäft gibt es seit 1932, und dass es sich halten konnte, liegt nicht nur am guten Service: Suckfüll ist Herr im eigenen Haus und muss keine Mietsteigerungen befürchten. Andere, die ebenfalls schon Jahrzehnte hier etabliert sind, profitieren von alten Verträgen, Neuvermietungen werden teuer. Und so ändert auch die Türkenstraße ihren Charakter, aber sie bleibt originell – bislang hat sich noch keiner der internationalen Kettenläden hier niedergelassen.

Eine Minute für Elser

Der Platz neben der Türkenschule trägt den Namen Georg Elsers (1903–1945). Der Schreiner aus dem Württembergischen hatte sich ein Zimmer in der Türkenstraße 94 gemietet, von hier fuhr er jeden Abend im Oktober 1939 in den Bürgerbräukeller. Aß, trank ein Bier und schlich in den Saal, wo er sich versteckte, bis abgesperrt wurde. Dann begann er zu arbeiten, 30 Nächte lang präparierte er die Säule, neben der Hitler am 8. November seine Rede halten würde. Elser war Einzelgänger, er hatte keine Mitwisser und keine Unterstützung. Nachdem er den Plan gefasst hatte, Hitler zu beseitigen, bereitete er ihn über ein Jahr lang vor. Monatelang arbeitete er in einem Steinbruch, ließ Pulver und Zünder mitgehen. Die Sprengversuche führte er im elterlichen Obstgarten durch. Die Bombe explodierte wie geplant, aber Hitler hatte die Versammlung früher verlassen … Elser wurde im KZ ermordet. Eine Installation an der Mauer der Türkenschule erinnert an ihn: Jeden Abend zum Zeitpunkt der Detonation leuchtet sie eine Minute auf, von 21.20 bis 21.21 Uhr.

SEHENSWÜRDIGKEITEN

Schellingstraße 26. Tolles Jugendstilhaus von Martin Dülfer (1897)

ESSEN UND TRINKEN

Café Zeitgeist. Retro-Café in einem ehemaligen Kino, studentisches Publikum, schöne Plätze an der Sonne. So–Mo 8–1 Uhr, Fr, Sa 8–3 Uhr, Türkenstr. 74, Tel. 089/28 65 98 73, www.cafe-zeitgeist.com

Gelateria Adria. Seit 1958 gibt es die italienische Eisdiele. Hübscher Kachelfries innen, sehr gutes Eis und Eiskaffee. Türkenstr. 59, Tel. 089/272 41 90

Truffaldino's. Ausgezeichnete Küche, österreichische Weine, unbedingt reservieren. Türkenstr. 63, Tel. 089/271 27 67, www.truffaldinos.de

ÜBERNACHTEN

Das Hotel. Individuell eingerichtet, Zimmer nach hinten ruhig, klasse Frühstück, für die Lage preiswert. Türkenstr. 35, Tel. 089/288 14 00, www.das-hotel-in-muenchen.de

EINKAUFEN

Nicki Marquardt. Kopfschmuck, Hüte, Mützen, Headpieces – ausgefallen und witzig. Mo–Fr 11–19 Uhr, Sa 12–18 Uhr, Türkenstr. 78, www.nickimarquardt.de

Raritäten Michael Weiß. Antiquitäten und Kuriositäten, herrlich zum Stöbern. Mo–Sa 9–20 Uhr, Türkenstr. 82

AKTIVITÄTEN

Kunsthof Türkenhof. Bildhauer Burkhard Backe hat hier sein Atelier, der Akthof bietet Zeichen- und Malkurse an; die Abendkurse kann man auch unangemeldet besuchen. Türkenstr. 78, Tel. 089/280 96 46

Oben: Von oben gesehen: die Schellingstraße in ihrem Lauf Richtung Ludwigstraße und die Ludwigskirche mit der Doppelturmfassade

Unten: Das Siegestor, rechts und links im Hintergrund die Universitätsgebäude

30 Rund ums Siegestor
Ludwigs potemkinsche Straße

Zugegeben, Pferde machen mehr her. Auch gegen eine Göttin in einem Triumphwagen ist nichts zu sagen. Aber, liebe Berliner, eure Quadriga wurde geklaut. Unsere wollte Napoleon nicht. Sieht ja auch ein bisschen komisch aus: Von der Ferne könnte man denken, da führt jemand sein Vieh auf die Weide. Dabei sind das Löwen. Und die Frau mit dem Hirtenstab ist die Bavaria. Wie es sich gehört für eine bayerische Quadriga.

Das Siegestor, auf dem die Figurengruppe thront, wurde 1843 bis 1850 nach Plänen von Friedrich von Gärtner errichtet. König Ludwig I. konzipierte den Triumphbogen als Abschluss der Leopoldstraße und Pendant zur Feldherrnhalle im Süden. Als Monument war er dem bayerischen Heer zugedacht, obwohl das während der Regentschaft des Königs weder siegte noch verlor – Bayern erlebte eine Zeit des Friedens, Ludwig wollte nicht kämpfen, er wollte bauen.

Die Spielstraße des Königs

Schnell bauen. Mit »gleich«, »unverweilt«, »schleunig« trieb er seine Mitarbeiter an, sein Prestigeobjekt, seine Ludwigstraße, musste fertig werden. Der König kümmerte sich dabei nur um die Kulisse, wie's hinter den Fassaden aussah, war ihm egal. Welche Raumhöhe und damit Funktion die von ihm diktierte Reihung und Höhe der Fenster vorgab, kümmerte ihn nicht. Das sollten private Bauherren lösen. Darüber war es schon zum Bruch mit Klenze (s. S. 88) gekommen, nun musste sich Gärtner mit dem Problem herumschlagen. Der ebenso klagte wie sein Vorgänger, vor allem über die Staatsbibliothek: »Der König geht nun einmal nicht von der Idee ab, sie in einer Front aufbauen zu lassen, ohne Vorsprung, ohne Säule, ohne Portikus, lauter rundbogige Fenster ... kurz, eine langweilige Bücherkaserne.« Resigniert äußerte einer der Bibliothekare, der Bau sei ohnehin nur unternommen worden, »um ein gutes Stück der neuen, großartigen Straße, welche des Königs Namen trägt, auszufüllen«. Lediglich der Treppenaufgang mit den »Vier Heiligen Drei Königen«, wie sie die Münchner nennen – Thukydides, Homer, Aristoteles und Hippokrates – hebt die Fassade von den anderen ab.

Gärtner tat sein Bestes, um die Situation zu retten: Er platzierte die Ludwigskirche gleich neben der »Bücherkaserne«, die mit ihrer Freitreppe, den Säulenarkaden und der Vorhalle einen lichten Kontrapunkt setzt und mit ihrer Doppelturmfassade den Bezug zur nahe gelegenen Theatinerkirche (s. S. 86) herstellt.

Die Universität

Ein guter Platzfüller war auch die Universität. Sie 1826 von Landshut nach München zu holen, war eine der ersten Amtshandlungen des Königs gewesen. 1840 konnte das von Gärtner entworfene Hauptgebäude bezogen werden.

In all den Jahrhunderten ihrer Residenz in München hatten sich die Wittelsbacher immer nur darum gekümmert, dass die Münchner nicht vom rechten Glauben abfielen. In die Bildung wurde wenig investiert, die überließ man den Klerikern. Die Wittelsbacher, die in Landshut regieren, waren da anders: Die erste Universität in Bayern gründete Herzog Ludwig der Reiche 1472, seinen Namen und den des Kurfürsten Maximilian, der

Oben: Das Café »Leibspeiserei« im 2005 fertig gestellten Erweiterungsbau der Akademie der Bildenden Künste (COOP Himmelb(l)au)
Unten: Kühles Wasser erfrischt den Geist: die Brunnen vor den Toren der Universität.

den Universitätssitz 1800 von Ingolstadt nach Landshut verlegte, trägt die Ludwig-Maximilians-Universität seit dem Jahr 1802.

Mit fast 50 000 Studierenden ist sie die zweitgrößte Universität Deutschlands, sie und die Technische Universität gehören zu den besten Hochschulen des Landes. München mit seinem vielfältigen Freizeitangebot ist ein idealer Ort, um neben dem Studium auch noch das Leben zu genießen. Einziger Wermutstropfen – die horrend hohen Mieten.

Die Akademie der Bildenden Künste

Thomas Mann prägte in der Novelle *Gladius Dei* das schöne Bild von der Akademie, die »ihre weißen Arme zwischen der Türkenstraße und dem Siegestor ausbreitet«. Die Architekten von COOP Himmelb(l)au, die 2003–2005 den Neubau neben dem Akademiegebäude (1877–1886, Gottfried von Neureuther) errichteten, drücken sich komplizierter aus: Die »offene Figuration ineinander verschränkter Baukörper erzeugt eine Sequenz transistorischer Binnenräume zwischen Stadt- und Parkraum und nimmt differenzierte Beziehungen zu den Außenräumen auf«. Man kann's auch anders sagen. Schwärmen – »spektakuläre schräge Strukturen« – oder kritisieren – »Fremdkörper«, »Selbstverliebtheit«.

Mit der Münchner Akademie verbinden sich große Namen der Avantgarde der Moderne. 1895 wurde Franz Stuck (s. S. 194) Akademieprofessor, zu seinen Schülern zählten Giorgio de Chirico, Wassily Kandinsky, Paul Klee, Alfred Kubin, Franz Marc, Otto Mueller, Max Slevogt. Einen Fehler machte Stuck allerdings: Die Bewerbung Emil Noldes wurde 1898 abgelehnt.

Infos und Adressen

SEHENSWÜRDIGKEITEN

Ludwig-Maximilians-Universität. Mit ihren Rundbogenfenstern und der Säulenhalle vor dem halbrunden Brunnenplatz wirkt die Universität wie ein wahrer Tempel des Geistes. Sehenswert: die monumentalen Treppen und Säulengänge im Inneren rund um den riesigen Lichthof. Geschwister-Scholl-Platz 1, Tel. 089/218 00, www.uni-muenchen.de

Bayerische Staatsbibliothek. Die »Stabi« ist eine der größten und bedeutendsten Universalbibliotheken Europas. Ein Teil des Bestandes wird in wechselnden Ausstellungen gezeigt. Königlich die Treppe, die zum Lesesaal führt – sie war Ludwigs Privatzugang zur Bibliothek. Ludwigstr. 16, Tel. 089/28 63 80, www.bsb-muenchen.de

ESSEN UND TRINKEN

Akuo. Taiwanesische Spezialitäten. Der Service ist schnell und freundlich, das Essen billig und gut,

Die »bayerische Quadriga« mit den vier Löwen

Gut, schnell, preiswert: »Akuo« in der Adalbertstraße

und man sitzt auch noch nett. Mo–Fr 11–21 Uhr, Sa, So 12–21 Uhr, Adalbertstr. 32, Tel. 089/39 29 90 06

Die Leibspeiserei. Café im Neubau der Akademie. Auf den Holzstufen vor dem Eingang sitzt man gemütlich, Getränke und einen kleinen Imbiss bekommt man im Café. Akademiestr. 4, Tel. 089/ 33 03 58 96, www.leibspeiserei.de

Red Hot. Kleines Lokal, gute Weine, bekannt für seine Steaks und Ribs. Mo–Fr 17–1 Uhr, Sa 14.30–1 Uhr, Amalienstr. 89, Tel. 089/20 06 17 18, www.redhot-muenchen.de

ÜBERNACHTEN

Hotel am Siegestor. Familiär geführte, nette Pension, günstig; wer auf ein eigenes Bad verzichtet, kann zu Schnäppchenpreisen hier nächtigen. Akademiestr. 5, Tel. 089/39 95 50, www.siegestor.com

VERANSTALTUNGEN

Lyrik Kabinett. Liebhaber der Poesie wähnen sich hier in ihrem Dorado. Es finden regelmäßig Lesungen und Veranstaltungen zur internationalen Lyrik statt. Amalienstr. 83, Tel. 089/34 62 99, www.lyrik-kabinett.de

31 Im Westen Schwabings
Von Boheme zu Bio

Die schlechte Nachricht zuerst: Das legendäre Schwabing gibt es nicht mehr. Das Künstlerviertel mit Freigeistern, Exzentrikern, Salons und Kabaretts – passé. Die Hochburg rebellischer Studenten, Demonstrationen, Schwabinger Krawalle – Schnee von gestern. Die einst berühmte Leopoldstraße, wo allabendlich Künstler ihre Werke ausstellten – langweilige Einkaufsmeile mit genormten Kettenläden.

Die gute Nachricht: Schwabing lebt und ist quicklebendig im 21. Jahrhundert angekommen. Lebendig und mächtig gewachsen: Die Verwaltungsreform von 1996 verdreifachte die Fläche des Stadtbezirks und vergrößerte ihn weit über seine historischen Grenzen hinaus. Die Immobilienmakler freuen sich. Nun dürfen sie das verkaufsfördernde Etikett »Schwabing« auch weniger attraktiven Quartieren anheften.

Die Bretter, die Schwabing bedeuteten

Der Mythos Schwabing, »eine geistige Insel in der großen Welt«, wie Kandinsky sagte, hat sich nie um Grenzen gekümmert. Die Universität und die Akademie liegen in der Maxvorstadt, ebenso wie die Türkenstraße, Adresse der beiden berühmten »Schwabinger« Kabaretts: der 1901 von Frank Wedekind und Otto Falckenberg gegründeten »Elf Scharfrichter« und des »Alten Simpl«.

Der »Alte Simpl« wurde 1903 von Kathi Kobus eröffnet. Die resolute Kellnerin vom Land führte ihn fast 20 Jahre lang, sie war die Seele des Lokals,

Oben: Im Westen Schwabings blieben grandiose Jugendstil-Gebäude erhalten wie das Riesshaus in der Ainmillerstraße 22.
Unten: Nach Herzenslust stöbern – in der »Kunst Oase Wambsganss« in der Hohenzollernstraße.

Im Westen Schwabings

Dominant am Elisabethplatz: das Schulgebäude

mit einem Händchen für Talente und ausreichend Geschäftssinn ausgestattet, um ihr Überleben und das der Brettl-Bühne zu gewährleisten. Zwei Schoppen Wein und eine Mark in bar bekam ihr Hausdichter Joachim Ringelnatz dafür, dass er zweimal vier bis fünf Gedichte aufsagte, die anderen konsumierten und traten umsonst auf. Die Kluft zwischen Darbietern und Zuschauern war aufgehoben im Simpl, jeder Künstler, der etwas vortragen wollte, sprang auf die klitzekleine Bühne und wurde nach seinem Auftritt wieder Teil des Publikums. »Wo mit Mandolinenklängen / Sich verwebt der Weißwurst Dampf, / Lausch ich fröhlichen Gesängen/ Und dem Mords-Klaviergestampf«, dichtete Ringelnatz.

»Tanzen, Scherzen, Rezitieren« – alles, was damals in der Münchner Kunstszene Rang und Namen hatte, landete nachts bei der Kathi: Die Mitarbeiter der satirischen Zeitschrift *Simplicissimus*, u.a. Olaf Gulbransson (s. S. 250), Th. Th. Heine, Ludwig Thoma, Otto Julius Bierbaum. Maler, Schauspieler, Dichter, Künstler auf der Durchreise – Isadora Duncan, Klabund, Erich Mühsam, Johannes R. Becher, Emmy Hennings … Namen, die heute Legende sind.

BAUEN FÜR DIE BILDUNG

Prächtige Schulgebäude wie das am Elisabethplatz setzen in vielen Stadtvierteln Akzente. Sie entstanden um die Wende vom 19. zum 20. Jahrhundert, als der Reformpädagoge Georg Kerschensteiner von 1895 bis 1919 Stadtschulrat war. Geprägt von der Idee der Arbeitsschule, die Hand und Geist vereint – oder, modern ausgedrückt, praxisorientierten Unterricht bietet –, ließ er alle neuen Schulhäuser mit Turnhallen, Brausebädern, Schulküchen und Werkstätten für Holz- und Metallarbeiten ausstatten. Die Gebäude sollten nicht nur innen höchste Ansprüche erfüllen mit dem Bau wurden namhafte Architekten beauftragt, sodass man manche Schule für ein Museum oder einen Regierungsbau halten könnte. Kerschensteiners besondere Leistung ist die Reform des Berufsschulwesens. Er führte das duale System ein, also die Ausbildung an zwei Lernorten: der Schule und dem Betrieb. Diese Verzahnung von Praxis und Theorie wurde nicht nur in ganz Deutschland übernommen, sie fand auch im Ausland Nachahmer.

Schach am Alten Nördlichen Friedhof

Beste Wohnlage Westschwabing

Der Aufstieg Schwabings zum Künstlerviertel begann mit dem Umzug der Akademie (s. S. 170) von der Neuhauser Straße ans Siegestor. Im 1890 eingemeindeten Schwabing (s. S. 179) – von den Stadtplanern großzügig parzelliert, durch Plätze strukturiert und mit breiten, teils als Alleen angelegten Straßen versehen – entstanden nun prächtige Bauten im Stil der Gründerzeit und des Jugendstils, von denen sehr viele noch erhalten sind. Die Altbauwohnungen sind heute begehrte Objekte – wenn man durch das Karree zwischen Georgen- und Hohenzollernstraße, Leopold- und Schleißheimer Straße spaziert, wird erlebbar, was den Reiz Westschwabings ausmacht: Stille, aber keine Friedhofsruhe, Geschäfte, Restaurants, Kneipen, freundliches, nachbarschaftliches Miteinander in gepflegter Umgebung. Weniger Ruhe herrscht an der Nordend-/Belgradstraße, die als geschäftige Hauptschlagader in Nord-Süd-Richtung verläuft.

Der Elisabethplatz

Gaststätte, Marktstände, Brunnen, Grünfläche mit alten Bäumen – fehlt nur noch die Kirche, um den Platz zu einem veritablen Dorfzentrum zu machen. Optisch vermisst man sie nicht, es gibt ein dominantes Gebäude aus dem Jahr 1901, das den architektonischen Akzent setzt mit Giebeln, figuralem Schmuck, imposantem Uhrturm. Theodor Fischer, bekannter Architekt, Stadtplaner und Hochschullehrer, hat einige Schulhäuser in der Stadt errichtet, im Bildungsbereich tat sich Anfang des 20. Jahrhunderts Bahnbrechendes in München (s. S. 173), und das sollten auch die Lehrgebäude widerspiegeln. Ebenfalls ein Beispiel aus dieser Zeit: das Gisela-Gymnasium Ecke Arcis-/Agnesstraße.

Oben: Manfred Wambsganss, der Herr im Reich der Antiquitäten, die er auf einer Fläche von 300 Quadratmetern präsentiert.
Unten: Auch in Schwabing ist heute »open«, was früher »offen« war.

Rundgang

A Elisabethplatz – Der Elisabethmarkt bietet Grünes und Spezialitäten aus aller Welt.

B »Agnes 9«. In der Nachbarschaftskneipe verwöhnt der Wirt seine Gäste mit norddeutschen Spezialitäten: Labskaus und Matjes von Gosch.

C Römerstraße. Die Straße mit historischer Bausubstanz (um 1900) vermittelt einen Eindruck, wie es war, als hier die Boheme lebte. In Hausnummer 16 residierte der Dichter Karl Wolfskehl.

D Ainmillerstraße 20 und 22. Der Entwurf für die Fassade von 22 stammt von Henry Helbig und Ernst Haiger (1898), Nr. 20 wurde um 1900 erbaut.

E Franz-Joseph-Straße. Zwischen Leopoldstraße und Habsburger Platz stehen eine ganze Reihe sehenswerter Bauten (1890–1905).

F Friedrichstraße 1 und 4. Im Haus Friedrichstr. 1 lebte von 1901 bis 1904 der Maler Wassily Kandinsky, sein Freund Franz Marc wohnte von 1907 bis 1908 in der Nummer 4.

G Kaiserstraße, Villenreihe. Die symmetrischen, dreigeschossigen Backsteinbauten im Neurenaissancestil wirken »very british« mit ihren Balkonen und Giebeln (Kaiserstr. 4–12, Josef Vasek, 1884). In der Kaiserstr. 46 lebte 1900/01 illegal ein Mann, der sich Herr Meier nannte. In München nahm er den Namen Lenin an.

H Destouchesstraße. Alte Reihenhäuschen mit begrünten Vorgärten, Mietshäuser rund um riesige Innenhöfe – in diesen Häusern (1890–1928) möchte man wohnen! Unbedingt einen Blick in die Löwithstraße werfen – auch da lässt es sich leben.

I »Wirtschaftswunderbar«. Café und Bar, die eine Reise in die 50er-Jahre erlaubt – das gesamte Inventar stammt aus der Zeit des Wirtschaftswunders.

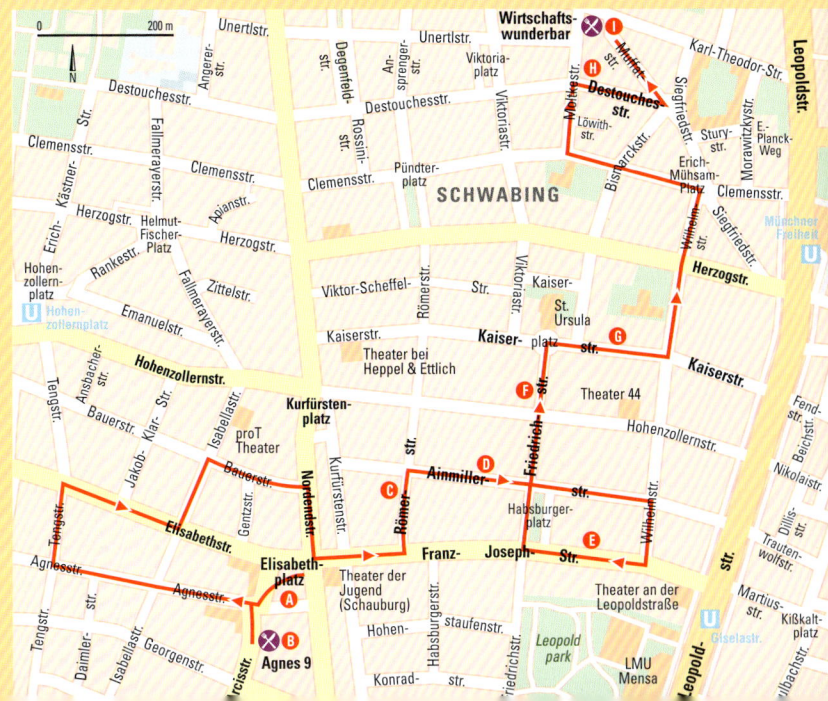

AUTORENTIPP!

DAS KLEINE SPIEL

München 1945. Große Teile Schwabings sind zerstört, oft zufällig finden Menschen wieder zusammen, die glücklich sind, überlebt zu haben. So auch die Freunde von Peter Auzinger, mit denen er schon als Kind Marionettentheater gespielt hatte. Das Verlangen nach Normalität, nach Kunst als »Schönem und Gutem« ist groß. Und so beschließen die Freunde, die unbeschädigt gebliebenen Figuren wieder zum Leben zu erwecken. Schon im August 1945 wird Lope de Vegas *Schlaue Susanne* in einer Ruine in der Georgenstraße aufgeführt. 1946 bezieht das »Kleine Spiel« eine stark beschädigte Atelierwohnung in der Ainmillerstraße. Bei den Umbauarbeiten verunglückt Auzinger tödlich. Die Freunde wollen in seinem Sinn weitermachen.

Es gibt das »Kleine Spiel« noch immer. Das Programm ist anspruchsvoll: Eich, Brecht, Dorst, Shakespeare etc. Noch immer sind die Sprecher, Figurenführer, Puppenmacher … Laien, noch immer ist der Eintritt frei. Aber der Zylinder nimmt Spenden entgegen.

Kleines Spiel. Do 20 Uhr, keine Reservierung, Neureutherstr. 12, Eingang Arcisstr., Tel. 089/272 33 64, www.kleinesspiel.de

Der Münchner im Himmel – Graffiti am Elisabethmarkt

An die Jugend wendet sich auch »Die Schauburg«, eines der renommiertesten Kinder- und Jugendtheater Deutschlands. In den wilden 1960er-Jahren, die mit den sogenannten Schwabinger Krawallen begannen – tagelang prügelten sich damals Polizisten mit Jugendlichen, die es gewagt hatten, auf der Leopoldstraße öffentlich Gitarre zu spielen –, war in dem Gebäude die berühmte Disco »Blow Up« untergebracht. Hier traten u. a. Jimy Hendrix und Pink Floyd auf, Hippies, Anarchos und andere, deren sexuelle Freizügigkeit und politische Einstellung dem braven Bürger den Schlaf raubten, schlugen sich hier die Nächte um die Ohren.

Doch, wie gesagt, dieses Schwabing gibt es nicht mehr. Die heutigen Bewohner suchen und finden anderes am Elisabethplatz: den Plausch mit den Nachbarn und den Marktleuten, die ihre Kunden persönlich kennen. Dutzende Käsesorten zur Auswahl, kalt gepresste Öle, Fleisch und Fisch, hohe Qualität, Öko, Bio …, kurz alles, was das Leben im 21. Jahrhundert lebenswert macht.

Infos und Adressen

ESSEN UND TRINKEN

Agnes 9. Mo–So 17–24 Uhr, Agnesstr. 9, Tel. 089/271 19 95

Alter Simpl. Szenelokal der Münchner Boheme. Mo–Fr 11–3 Uhr, Sa, So 11–4 Uhr, Türkenstr. 57, Tel. 089/272 30 83, www.eggerlokale.de

Georgenhof. Gehobene bayerische Küche zu nicht überteuerten Preisen, angenehme Atmosphäre, schöne Terrasse. Mo–So 8–1 Uhr, Georgenstr. 1, Tel. 089/34 07 76 91, www.georgenhof-muenchen.de

Elisabethmarkt. Die kleine Wirtschaft »Wintergarten« mit den Tischen im Freien ist ein schönes Fleckchen, um ein Bier zu trinken. Den Imbiss genießt man besser an einem der Marktstände. Bei »Sancho Panza« kann man unter wunderbaren Tapas wählen, der Wein ist ebenfalls empfehlenswert. »Susa« ist mit zwei Ständen vertreten, der eine führt köstliche Kuchen, der andere ebenso ausgezeichnete Suppen. Und beim Metzger Weil gibt's Semmeln mit Leberkäs oder – besonders gut – Krustenbraten. Zivile Preise. Marktöffnungszeiten Mo–Sa 9.30–18 Uhr

Kaisergarten. Seit über 100 Jahren gibt es dieses Wirtshaus mit dem herrlichen Gastgarten, in dem Kastanien Schatten spenden. Gehobene bayerische Küche. Mo–So 10–1 Uhr, Kaiserstr. 34, Tel. 089/34 02 02 03, www.kaisergarten.com

WirtschaftsWunderBar–im Stil der 1950er-Jahre.

Die Schauburg, Theater für Kinder und Jugendliche

WirtschaftsWunderBar. Mo–Fr 11–22.30 Uhr, Sa 11.30–22 Uhr, Karl-Theodor-Str. 31 a, Tel. 089/38 98 91 27, www.wirtschaftswunder bar.com

ÜBERNACHTEN

H'Otello H'09. Modernes Kettenhotel mit bewährten Standards, verkehrsgünstig nahe der Leopoldstraße gelegen, im unteren mittleren Preissegment, im 6. Stock Suiten mit Dachterrasse. Hohenzollernstr. 9, Tel. 089/45 83 12 00

Pension am Kaiserplatz. Familienbetrieb, die zehn Zimmer sind einfach und freundlich ausgestattet, Frühstück kann man im Zimmer genießen. Die Räume mit Gemeinschaftsbad sind sehr preiswert, auch die anderen sind für München günstig. Herrliche Lage! Kaiserplatz 12, Tel. 089/34 91 90, www.amkaiserplatz.de

EINKAUFEN

Kunst Oase Wambsganss. Eine Schatzkammer: Spiegel, antike Lüster, Möbel, Rahmen, Gemälde – und auch Nippes, der ins Reisegepäck passt. Mo–Fr 9–19.30 Uhr, Sa 9–18 Uhr, Hohenzollernstr. 58, www.kunstoase.com

VERANSTALTUNGEN

Schauburg. Das »Theater der Jugend« ist die beste Adresse für anspruchsvolle und unterhaltsame Aufführungen für Kinder und Jugendliche. Franz-Joseph-Str. 47, Tel. 089/23 33 71 55, www.schauburg.net

32 Altschwabing
Von »Ja«-Sagern und Walkern

Wer hätte das gedacht: Die Münchner Freiheit hat einen Preis erhalten. Dieser gesichtslose, in den 1970er-Jahren zubetonierte Verkehrsknotenpunkt. Allerdings: Der »Local Rail Award« von 2012 zeichnet nicht die äußeren, sondern die inneren Werte des Platzes aus. Die Neugestaltung der U-Bahn-Haltestelle wurde prämiert, das Licht- und Farbkonzept des Schwabinger Designers Ingo Maurer.

Gelbe Wände, blau illuminierte Säulen, 1900 Edelstahlbleche spiegeln die Bahnsteigebene – wenn man nach oben sieht, kommt man sich vor wie von Georg Baselitz kopfüber porträtiert. Derart farbgesättigt verlässt man den Bahnhof Richtung Feilitzschstraße. So wie sie hieß der Platz früher, der Name Münchener Freiheit stammt aus der Nachkriegszeit, er erinnert an die Widerstandsgruppe »Freiheitsaktion Bayern«, die sich kurz vor Kriegsende für eine gewaltlose Kapitulation einsetzte. Ende der 1990er-Jahre wurde die Freiheit

Oben: Münchner Freiheit, der neue Busbahnhof – wieder mal »umstrittene« moderne Architektur.
Unten: Früher grau, heute bunt: das U-Bahn-Untergeschoß, gestaltet von dem Schwabinger Künstler Ingo Maurer.

MAL EHRLICH

KLAGELIED EINER STRASSE

Ich war mal ein Boulevard, bunt, aufregend. Ich war DIE Leopoldstraße, man nannte meinen Namen in einem Zug mit den Flaniermeilen anderer großer Städte. Künstler stellten an meinen Flanken ihre Bilder aus, Menschen saßen in den Cafés – sehen und gesehen werden, das war ich, die Hauptschlagader Schwabings. Und heute? Kettenläden, Lokale, von denen keiner spricht – ich will keine Handys verkaufen, kein Sushi. Ich will meine Identität zurück! Rettet mich, Bürger, Stadtväter!

beschnitten: Das »e« müsse weg, befand die Bürgerversammlung und setzte sich durch. Die Frage, ob die Schwabinger keine anderen Sorgen haben, mag erlaubt sein ...

Dorado der Kleinkunst

Bereits 782 erwähnt, ist Schwabing erheblich älter als München. Damals lebte hier ein Svapo, wohl ein Schwabe. Das Zentrum des Dorfes lag etwa am Wedekindplatz, wo eine hübsche Brunnenfigur (Ferdinand Filler, 1959) an den Dramatiker, Kabarettisten und Lyriker Frank Wedekind (1864–1918) erinnert. Als hier noch der Kristallisationspunkt des Nachtlebens lag, bezeichneten verkaterte Studenten die barbusige Dame, die sich mit der Hand den Schädel hält, despektierlich als »Kopfschmerzweib«. Die Zeiten durchzechter Nächte sind vorbei, es gibt zwar immer noch einige Bars, aber Synonym für wilde Partys ist nicht mehr Schwabing, sondern das Gärtnerplatzviertel (s. S. 112).

Für Kabarett und Off-Theater ist die Gegend um den Wedekindplatz noch immer erste Adresse: Lustspielhaus, Heppel & Ettlich, Münchner Lach- und Schießgesellschaft, Rationaltheater, TamS-Theater – hier konzentriert sich die Kleinkunstszene, und auch ein Newcomer konnte sich mit originellem Konzept durchsetzen: Im »Vereinsheim« kann man trinken, Fußball schauen, regelmäßig finden Lesungen und Kabarettabende statt.

Kirche, Schloss, Villen

Die Straßen im alten Ortskern Schwabings verlaufen noch so, wie die Bauern sie einst trampelten. Deren Wege führten natürlich auch zu ihrem Gott, der noch heute sein Haus in dem alten Dorfkirchlein hat. Der untere Teil des Turms von St. Sylvester an der Biedersteiner Straße stammt

LACH- UND SCHIESS-GESELLSCHAFT

»12. Dezember 1956. Es ist Mitternacht. Die Premiere des ersten Programms der neugegründeten ‚Münchner Lach – und Schießgesellschaft' ist gnädig vorübergegangen. ... Ursula Herking war in großer Form. Klaus Havenstein und Hans-Jürgen Diedrich standen ihr wenig nach. Irene sitzt an der Bar und behandelt mich zartfühlend. ... Es beruhigt mich ein wenig, dass ich so gut wie gar nicht traurig bin. Gut, ich bin eben der Texter, den man mitspielen lässt.« Aus dem, der da auf der Bühne stand »und man hat ihn gar nicht gesehen«, wie er es selbst empfand, wurde einer der größten deutschen Kabarettisten: Dieter Hildebrandt. Durch Fernsehübertragungen wurde das von Sammy Drechsel geleitete Ensemble in ganz Deutschland berühmt, 1972 löste die Gruppe sich auf. Die nachfolgenden festen Ensembles erreichten nie ihre Größe, aber Gastauftritte von Kabarettisten erster Klasse sorgen für volles Haus.

Münchner Lach-und Schießgesellschaft. Ursulastr. 9, Tel. 089/ 39 19 97, www.lachundschiess.de

Frank Wedekind als Brunnenfigur

aus der Zeit um 1200, Mitte des 17. Jahrhunderts wurde der gotische Bau barockisiert, das Innere birgt einige interessante Plastiken.

Schwabing war nie eine Vorstadt Münchens, sondern eine eigenständige ländliche Siedlung und entsprechend Ort der Wahl für Adelige, die einen Landsitz errichten wollten. Wie Ignaz von Wilhelm, der sich 1718 von Johann Baptist Gunetzrhainer an der heutigen Werneckstraße ein Schloss bauen ließ. Eingedenk der vergnüglichen Zeit, die er mit Kurfürst Max Emanuel im Exil verbracht hatte (s. S. 216), nannte er es »Suresnes«, nach einem Château bei Versailles.

Der schönste Ort zum »Ja«-Sagen in München liegt in der Mandlstraße 14. Pärchen um Pärchen, hetero wie homo, tritt aus der alten Villa, Reiskörner fliegen, Sektkorken knallen, Tausende Fotos zeigen junges Glück vor klassizistischer Fassade. Die Fotos vom Juli 1976 sind schon etwas vergilbt. Damals feierte die »Aktion Nikolaiplatz« ihren Sieg – gegen Bodenspekulation, für soziale Stadtplanung. Die Proteste der Bürgerinitiative hatten bewirkt, dass der hübsche Nikolaiplatz und die 1905 von Emanuel Seidl errichtete Villa mit dem schönen alten Garten erhalten bleiben. Heute dient die Seidlvilla als Bürgerhaus.

Walking Man

Als Fortsetzung der Ludwigstraße führt die viel befahrene Leopoldstraße nach Norden. Fußgänger tun sich schwer, wenn sie die Seiten wechseln wollen, ohne Ampeln unmöglich. Nur einen scheint die Straße nicht zu bremsen, 17 Meter hoch und weiß leuchtet er vor dem Haupteingang der Munich Re, ganz aufs Gehen konzentriert. *Walking Man* heißt die Plastik von Jonathan Borofsky, die seit 1995 an der südlichen Leopoldstraße steht.

Oben: München beliebteste Adresse zum Heiraten: das Standesamt an der Mandlstraße
Mitte: Das grandiose Jugendstilgebäude von Martin Dülfer steht an der Münchner Freiheit (Leopoldstraße 77).

Infos und Adressen

SEHENSWÜRDIGKEITEN

Leopoldstraße 77. Das wunderschöne Jugendstilhaus an der Südwestseite der Münchner Freiheit wurde 1900 bis 1902 von Martin Dülfer errichtet. Davor steht eine Statue, die an die beliebte Volkssängerin Bally Prell erinnert.

ESSEN UND TRINKEN

Weinbauer. Seit 1861 gibt es dieses Wirtshaus, und es ist das Einzige in der Gegend, das sich gegen alle Moden wehrt und heute noch so ist, wie es Generationen von Studenten geliebt haben: Billig, gute Qualität, holzgetäfelte Wände, alte Lampen. Ein Ort zum Sitzenbleiben, Flirten, Diskutieren, ein zweites Zuhause. Mo–Fr 11.30–24 Uhr, Sa, So 17–24 Uhr, Fendstr. 5, Tel. 089/38 88 71 02, www.weinbauer-muenchen.de

Café Münchner Freiheit. Das schöne Café versöhnt mit der Betonwelt des Platzes. Hier sitzt man herrlich in der Sonne in Gesellschaft des bronzenen Helmut Fischer, der in der Kultserie »Monaco Franze« den »Stenz« spielte. Mo–So 6.30–20 Uhr, im Sommer bis 22 Uhr, Münchner Freiheit 20, www.muenchner-freiheit.de

Alles Wurscht. Kultimbiss, der früher an der Leopoldstraße war. In dem kleinen Häuschen mit Garten gibt es – so die Meinung vieler – die allerbeste Currywurst. Nikolaiplatz 3, Tel. 089/34 07 74 43

Prachtbauten Ecke Thieme-/Kaulbachstraße.

Der Walking Man an der südlichen Leopoldstraße

ÜBERNACHTEN

Das Nikolai Hotel. 25 Zimmer in einer alten Villa am hübschen Nikolaiplatz. Individuell, freundlich, vor ein paar Jahren renoviert. Im oberen bis mittleren Preissegment, aber sein Geld wert. Nikolaistr. 9, Tel. 089/33 06 67 23, www.nikolai-hotel.de

AUSGEHEN

Schwabinger 7. Das Original wurde abgerissen, aber in der neuen Kneipe geht's so zu wie in der alten: dunkel, laut, schmuddelig. Bürgermeister Ude nannte die »Schwasi« eine »Saufkneipe«, aber sie ist eine Institution mit leicht schrägem Stammpublikum. Die günstigen Bierpreise fördern den nächtlichen Absturz. Mo–Do 20–4 Uhr, Fr 20–5 Uhr, Sa 20–24 Uhr, Feilitzschstr. 15, www.schwabinger7.de

Schwabinger Podium. Seit 30 Jahren sitzt man hier wie im Wohnzimmer und hört entspannt Livemusik: Rock, Jazz, Dixie. So–Do 20–1 Uhr, Fr, Sa 20–3 Uhr, Wagnerstr. 1, Tel. 089/39 94 82, www.schwabinger-podium.de

ENGLISCHER GARTEN UND UMGEBUNG

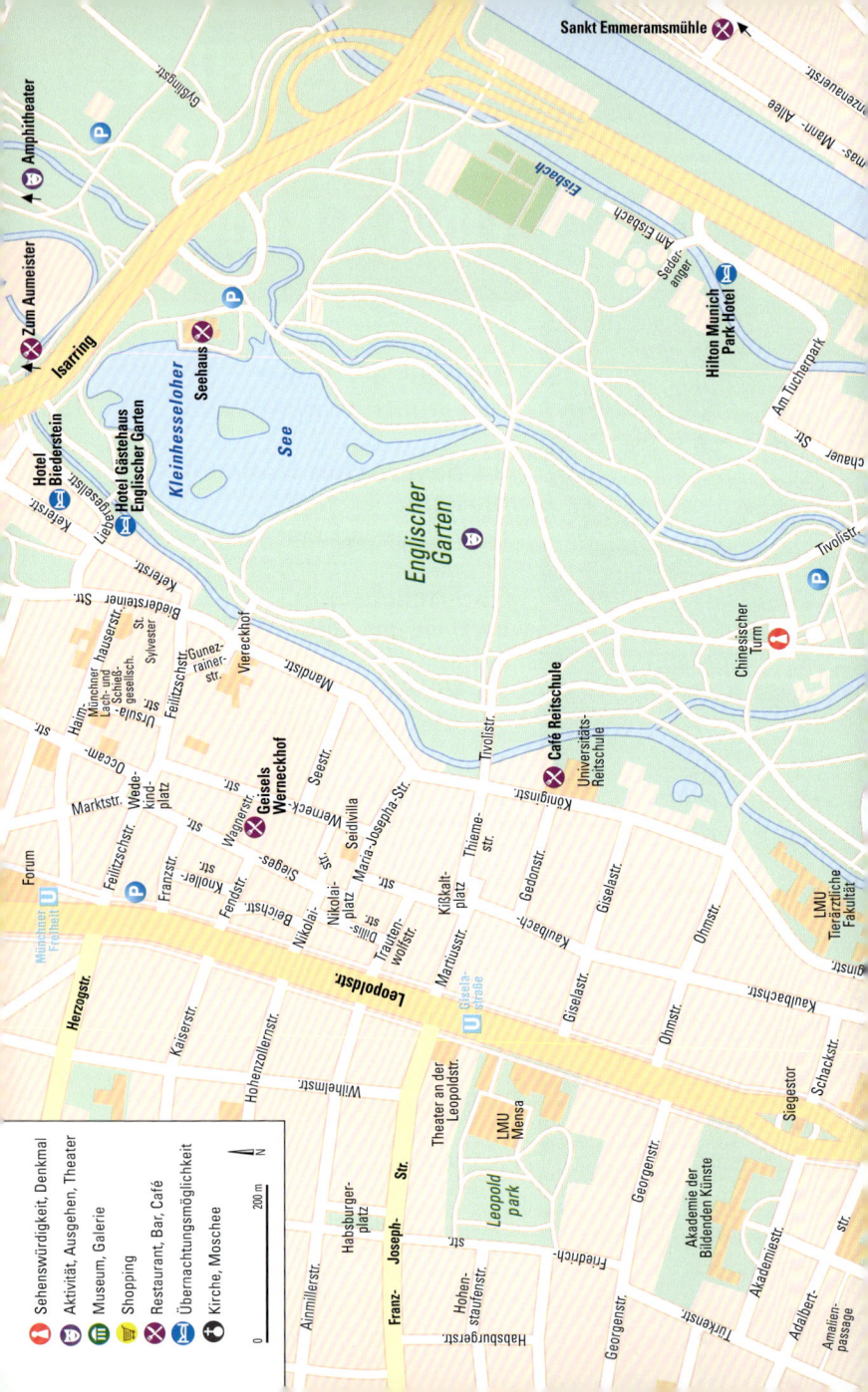

Sankt Emmeramsmühle ✖ ▶

▲ Amphitheater

▲ Zum Aumeister

✖ Isarring

Hilton Munich Park Hotel 🛈

Kleinhesseloher See

✖ Seehaus

Hotel Biederstein 🛈

Hotel Gästehaus Englischer Garten 🛈

Eisbach

Am Eisbach

Englischer Garten

Chinesischer Turm

Café Reitschule ✖

Universitäts-Reitschule

Geisels Werneckhof ✖

Seidlvilla

Forum

Münchner Freiheit Ⓤ

Marktstr.

Wedekind-platz

Gunez-rainer-str.

Viereckhof

Mandlstr.

Tivolistr.

Königinstr.

Leopoldstr.

Theater an der Leopoldstr.

LMU Mensa

LMU Tierärztliche Fakultät

Leopold park

Akademie der Bildenden Künste

Siegestor

Legend

⛔ Sehenswürdigkeit, Denkmal
🅿️ Aktivität, Ausgehen, Theater
🏛 Museum, Galerie
🛍 Shopping
✖ Restaurant, Bar, Café
🛈 Übernachtungsmöglichkeit
☪ Kirche, Moschee

N

0 ___ 200 m

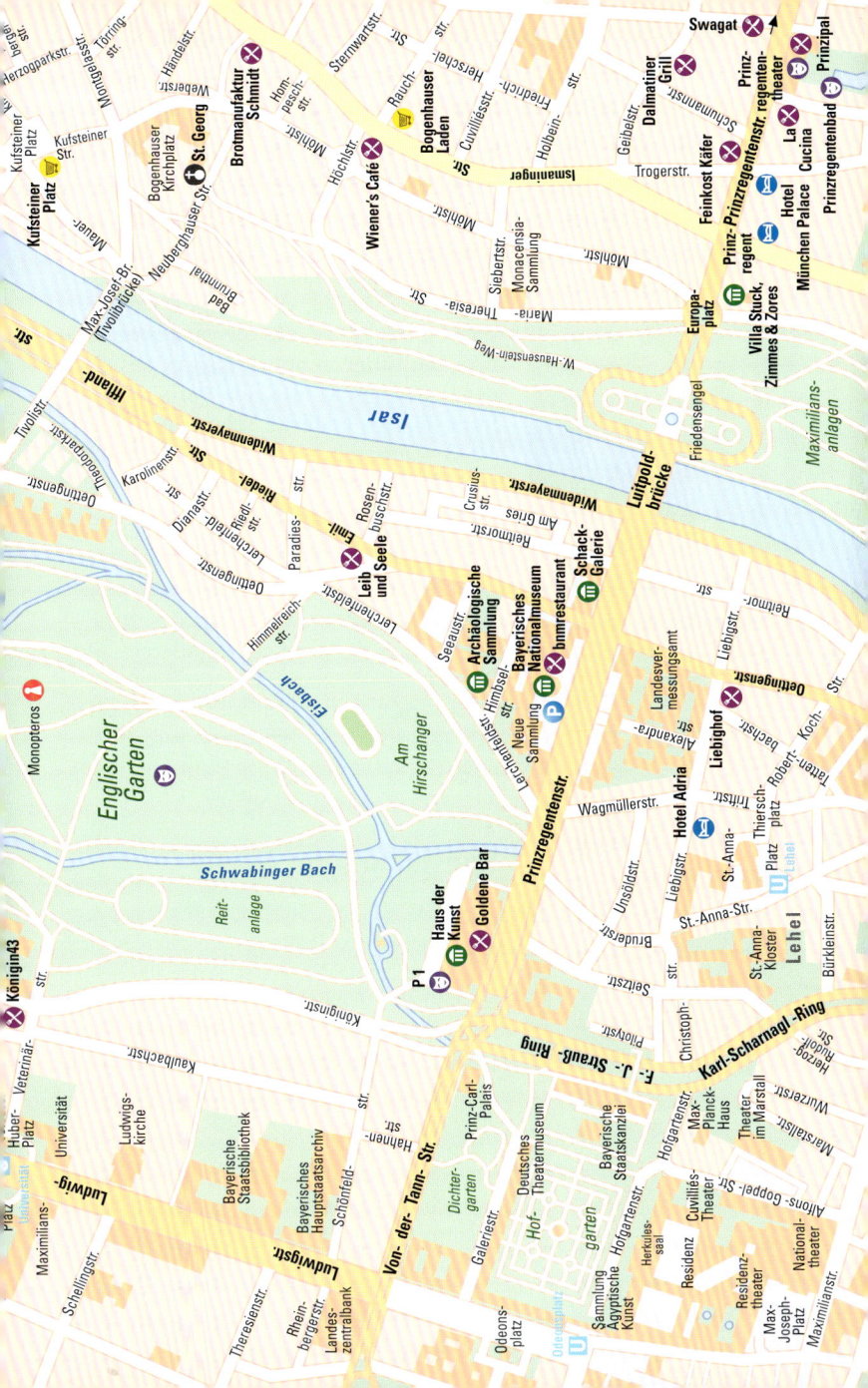

Swagat ✕ ↑

Prinzipal

Prinz-regententheater

Dalmatiner Grill

Prinz-regent

Feinkost Käfer

La Cucina

Prinzregentenbad

Brotmanufaktur Schmidt ✕

St. Georg ✕

Hompesch-str.

Sternwartstr.

Herschel-str.

Friedrich-str.

Holbein-str.

Cuvilliésstr.

Gebelestr.

Trogerstr.

Hotel München Palace

Wiener's Café ✕

Bogenhauser Laden

Höchlstr.

Möhlstr.

Ismaninger Str.

Siebertstr.

Monacensia-Sammlung

Theresiastr.

Maria-Theresia-Str.

Möhlstr.

Europaplatz

Villa Stuck, Zimmes & Zores

Kufsteiner Platz

Kufsteiner Str.

Bogenhauser Kirchplatz

Mauer-str.

Neuberghauser Str.

Bad Brunnthal

W.-Hausenstein-Weg

Friedensengel

Maximilians-anlagen

Max-Josef-Br. (Tivolibrücke)

str.

Ilfland-Str.

Tivolistr.

Theodorpark

Isar

Widenmayerstr.

Luitpoldbrücke

Oettingenst.

Karolinenstr.

Riedl-str.

Dianastr.

Leichtenfeldstr.

Oettingenstr.

Paradies-str.

Emil-

Rosen-buschstr.

Crusius-str.

Reitmorstr.

Am Gries

Schack-Galerie

Reitmorstr.

Oettingenstr.

Leib und Seele ✕

Archäologische Sammlung

Bayerisches Nationalmuseum

bhmrestaurant ✕

Landesver-messungsamt

Liebigstr.

Liebighof ✕

Himmelreich-str.

Himbeel-str.

Seeaust.

Leichtenfeldstr.

Neue Sammlung

Alexandra-str.

Trift-str.

Robert-Koch-str.

Tattenbachstr.

Englischer Garten

Eisbach

Am Hirschanger

Monopteros

Schwabinger Bach

Reit-anlage

Wagmüllerstr.

Prinzregentenstr.

Hotel Adria

Thierschplatz

St.-Anna-Str.

St.-Anna-Platz

Lehel

Bürkleinstr.

Königin43 ✕

Haus der Kunst

Goldene Bar ✕

P1 ✕

Königinstr.

Unsöldstr.

St.-Anna-Kloster

St.-Anna-Str.

Seitzstr.

Bruderstr.

Liebigstr.

Karl-Scharnagl-Ring

Herzog-Rudolf-Str.

Veterinär-str.

Huber-Platz

Universität

Ludwigskirche

Kaulbachstr.

Ludwig-str.

Prinz-Carl-Palais

F.-J.-Strauß-Ring

Pilotystr.

Christoph-str.

Max-Planck-Haus

Hofgartenstr.

Theater im Marstall

Marstallstr.

Wurzerstr.

Bayerische Staatsbibliothek

Bayerisches Hauptstaatsarchiv

Von-der-Tann-Str.

Hahnen-str.

Dichter-garten

Galeriestr.

Deutsches Theatermuseum

Hofgarten

Bayerische Staatskanzlei

Hofgraben

Alfons-Goppel-Str.

Cuvilliés-Theater

Maximiliansplatz

Maximilians-str.

Schellingstr.

Theresienstr.

Rhein-berger-str.

Landes-zentralbank

Schönfeldstr.

Herkules-saal

Residenz

Sammlung Ägyptische Kunst

Odeonsplatz

Max-Joseph-Platz

Residenztheater

Nationaltheater

Maximiliansstr.

33 Haus der Kunst
Einst deutsch, heute weltoffen

Säulenbewehrt, bombastisch, klotzig – kurz: potthässlich. 145 Meter lang stellt sich der Bau zwischen die Stadt und den Englischen Garten, viel zu breit, viel zu schwer. Das ist sie, die »germanische Tektonik«, die Hitler so gefiel, dass er das »Haus der Deutschen Kunst« zum Vorbild für Staatsbauten erklärte. Schon im Oktober 1933 wurde mit den Arbeiten begonnen.

Nach dem Brand des Glaspalasts 1931 sollte an derselben Stelle ein »Neuer Glaspalast« errichtet werden. Ein Architektenwettbewerb war bereits ausgeschrieben, aber dann wurde Hitler 1933 Reichskanzler, die Münchner NSDAP schrie »Sieg Heil« auf dem Königsplatz (s. S. 156) und, am 9. März rissen die Nazis im Rathaus die Macht an sich. Wettbewerb ade. Hitler bestimmte Ort und Architekten. Aus dem »Neuen Glaspalast« wurde das »Haus der Deutschen Kunst«.

Kunststadt, die Zweite

Seit König Ludwig I. die Stadt in den Stand der Kunststadt erhoben hatte, sonnte sich München im Glanze dieses Prädikats. Tausende von Künstlern strömten in die Isarmetropole, die nicht immer kreativ, wohl aber reproduktiv und imitierend tätig waren. Dass schon die Münchner Sezession 1892 nichts wirklich Neues gebracht hatte und bedeutende Künstler München den Rücken kehrten, drang nur langsam ins öffentliche Bewusstsein. 1901 verließ Max Slevogt die Stadt, ein Jahr später Lovis Corinth, beide Maler gingen in die Reichshauptstadt Berlin, die München in den 1920er-Jahren immer mehr den Rang ablief. Die aus dem

S. 182/183: Der Monopteros im Englischen Garten wurde von Leo von Klenze entworfen.
Oben: Das Haus der Kunst wendet der Stadt seine Säulenfront zu.
Unten: In dem Museum finden Ausstellungen zeitgenössischer Künstler statt.

Haus der Kunst

Identitätsverlust resultierende Verunsicherung der Menschen griff Hitler geschickt auf. Schon im Jahr 1933 erklärte er München zur »Hauptstadt der Deutschen Kunst«. Zur Grundsteinlegung des Museums im Oktober 1933 bot Hitler den Münchnern einen Kostümumzug, der den Vergleich mit denen des 19. Jahrhunderts nicht zu scheuen brauchte: 3500 Mitwirkende, unter ihnen 450 Reiter, deutsche Männer, Frauen und Kinder, teils gewandet wie Wikinger, teils als Träger großer Nachbildungen von deutschen Bauwerken und Plastiken.

Deutsche vs. entartete Kunst

Als im »Haus der Deutschen Kunst« 1937 die erste Ausstellung gezeigt wurde – deutsche Blut-und-Boden-Malerei –, fand parallel in den Hofgartenarkaden die Schau »Entartete Kunst« statt. In einem Raubzug durch die Museen hatten die Nazis alles zusammengetragen, was Rang und Namen in der modernen Kunst hatte: Corinth, Marc, Kandinsky, Klee, Beckmann ... Parolen wie »Deutscher Bauer jüdisch gesehen« an den Wänden kommentierten die Werke. Zeitzeugen berichten, dass viele Besucher der Ausstellung keineswegs mit Hitler sympathisierten. Sie kamen, weil sie ahnten, dass dies die letzte Gelegenheit sein würde, diese Kunstwerke zu sehen.

Ausstellungen heute

Das Haus der Kunst zeigt in Wechselausstellungen überwiegend Werke zeitgenössischer Künstler aus aller Welt. Seit 2003 wurde die Ehrenhalle, in der sich die NS-Führungsriege anlässlich der alljährlichen »Großen Deutschen Kunstausstellungen« versammelte, einem »kritischen Rückbau« unterzogen. Heute dient sie als Ausstellungsfläche und Experimentierfeld für Künstler wie Nic Hess, Yayoi Kusama, Christoph Schlingensief, Ai Weiwei.

Infos und Adressen

SEHENSWÜRDIGKEITEN
Haus der Kunst. Im ehemaligen Luftschutzkeller finden halbjährlich wechselnde Ausstellungen zu Film- und Medienkunst der Sammlung Goetz statt. Mo–So 10–20 Uhr, Do 10–22 Uhr; Sammlung Goetz: Fr–So 10–20 Uhr. Prinzregentenstr. 1, Tel. 089/21 12 71 13, www.haus derkunst.de, Tram 17, Bus 100

ESSEN UND TRINKEN
Goldene Bar im Haus der Kunst. Herrliches Ambiente, drinnen sind die Wände mit alten Landkarten bemalt, draußen blickt man in den Englischen Garten. Täglich wechselnde Mittags- und Abendkarte, und Bartender Klaus Stephan Rainer ist »Mixologe des Jahres 2012«. Prinzregentenstr. 1, Tel. 089/54 80 47 77, www.goldene bar.de

Liebighof. Uriges Lokal, gute bayerische Küche zu günstigen Preisen, im Sommer kann man draußen sitzen. Reservieren empfohlen. Liebigstr. 14, Tel. 089/29 54 05, www.liebighof.de

ÜBERNACHTEN
Hotel Adria. Einen Designerpreis gewinnt das 3-Sterne-Hotel nicht, aber die Zimmer sind zweckmäßig und der Preis okay. Raucheretage, Zimmer zum Innenhof absolut ruhig. Liebigstr. 8a, Tel. 089/242 11 70, www.adria-muenchen.de

AUSGEHEN
P 1. Die legendäre Nobeldisco für die Schönen, die Reichen, die Promis. 3-D-Soundsystem und kreativ mit Baumstämmen gestaltete Herren-WCs. Sehr teuer, sehr strenge Türsteher. Prinzregentenstr. 1, Tel. 089/29 42 52, www.p1-club.de

34 Bayerisches Nationalmuseum
Keine Mogelpackung

Von außen wirkt der ausgedehnte Museumskomplex, als habe ihn ein spielendes Kind errichtet. Ein Riesenkind, das einen Riesenbaukasten zum Geburtstag bekam. Da fand es Gebäude aller Stilrichtungen, und das Kind nahm die Häuser heraus und setzte sie nebeneinander. So könnte es gewesen sein, aber die Riesen waren 1894 ausgestorben. Nicht kindliche Spielfreude war am Werk, sondern ein Gestalter mit Konzept.

Der Schöpfer dieses Monumentalbaus hieß damals noch Gabriel Seidl, das Prädikat »von« erhielt er erst 1900. Sein inhaltliches Konzept lässt sich so umreißen: Die Außenwelt vermittelt, was die Innenwelt birgt. Dieser Logik folgt die Gesamtkomposition, in den Flügeln des Museums werden Werke der Romanik, der Renaissance, des frühen

Oben: Das Nationalmuseum wurde im Krieg zerstört und leider nicht ganz originalgetreu wiederaufgebaut.
Unten: *Die Heilige Sippe* (Detail) von Daniel Mauch (ca. 1510–1515)

MAL EHRLICH

KEIN GELD FÜRS CHRISTKIND

Wenn man fragt, warum die Krippensammlung nicht zugänglich sei, fällt das Wort »Personalmangel«. Und das heißt: kein Geld. Gut, der Freistaat muss sparen, und an der Kultur wird gern gespart. Aber diese Sammlung ist immerhin weltweit einzigartig, und es ist nicht einzusehen, warum sie nur von Ende Oktober bis Ostern zu besichtigen ist. Schließlich kommen die meisten Gäste im Sommer nach München, und die bringen viel Geld in die Stadt. Geld, das auch die Kassen des Museums füllen könnte, wenn es seine Hauptattraktion im Sommer nicht schamhaft verbergen würde …

Bayerisches Nationalmuseum

Das Sandtner-Modell zeigt die Stadt im 16. Jahrhundert.

Barock und aus dem Spätbarock/Rokoko gezeigt. Die Fassaden sind im Stil der jeweiligen Epoche gestaltet, jeder Bauteil präsentiert sich als Zeitzeuge – keine Stilmischungen, keine Übergänge.

Nicht allen gefiel das. So kritisierte der Ingenieur Karl Müller (s. S. 122), dass man »aus einem Gebäude, welches einem gewissen Zwecke zu dienen hat, immer ein ganzes Landschaftsbild zu machen bestrebt ist, wodurch der eigentliche Charakter des Gebäudes total verloren geht. Wer wird aus dem Seidl'schen Projekt zum neuen National-Museum, welches … aus einer Gruppe von Häusern und Häuschen p.p. besteht, ein Museum erkennen wollen?«

Paläste aller Art

Gabriel Seidl (1848–1913) focht diese Kritik nicht an. Er war ein viel beschäftiger Mann, anerkannt und wohlhabend, und schuf zahlreiche private wie öffentliche Bauten, die noch heute das Stadtbild prägen. Seine Zeitgenossen hielten ihn für den »münchnerischsten« der Architekten. Vielleicht auch, weil er ein Problem gelöst hatte, das die Münchner aller Schichten im ausgehenden

AUTORENTIPP!

SONNTAGS FÜR EINEN EURO
Als Landeshauptstadt genießt München Privilegien, worüber andere bayerische Großstädte, wie zum Beispiel Nürnberg, gar nicht glücklich sind. Sie ärgern sich darüber, dass die großen Museumsprojekte immer in München realisiert werden. Die Münchnerinnen und Münchner profitieren davon: Sowohl die Stadt als auch der Staat bereichern die Museumslandschaft.
Die Staatlichen Museen haben dabei eine Tradition aufrechterhalten, die auf König Ludwig I. zurückgeht. In seinem Sinne – Kunstgenuss für alle Münchner – waren die Staatlichen Museen bis vor einigen Jahren am Sonntag frei zugänglich, heute kostet der Eintritt einen Euro.
Diese Regelung gilt in folgenden Museen (nur für die permanenten Sammlungen, nicht für Sonderausstellungen): Alte Pinakothek, Neue Pinakothek, Pinakothek der Moderne, Museum Brandhorst, Schack-Galerie, Archäologische Staatssammlung, Bayerisches Nationalmuseum, Glyptothek, Staatliche Antikensammlung, Museum für Mensch und Natur, Staatliches Museum für Völkerkunde, Staatliche Münzsammlung, Staatliches Museum Ägyptischer Kunst.

Artelshofener Altar von Wolf Traut

Oben: Ritterrüstung aus dem frühen 16. Jahrhundert.
Mitte: Im Bayerischen Nationalmuseum sind auch Möbel und Zimmer zu sehen, die im Stil einer bestimmten Epoche eingerichtet sind.
Unten: *Der Hofnarr Mertl* von Hans Mielich (16. Jh.).

19. Jahrhundert beschäftigte: in welchem Ambiente das Bier zu genießen sei (s. S. 67). Damals entstanden Wirtshäuser, in denen mehrere Tausend Menschen Platz fanden, und es war Seidl, der mit dem Bau des Deutschen Hauses für die Spatenbrauerei 1879/80 die Bierpalast-Architektur entscheidend prägte und den Prototyp des gemütlichen Wirtshauses mit »altdeutschem« Flair schuf.

Paläste fürs Bier und die Malerfürsten Kaulbach und Lenbach (s. S. 162), Museen, Kirchen, Bürgerhäuser, Seidl spielte auf der gesamten Klaviatur. Und: Er war einer der ersten »Grünen«. Dass die Isar zwischen München und Bad Tölz unverbaut blieb, ist ihm und dem Isartalverein zu verdanken, den Seidl 1902 gründete. Im Künstlerhaus (s. S. 102), für das er ebenfalls als Architekt verantwortlich zeichnet.

Ein Muss: das Erdgeschoss

Das Bayerische Nationalmuseum ist eine wahre Schatztruhe. Ein weitläufiges Gebäude, in dessen Hallen und Zimmern man sich unweigerlich verliert, in dem man einen ganzen Tag verbringen kann, Informationen zur Geschichte des Landes lesend, grandiose Plastiken, Bilder, Tapisserien, Möbel, Volkskunst ... betrachtend. Hier wird sichtbar, welch immensen kulturellen Reichtum dieses Land hervorgebracht hat und wie viel – trotz Zerstörungen durch Kriege und die Säkularisation – erhalten blieb.

Das Museumsgebäude erlitt im Zweiten Weltkrieg Schäden (über das benachbarte »Haus der Deutschen Kunst« hatte Hitler Tarnnetze legen lassen!), aber im Erdgeschoss kann man sehen, wie Seidl das Konzept, das die Fassade vermittelt, im Inneren umgesetzt hat. Nicht nur sehen, durch die

Bayerisches Nationalmuseum

Räume zu schreiten, ist ein Erlebnis für alle Sinne. Mal tritt man auf knarrende Holzdielen, dann wieder auf Stein. Die Raumhöhen variieren, jede Decke ist anders und im Stil der Zeit gestaltet, aus der die Exponate stammen. Gotische Spitzbögen, Holzkassetten, jedes Türportal ein architektonisches Zitat, man tritt in Kirchenräume und Werkstätten. In der Halle, in der die Sandtner'schen Stadtmodelle ausgestellt sind, riecht es nach Wolle – wunderschöne Tapisserien aus Brüssel (Mitte des 16. Jahrhunderts) bedecken die Wände.

Unmöglich, alle Highlights aufzulisten, aber nicht nur Besuchern mit Kindern sei Saal 18 empfohlen. In dem gotisch ausgestatteten Raum sind Rüstungen zu sehen, und hier kann man aus nächster Nähe betrachten, was sich auf dem Glockenspiel im Rathausturm abspielt. Die Turnierritter des 16. und 17. Jahrhunderts und ihre Pferde können einem nur leidtun, wenn man sieht, was sie auf den Leibern tragen mussten.

Ebenfalls ein Highlight: Die Krippenausstellung im Untergeschoss, das Museum besitzt die künstlerisch wertvollste und umfangreichste Krippensammlung der Welt.

Einheit von Raum und Objekten: gotischer Kirchensaal

Infos und Adressen

SEHENSWÜRDIGKEITEN

Bayerisches Nationalmuseum. Di–So 10–17 Uhr, Do bis 20 Uhr. Prinzregentenstr. 3, Tel. 089/211 24 01, www.bayerisches-nationalmuseum.de, U 4/5, Tram 17, Bus 100

Sammlung Bollert. Die Privatsammlung des Berliners Gerhard Bollert gilt als eine der letzten großen deutschen Kunstsammlungen der Vorkriegszeit. Wunderschöne Skulpturen und Bildwerke aus Gotik und Renaissance, u. a. Tilman Riemenschneider, Niklaus Weckmann. Do–So 10–17 Uhr. Prinzregentenstr. 3, Tel. 089/211 24 01, www.bayerisches-nationalmuseum.de

Schack-Galerie. Als Sammler und Mäzen förderte Friedrich von Schack (1815–1894) vorwiegend deutsche zeitgenössische Künstler. Die Galerie zeigt Werke des 19. Jh., u. a. von Böcklin, Feuerbach, Spitzweg. Auch Lenbach arbeitete für Schack. Mi–So 10–18 Uhr, 1. und 3. Mi im Monat bis 20 Uhr, Prinzregentenstr. 9, Tel. 089/238 05-224, www.sammlungschack.de, Bus 100 Reitmorstraße

ESSEN UND TRINKEN

bnmrestaurant. Mehr als nur ein Museumscafé! Großzügige Räumlichkeiten mit modernem Design, Mittagsmenü, Kaffee und Kuchen, herrliche Terrasse. Abends wird's edel, die Küche ist ausgezeichnet, aber man muss lange vorher reservieren. Café Di–So 10–17 Uhr, Restaurant Di–Sa 12–14.30 und ab 18 Uhr, Prinzregentenstr. 3, Tel. 089/45 22 44 30, www.bnmrestaurant.de

35 Friedensengel
Blickfang und Aussichtspunkt

König Ludwig II. hatte ein Händchen für das, was man heute »Prime Location« nennt. Und wenn es nach ihm gegangen wäre, stünde auf dem Isarhochufer kein goldener Engel, sondern ein Festspielhaus. Pläne des Architekten Semper lagen schon vor, aber die Münchner spielten nicht mit. Und so sind sie selbst schuld, dass die Stadt keinen Grünen Hügel hat wie Bayreuth – und keine Semperoper!

Ludwig II. (1864–1886) war 18 Jahre alt, als er seinem Vater nachfolgte. Da brauchte er einen väterlichen Freund, und den fand er in Richard Wagner (1813–1883), dessen Musik Ludwig über alles schätzte. Der junge König bot dem von notorischen Geldnöten geplagten Komponisten eine repräsentative Bleibe in der Briennerstraße und versprach ihm die Errichtung eines Festspielhauses. Etwa dort, wo heute der Friedensengel steht. Wagner bezog das Palais 1864, 1865 fand die Uraufführung von *Tristan und Isolde* in München statt, damit aber war sein Gastspiel auch schon wieder beendet. Die Münchner Bürger, seit dem 16. Jahrhundert sukzessive aller Rechte beraubt, wollten sich nicht mehr vom Hof bevormunden lassen. Und für ein Opernhaus wollten sie auch nicht zahlen. Wagners Leben sei kostspielig und ausschweifend, legten sie in einer Petition mit 4000 Unterschriften dar. Wagner musste gehen.

Ludwig war beleidigt und zog sich ins Umland zurück, wo man ihn bauen ließ, was er wollte. München hat er gehasst. »Oft genug musste ich hören, wie schön es wäre, wenn man das verfluchte Nest an allen Ecken anzünden könnte«, berichtet Kabi-

Der Friedensengel bildet den optischen Abschluss der Prinzregentenstraße, die eigentlich als Verbindung von Grün zu Grün gedacht war – vom Englischen Garten zum Isarhochufer. Hitlers Deutsches Museum und die Erweiterung der Straße zerstörten dieses Ensemble.

Friedensengel

nettschef Friedrich von Ziegler. So weit wie Nero ging der umnachtete Ludwig freilich nicht, doch hinterließ er, dessen Name international als Synonym für bayerische Schlösser gilt, in seiner Residenzstadt keinen einzigen Bau.

Symbol des Friedens

Der Grundstein für das Denkmal mit Tempel, auf dem die 23 Meter hohe Säule steht, wurde 1896 gelegt. »Denk mal an den Frieden«, lautete die Botschaft, denn der währte immerhin schon 25 Jahre seit dem Krieg zwischen Deutschland und Frankreich 1870/71. Der Friedensengel und die Prinzregententerrasse mit Springbrunnen und doppelter Freitreppe bilden den optischen Abschluss der 1891 bis 1901 angelegten Prinzregentenstraße. Sie führt weiter nach Bogenhausen, aber man sollte sich von der Innenstadt und über die dazugehörende Luitpoldbrücke nähern. Wenn die Sonne scheint, strahlt die vergoldete Bronzefigur mit dem Olivenzweig vor dem blauen Himmel. Sechs Meter ist sie hoch, fünf Meter beträgt die Spannweite der hochgereckten Flügel, 3500 Kilogramm wiegend wirkt sie doch schwungvoll, leicht – jederzeit flugbereit, um den Frieden in jeden Winkel der Stadt zu tragen.

Trotz des großen Themas Krieg und Frieden ist hier ein Denkmal gelungen, das jeder Theatralik entbehrt. Nichts vom Pathos des damals beherrschenden Historismus: Tempel und Engel sind nach griechischem Vorbild gestaltet, die Mosaiken im Unterbau der Säule zeigen, dass eine neue Zeit angebrochen war: 1896 hatten Hermann Obrist, August Endell und Otto Eckmann in München den Jugendstil begründet.

Ludwig II. fand übrigens doch noch einen Platz: Sein Konterfei ziert einen Pfeiler in der Halle.

Infos und Adressen

SEHENSWÜRDIGKEITEN

Aussichtsterrasse. Von der Terrasse, die man über die Freitreppen erreicht, eröffnet sich ein herrlicher Blick auf die Stadt. Man kann auch aus östlicher Richtung zum Friedensengel gelangen, der Weg führt dabei von der Ismaniger Straße über den Europaplatz. Tram 17, Bus 100

ESSEN UND TRINKEN

Leib und Seele. Ein kurzer Spaziergang entlang der Widenmayerstraße (in nördlicher Richtung), dann biegt man links in die Rosenbuschstraße ab, und schon erreicht man das »Leib und Seele«. Hier kann man auch draußen sitzen, allerdings umtost von Verkehrslärm. Innen ist es ruhiger, die Wirtschaft ist angenehm schlicht ausgestattet – Holztische, Holzwände, die Küche gutbürgerlich (gute Schnitzel!), die Preise zivil. Frühstück gibt es bis 15 Uhr. 9–1 Uhr, Oettingenstr. 36, Tel. 089/21 02 88 99, www.restaurant-leibundseele.de

VERANSTALTUNGEN

Friedensengelfest. Jeden Sommer Mitte Juli findet auf der Prinzregententerrasse (unterhalb des Friedensengels) das Friedensengelfest statt. Rund um den Springbrunnen stehen dann Biertische unter Sonnenschirmen, es gibt Livemusik und alles im Angebot, was man fürs leibliche Wohl braucht.

Silvester. Am 31. Dezember treffen sich viele Münchnerinnen und Münchner zu Füßen des Friedensengels, um das Feuerwerk zu sehen und auf ein friedliches neues Jahr zu trinken. Sekt mitbringen, leere Flasche wieder mitnehmen!

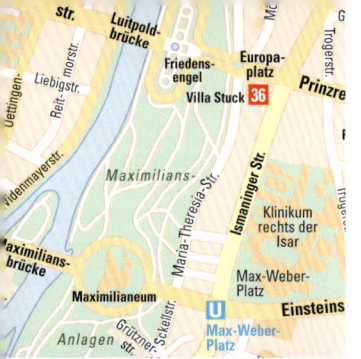

36 Villa Stuck
Wohnhaus und Museum

Es scheint, als rufe der Genius Loci dieses Areals am östlichen Isarhochufer geradezu nach dem Gesamtkunstwerk. Richard Wagners Traum, hier ein Festspielhaus für seine Opern betreiben zu dürfen, blieb unerfüllt (s. S. 92). Als der Malerfürst Franz Stuck den Wunsch äußerte, an der Prinzregentenstraße ein Haus zu bauen, regte sich kein Protest. Der feine Unterschied war freilich: Stuck zahlte selbst.

»Franz Stuck, eigentlich bäurischer Herkunft, ein sehr erfolgreicher Maler mit seinen symbolischen Bildern ..., hatte sich nach seinen eigenen Plänen ein sehr schönes Haus in römischem Stil erbauen lassen, die Villa Stuck. Sogar das Mobiliar dazu hat er entworfen«, schrieb Katia Mann, die Frau des Schriftstellers Thomas Mann in *Meine ungeschriebenen Memoiren*. Sie hat das Wesentliche gesagt: Stuck, 1863 in Niederbayern geboren, entstammte einer Bauern- und Müllerfamilie. Er war immens erfolgreich. Und seine Villa ist ein Gesamtkunstwerk.

Begabt und ambitioniert

Schon 1882, nach der Veröffentlichung seiner Zeichnungen in *Allegorien und Embleme*, wurde die Kunstwelt auf den jungen Stuck aufmerksam. Ein Jahr später bot man ihm in Kaiserslautern eine Lehrtätigkeit an, doch Stuck lehnte ab. Er sah die amtierenden Malerfürsten (s. S. 162): Lenbach, der wie Stuck aus kleinen Verhältnissen kam und 1882 in den Adelsstand erhoben worden war, Kaulbach, einen der bestbezahlten Porträtmaler Deutschlands. Stuck wusste, was man als Maler in

Oben: Der kubische Bau ist streng gegliedert, vom Dach grüßen antike Gestalten: Herkules, Venus, Amazone und Ares.
Unten: Zwischen Klassik und Jugendstil bewegt sich die Formensprache Stucks, der jedes Detail in seiner Villa selbst gestaltete.

Villa Stuck

Beim Betreten der Villa blickt man Medusa ins Auge.

dieser Stadt verdienen konnte, wenn man in den richtigen Kreisen verkehrte und sich gut vermarktete. Kaiserslautern? Nein, München war das Pflaster für den gut aussehenden jungen Mann, dem auch noch die Herzen der Damen zuflogen.

Im Jahr 1889 kam der erste große finanzielle Erfolg: 60 000 Goldmark erhielt er für sein Bild *Wächter des Paradieses*. 1893 dann der Skandal, der sich wiederum positiv auf Ruhm und Rubel auswirkte: *Die Sünde* zeigt die biblische Eva mit nacktem Bauch und weißen Brüsten. Dichtes, schwarzes Haar dominiert die rechte Bildhälfte, erst auf den zweiten Blick ist der Schlangenkopf über Evas Brust zu entdecken. Erotisch, lasziv – das Bürgertum erschauderte und fühlte sich magisch angezogen.

Erotik für prüde Bürger

Die Sünde wurde in der ersten Ausstellung der Münchner Secession gezeigt. 1892 hatte sich eine Gruppe bildender Künstler von der Münchner Künstlergenossenschaft getrennt, deren Ausstellungspolitik die Jungen als zu konservativ kritisierten. Stuck gehörte zu den Gründungsmitglie-

dern der Secession und befand sich damit in Opposition zu Lenbach. Dieser musste sich vorsehen, denn der junge Stuck startete durch, wurde immer erfolgreicher und international bekannter und hatte mit seinen erotischen Themen eine Marktlücke entdeckt: Frauen, die mit kühler Überlegenheit die animalische Begierde der Männer wecken – das war nun im wahrsten Sinne des Wortes salonfähig.

Anders als Lenbach war Stuck der Moderne aufgeschlossen, er nutzte die Mittel, die die neuen Techniken boten, profilierte sich als Plakatkünstler, stieg ins Zeitschriftengeschäft ein, arbeitete für die Werbung, die damals noch in den Kinderschuhen steckte. Stuck bewegte sich in der neuen, durch die Industrialisierung beschleunigten Zeit wie ein Fisch im Wasser. Seine symbolistischen Bilder – eine repräsentative Auswahl ist im Museum zu sehen – versetzten dem Bürgertum wonnige Schauer, wirklich Neues schuf Stuck nicht. Und er fand so auch die Anerkennung der Traditionalisten: 1895 wurde er zum Professor der Akademie ernannt.

Oben: Die reitende und speerwerfende Amazone ist ebenfalls ein Werk von Stuck (1897).
Unten: Dunkles Holz, schummrige Beleuchtung – Detail aus der Bibliothek

Der Empfangssalon gilt als der prächtigste Raum.

Villa Stuck

Musiksalon – Stucks Frau war eine begabte Sängerin.

Gesamtkunstwerk Villa Stuck

Stuck war ein Meister der Vermarktung und Selbstinszenierung, und 1897 schuf er sich dafür den rechten Rahmen: die Villa Stuck. Pompejanisches Rot, schwere Holzdecken, der dunkle Empfangssalon, in dem Goldmosaiken blitzen, über dem Musiksaal der Sternenhimmel, im Obergeschoss das Atelier mit dem Künstleraltar, in dem – welche Blasphemie – *Die Sünde* ihren Platz gefunden hat. Stuck war Architekt, Innendekorateur, er hat alles in diesem Haus selbst entworfen, von den Türklinken bis zur Decke des Treppenaufgangs, die ein Jugendstilornament schmückt.

Über diese Treppe stieg sie hinauf, die Münchner Gesellschaft, wenn Stuck eines seiner berühmten Feste feierte. Er hatte erreicht, was er wollte: Malerfürst mit Residenz. Und den Adelstitel: Franz von Stuck. Als er 1928 zu Grabe getragen wurde, existierte die Monarchie nicht mehr, und die Zeit, in der solche Karrieren in München möglich waren, war endgültig zu Ende.

Infos und Adressen

SEHENSWÜRDIGKEITEN

Museum Villa Stuck. Di–So 11–18 Uhr, Prinzregentenstr. 60, Tel. 089/45 55 51-0, www.villastuck.de, Tram 16

ESSEN UND TRINKEN

Zimmes & Zores im Museum Villa Stuck. Man braucht keine Eintrittskarte fürs Museum, um das Museumscafé mit hübschem Garten zu besuchen. Gute Kuchen, Suppen, Sandwiches, kleine Gerichte. Prinzregentenstr. 60, Tel. 089/45 55 51-66, www.villastuck.de

La Cucina. Trattoria. Eleganter, aber nicht überteuerter Italiener mit schöner Terrasse. Je nach Saison wechselnde Gerichte, gute Pizza. 11.30–24 Uhr, Neherstr. 9, Tel. 089/47 19 83, www.lacucina-trattoria.eu

Dalmatiner Grill. Seit 20 Jahren im Familienbetrieb geführtes Restaurant, ausgezeichnete kroatische Küche. 11–15 und 17.30–23 Uhr, Geibelstr. 10, Tel. 089/470 44 15, www.dalmatiner-grill.de

ÜBERNACHTEN

Hotel München Palace. Parkett, Marmorbäder, Sauna, Dachterrasse, ein schöner Garten, kostenlose Leihräder – so ein 5-Sterne-Boutique-Hotel hat natürlich seinen Preis! Trogerstr. 21, Tel. 089/419 71-0, www.muenchenpalace.de

Prinzregent am Friedensengel. Münchner Flair, das heißt, viel Holz in den öffentlichen Räumen, rustikalmoderne Zimmer. Freundlich, Preissegment im oberen Mittel. Ismaninger Str. 42–44, Tel. 089/416 05-0, www.prinzregent.de

37 Prinzregententheater
Privatinitiative macht's möglich

Wagner lag schon 18 Jahre unter der Erde, Ludwig II. war nach seinem tragischen Tod 1886 zum vielgeliebten Märchenprinzen avanciert, als man 1901 das Prinzregententheater eröffnete. »Spät und in anderer Weise als der kunstsinnige königliche Gönner Richard Wagners, Ludwig II., ... es gedacht, hat sich der Plan, den Münchnern ein Bühnen-Festspielhaus zu geben verwirklicht«, kommentierte die Presse.

Spät und in anderer Weise – da waren die Münchner selbst schuld. Sie hatten Wagner aus der Stadt gejagt (s. S. 192), dessen Festspielhaus stand nun in Bayreuth, und dort wachte die Witwe. Und die zickte. Als die Münchner in den 1890er-Jahren meinten, sie hätten auch gern eine Spielstätte, um Wagners Opern adäquat aufzuführen, drohte Cosima Wagner mit dem Kadi, falls die vorliegenden Entwürfe verwendet würden. Aber dazu kam es nicht, weder der Hof noch die Kommune hatten Geld, um den Bau zu realisieren. Die nötigen Mittel brachten dann private Sponsoren auf, 1900 begannen die Bauarbeiten.

Demokratisches Theater

Der Architekt Max Littmann (1862–1931) sollte sich am Vorbild des Bayreuther Festspielhauses orientieren, war aber klug genug, keine Kopie anzufertigen. Backstein und Bombastik in Franken, eine sehr viel elegantere Fassade mit klassizistischen und Jugendstil-Elementen in München. Und das war gut so, denn Cosima musste ihr Plazet geben, und dieses kostete den Prinzregenten viel diplomatisches Geschick. Einzig im Innenraum folgte Litt-

Oben: Das Prinzregententheater wurde gebaut, um Wagners Opern aufzuführen, aber es durfte dem Festspielhaus in Bayreuth nicht gleichen.
Unten: Nur der Innenraum folgt dem Wagnerschen Konzept des »demokratischen Theaters«.

Prinzregententheater

mann dem Wagnerschen Konzept: amphitheatrali-
scher Zuschauerraum, keine Ränge, ein Bühnen-
graben mit Schalldeckel. Ein »demokratisches«
Theater, von allen Plätzen genießt man die hervorragende Akustik und den Blick auf die Bühne.

Das Theater, in Rekordzeit erbaut, wurde 1901 er-
öffnet. »Eine festliche Stimmung lag über denen,
die da zu Wagen oder Fuß hinauspilgerten, zu der
Höhe im Osten, auf der das neue Prinz-Regenten-
Theater sich erhebt«, schreiben die *Münchner
Neuesten Nachrichten* am 21. August des Jahres.

Baufällig, aber nicht abgerissen

Im Sommer fanden hier die Richard-Wagner-Fest-
spiele statt, 1919 bis 1944 wurde es vom Bayerischen Staatsschauspiel als Sprechtheater genutzt.
Und nach der Zerstörung des Nationaltheaters (s.
S. 71) diente es 1944 bis 1963 der Oper als Spielstätte. Als die wieder ein eigenes Haus hatte, wurde
das »Prinze« für baufällig erklärt und geschlossen.

Wieder war Privatinitiative gefragt, »Münchener,
helft dem Prinzregententheater« lautete der Slogan einer 1964 gegründeten Organisation. Und
die Münchner spendeten. Dass das »Prinze« renoviert wurde – das Innere dominiert eine Mischung
aus wunderschönem Jugendstil und Klassizismus –,
ist aber vor allem dem einstigen Intendanten August Everding zu verdanken: Mit seinen Beziehungen zur Landespolitik und einem klugen Marke-
tingkonzept schaffte er die Renovierung in zwei
Schritten und schuf die Basis dafür, dass sich das
Theater heute finanziell trägt und als eines der
schönsten Deutschlands gilt. Das »Prinze« hat kein
festes Ensemble; die prächtigen Räume, z. B. der
Gartensaal, dessen Decke Pflanzen- und Tier-
motive schmücken, werden für öffentliche und
private Veranstaltungen vermietet.

Infos und Adressen

SEHENSWÜRDIGKEITEN

Prinzregententheater. Es kann nicht
besichtigt werden, aber der Besuch
einer Aufführung lohnt sich: Opern,
Ballett, Konzerte – das Angebot ist
breit gefächert. Das »Prinze« ist Sitz
der Bayerischen Theaterakademie
August Everding, in der junge Leute
in einer Vielzahl von Theaterberufen
ausgebildet werden. Ihre Produktionen sind regelmäßig im Theater zu
sehen. Prinzregentenplatz 12,
Tel. 089/21 85 28 99, www.prinz
regententheater.de, U 4, Bus 53, 54

ESSEN UND TRINKEN

Prinzipal. Das elegante Theater-
restaurant öffnet zwei Stunden vor
den Vorstellungen. Prinzregentenplatz 12, Tel. 089/41 07 48 26,
www.schuhbeck.de

Feinkost Käfer. Bogenhausen ist ein
nobles Stadtviertel mit zahlungskräf-
tiger Bevölkerung. Und ebendiese
bedient Feinkost Käfer, der in einem
wahren Palast residiert. Delikatessen
aus aller Welt – darunter 350 Käsesorten – werden hier aufs Wunder-
barste präsentiert. Das Restaurant im
ersten Stock ist sehr gut, aber auch
teuer, im Bistro im Feinkostladen
sind die Preise ziviler. Gute Früh-
stückskarte. Prinzregentenstr. 73,
Tel. 089/41 68-0, www.feinkost-
kaefer.de

Swagat. Gute indische Küche wird
serviert in diesem Kellerlokal, in dem
es laut und fröhlich zugeht. Preislich
im mittleren Bereich gelegen.
11.30–14.30 und 17.30–1 Uhr,
Prinzregentenplatz 13,
Tel. 089/47 08 48 44,
www.swagat.de

38 Englischer Garten
Landschaftsdenkmal oder Bürgerpark?

Welche Millionenstadt kann das schon bieten? Rund eineinhalb Kilometer vom Stadtzentrum entfernt beginnt eine der größten innerstädtischen Parkanlagen der Welt. 20 Gehminuten sind das vom Marienplatz. Über die Theatinerstraße zum Odeonsplatz, durch den Hofgarten und eine Unterführung, und schon verschluckt das Rauschen des Bachs den Stadtlärm. Und da liegt sie, die grüne und bunte Welt des Englischen Gartens.

Denkmäler und Monumente, Zweck- und Zierbauten, Gaststätten mit Biergärten setzen die bunten Akzente im Grün. Und natürlich die Lebewesen. Über 50 Vogelarten brüten hier, Ross und Reiter steht ein Wegenetz von zwölf Kilometern zur Verfügung. Enten, Schwäne, Gänse, weidende Schafe im Norden. Und Hunde, die mitten in der Großstadt artgerecht spielen und toben können. Am

Oben: Blick über den Park auf die Kuppel des ehemaligen Armeemuseums, heute Teil der Staatskanzlei, und den Turm des Alten Peter.
Unten: Im Bootshaus am Kleinhesheloher See kann man *Schifferl* mieten.

MAL EHRLICH

DER KOCHERLBALL – EINST SO SCHÖN …

Der Brauch stammt aus dem 19. Jahrhundert. Da trafen sich die Dienstboten und Köchinnen jeden Sonntagmorgen vor der Arbeit am Chinaturm, wo der Tanzboden stand. 1989 wurde der »Kocherlball« wiederbelebt, und in der ersten Zeit war's wirklich schön: Man ging um 6 Uhr hin, traf nette Leute, tanzte, trank ein Bier. Einfach so. Was mal Brauch und dann Geheimtipp war, ist heute ein Event am dritten Sonntag im Juli. Monate im Voraus reservierte Tische, an denen alle sitzen, die durch die Klatschspalten wandern. Schön ist das nicht mehr.

buntesten treibt's natürlich der Mensch. In seiner Eigenschaft als Freizeitaktivist, Müll produzierender Konsument, Musikant, Sonnenanbeter mit textiler Bedeckung oder ohne.

Der Freistaat ruft zur Ordnung

Zu bunt sei dieses Treiben. Meinen der Hausherr, der Freistaat Bayern, und der Chef des Englischen Gartens. Schließlich sei der Park ein »Landschaftsdenkmal«. Und schließlich gebe es Verordnungen. Und die ließen nicht zu, dass die Menschen hier überall alles tun, was ihnen Spaß macht: Rad fahren, schwimmen, surfen, joggen, Bongos schlagen, Frisbees schwirren lassen, skaten und ihren Hunden leinenlos Freiheit geben.

Bis 2008 hatten die Ordnungshüter ein Problem: Juristisch gesehen ist der Englische Garten privates Gelände, der Staat musste also zivilrechtlich gegen die Sünder vorgehen, wenn er die Parkanlagenverordnung durchsetzen wollte. Daher erließ der Landtag 2008 ein Gesetz, das es ermöglicht, Bußgelder in staatlichen Parkanlagen zu verhängen. Da kam Freude auf beim Chef des Englischen Gartens! Nun konnte er endlich Sanktionen erheben. Hinter jedem Baum ein Polizist mit gezücktem Strafzettel, so dachte er sich das.

Aktion Bürgerpark

Nach der Gesetzesänderung schlugen die Wogen hoch in München. Und zwar nicht nur am Eisbach, wo seit den 1970er-Jahren die Surfer auf ihrer Welle reiten. Natürlich waren die empört und hatten keine Lust, im Neoprenanzug Bußgeldbescheide nach Hause zu tragen. Empört waren auch andere, deren Zahl die der Surfer weit übersteigt: die Hundebesitzer. Das Thema Leinenzwang ist ein Reizwort in München – für die ei-

SURFER DER WELTKLASSE

München liegt bekanntlich nicht am Meer. Trotzdem sieht man in der Stadt Menschen, die mit dem Surfboard unterwegs sind. Im Sommer mit dem Rad, im Winter stehen sie, in dicke Jacken gehüllt, in der Trambahn. Ihr Ziel? Der Eisbach. Genauer: die Stelle, wo er seinen unterirdischen Lauf beendet und in der Nähe vom Haus der Kunst in den Englischen Garten stürmt. Ein idealer Platz für Zuschauer, die immer in Scharen versammelt sind, um das Spektakel von der Prinzregentenstraße aus zu verfolgen.

Die Eisbachwoge ist – bedingt durch eine Steinstufe unter der Strömung eine »stehende Welle«, die Wellenreiter aus der ganzen Welt anzieht. Der Ritt ist eine gefährliche Herausforderung, immer wieder passieren Unfälle, und das Surfen war jahrzehntelang verboten. 2010 beschloss die Stadt München dann zu legalisieren, was nicht zu ändern ist, und erwarb vom Freistaat das Gelände, auf dem sich die Woge türmt. Nun darf man hier surfen, aber wenn man vom Board springt, steht man mit einem Bein im Gefängnis: Dann befindet man sich im Bach – Hoheitsgebiet des Freistaats – Baden verboten!

SO MACHT MAN BROTZEIT IM BIERGARTEN

In allen Biergärten werden heute warme Speisen verkauft, und natürlich spricht nichts gegen den Genuss von Schweinsbraten, Würstln oder Hendl (Brathuhn) unter Kastanien. Die traditionelle Biergartenmahlzeit ist allerdings die Brotzeit. Brotzeit ist eine bayerische Institution, eine Zwischenmahlzeit, an keine Zeit gebunden. Man »macht« Brotzeit, und wenn sich die Münchner zu derselben im Biergarten verabreden, läuft folgendes Ritual ab: Jeder bringt sein Besteck und Geschirr mit und steuert etwas zum Essen bei. Käse, Wurst, Gemüse … alles kommt in die Mitte, und jeder bedient sich.

Zu den typischen Biergartenschmankerln gehört der »Radi«, ein Rettich, der spiralförmig ganz dünn geschnitten und gesalzen wird. Nach einer gewissen Zeit beginnt er zu »weinen« und verliert seine Schärfe. Auch der »Obatzde« darf nicht fehlen – zerdrückter Camembert mit Zwiebeln und Paprikapulver. Kenner bereiten Ochsenmaulsalat oder einen Wurstsalat aus Regensburgern oder Lyonern. Dazu eine »Brezn« und eine Maß und die Welt ist in Ordnung.

nen, die ihn fordern, wie für die anderen, die ihn ablehnen. Und nun: Leinenzwang im Englischen Garten! Wo täglich Tausende Hunde friedlich und fröhlich herumlaufen – nein!

Kurz nach der Gesetzesänderung wurden die Münchner Tierschutzorganisationen aktiv und gründeten die Aktion Bürgerpark Englischer Garten, die einschlug wie ein Blitz: Innerhalb weniger Monate waren 19 000 Unterschriften gesammelt, welche die Begründerin der Bürgerinitiative in einem klug choreografierten Staffellauf den Landespolitikern übergab: Surfer, Kinder, Radfahrer, Passanten – alle waren an der Weiterleitung des Staffelholzes mit den Unterschriftenlisten beteiligt. Den krönenden Abschluss bildete eine Hündin. Sie schnappte sich den Stab und legte ihn den Politikern zu Füßen. Klare Botschaft: Wir wollen alle miteinander unseren schönen Park nutzen, aber wir regeln dieses Miteinander selbst.

Harmlos wandelt

Und was passierte dann? Nun, die Verordnung gibt es nach wie vor. Und man kann sicher sein, dass man unentwegt etwas Verbotenes tut, wenn man sich im Englischen Garten bewegt oder sitzt oder im Bach watet, Beach-Volleyball spielt oder seinem Hund ein Stöckchen wirft. Aber hinter dem Baum springt deswegen kein Polizist hervor. Und so tun die Menschen in ihrem Bürgerpark weiterhin, was sie wollen – in friedlichem Miteinander. Und befolgen damit eine Regel, die schon 1803 in Stein gemeißelt wurde. Ein Jüngling verkündet sie, im Volksmund heißt er »Harmlos«. Die Statue steht beim Hofgarten, wo früher der südliche Eingang zum Park lag. Der linke Arm des (fast) Nackten ruht auf einer Tafel und da steht zu lesen: »Harmlos / wandelt hier / dann kehret / neu gestaerkt / zu jeder / Pflicht zurük«.

Englischer Garten

Der Appell an die Harmlosigkeit kam nicht von
ungefähr. Der eigentliche Zweck der Parkanlage,
die Ende des 18. Jahrhunderts vor den Stadtmauern entstehen sollte, war die Schaffung von Gärten, in denen sich die Soldaten sinnvoll, sprich mit
Landwirtschaft, beschäftigen sollten, unter anderem um ihre Lebensmittelversorgung zu verbessern. Der Kurfürst hatte zwar bereits im Februar
des Jahres 1789 angeordnet, dass die Gärten
»auch zum allgemeinen Gebrauch als ein öffentli-
cher Spaziergang dienen«. Die Idee, einen wirkli-
chen »Volksgarten« auf weitaus größerem Areal,
als ursprünglich geplant zu schaffen, wurde aber
erst im Juli nach dem Ausbruch der Französischen
Revolution geboren. Und dann sehr schnell umgesetzt. Schließlich bestand die Gefahr, dass das
Volk auch in München murrte.

Ein Amerikaner in München

Karl Theodor (1777–1799) hatte allen Grund, ein
Murren zu befürchten. Die Münchner mochten
ihn nicht, und das beruhte auf Gegenseitigkeit. Er
wäre viel lieber in seiner Pfalz geblieben, aber die
wittelsbachischen Erbfolgeverträge verpflichteten
ihn, in München Residenz zu nehmen. Mit dem
Ansinnen, dem zu entgehen, indem er Bayern an
die Österreicher abgab, hatte er sich sämtliche
Sympathien im Volk verscherzt. Der Handel wurde
verhindert – Preußen hatte kein Interesse an einem österreichischen Gebietszuwachs. Karl Theodor musste nach München, wo er zwar durch An-
wesenheit glänzte, aber nur wenig Initiative
zeigte, die Verhältnisse im rückständigen Bayern
zu verbessern.

Allerdings war der Kurfürst klug genug, sich einen
hervorragenden Berater zur Seite zu stellen, den
Amerikaner Benjamin Thompson, später Graf
Rumford (1753–1814). Ein Universalgenie: renom-

Oben: Der Englische Garten bietet
zu jeder Tageszeit Erholung: Jogger
drehen morgens ihre Runden.
Mitte: Wenn dann die Sonne
scheint, wird am Monopteros
Beach Volley Ball gespielt.
Unten: Und wenn der Wind es erlaubt, steigen auch die Drachen.

mierter Naturwissenschaftler, Erfinder, Sozialreformer, Publizist, Diplomat. Seine Idee war die Anlage der Soldatengärten, und ihm übertrug Karl Theodor den Auftrag, sich um Gestaltung, Anlage und Bebauung des Parks zu kümmern.

In dem großartigen Gartenarchitekten Friedrich Ludwig von Sckell (1750–1823) fand Rumford einen kongenialen Partner, der die Natur im englischen Stil gestaltete – sprich so, dass man nicht merkt, dass Wasserläufe gelenkt, Hügel aufgeschüttet, Wiesenflächen geplant und Baumgruppen von Menschenhand zusammengefügt sind. Sckells Arbeiten waren erst 1808 abgeschlossen, aber bereits 1792 konnte das Volk in seinem Garten wandeln.

Sehenswertes im Süden

Der Englische Garten ist 3,7 Quadratkilometer groß – gefühlt ist er noch größer, denn er geht im Norden nahtlos in die Isarauen über. Seine Sehenswürdigkeiten liegen im südlichen Teil: Der Monopteros (1838), ein von Klenze entworfener Rundtempel auf einem Hügel, von dem man einen einzigartigen Blick auf die Stadt hat. Der Chinesische Turm, als Aussichtspagode 1760 errichtet. Heute ist er aber nur noch für die Musiker zugänglich, die hier bei schönem Wetter für Stimmung sorgen. Daneben das alte Karussell, auf dem Generationen von Münchner Kindern ins Leben ritten, und natürlich der Biergarten am Chinaturm. Immer voll, immer gemütlich, hier stehen die Kutscher und laden zur Fahrt durch den Park ein, hier treten Selbstdarsteller auf, Freunde prosten einander zu, Hunde hoffen, dass ein Knochen vom Tisch fällt. Der zweite Biergarten liegt am Kleinhesseloher See, wer Glück hat, findet einen Platz am Wasser. Die drei Inseln lassen sich mit Booten umrunden.

Oben: Der Chinesische Turm mit dem Biergarten – hier ist immer was los.
Mitte: Neben anderen Schmankerln kann man in diesem Biergarten auch Kaiserschmarrn essen.
Unten: Der Wasserfall am Japanischen Teehaus.

Englischer Garten

AUTORENTIPP!

An sonnigen Tagen, vor allem an den Wochenenden, suchen Zigtausende Menschen Erholung im Grünen. Die finden sie, aber Einsamkeit und Ruhe nicht. Zumindest nicht im südlichen Teil. Wer abgeschiedene Wege gehen will, muss nördlich des Isarrings, der den Park (leider) durchschneidet, wandeln oder radeln. Auch hier gibt es Biergärten, die Hirschau im Süden und den Aumeister im Norden.

So ist's Brauch im Biergarten

Die Biergärten verdanken ihre Entstehung der Brauordnung aus dem Jahr 1539, die wegen der Brandgefahr festlegte, dass zwischen dem 23. April und dem 29. September kein Bier gebraut werden durfte. Um diese Durststrecke zu überwinden, stellten die Braumeister im März große Mengen eines besonderen Biers her: das Märzenbier. Das hielt sich länger, aber es musste gekühlt werden. Zu diesem Zweck wurden Keller gegraben, aber recht tief konnte man nicht graben, wegen des hohen Münchner Grundwasserspiegels. Für die Kühlung von oben sorgten Kies und Bäume, die mit ihren großen Blättern ausreichend Schatten spenden: Kastanien.

Nun war der Sommer gerettet und der Biergarten geboren. Wer dürstete, ging »auf den Bierkeller« und kaufte dort sein Bier und die Brotzeit direkt von den Brauern. Die Wirte waren verärgert und drohten mit Aufständen, bis Ludwig I. einen Kompromiss fand: Die Brauer durften weiterhin ihr Bier verkaufen, aber keine Speisen anbieten. Und so wurde es Usus, dass man im Biergarten Mitgebrachtes verzehrte. Das gilt übrigens noch immer. Auch wenn man in den heutigen Biergärten Schmankerl aller Art kaufen kann, hindert einen niemand daran, das zu essen, was man (günstiger) im Supermarkt erworben hat.

DAS JAPANISCHE TEEHAUS

Dass der asiatische Kontinent im Englischen Garten nicht nur durch den Chinaturm repräsentiert ist, wissen selbst viele Münchner nicht. Nun setzt sich das Japanische Teehaus auch nicht so in Szene wie der Turm: geduckt und bescheiden steht es auf der Insel hinter dem Haus der Kunst. Das Teehaus kam anlässlich der Olympischen Spiele 1972 nach München. Es war ein Geschenk des Großmeisters der Urasenke-Teeschule an den Freistaat. Der musste sich im Gegenzug verpflichten, dort japanische Teezeremonien vorführen zu lassen. Mit welchen Gefühlen die Politiker das Geschenk wohl angenommen haben? Haben sie sich gefragt, wie sie einem Volk, das in einer Stunde zwei Liter Bier in sich hineinschüttet, eine Zeremonie vermitteln sollen, bei der man eine Stunde braucht, um eine Schale Tee zu trinken? Ein Publikumshit wurde das Japanische Teehaus also nicht. Aber die Zeremonie und die damit verbundene Philosophie lohnen einen Besuch.

Japanisches Teehaus. April–Okt. jedes 2. Wochenende im Monat, Sa, So 14, 15, 16, 17 Uhr, Tel. 089/ 22 43 19, www.urasenke-muenchen.de

Infos und Adressen

SEHENSWÜRDIGKEITEN

Englischer Garten. Die Anlage erstreckt sich von der Prinzregentenstraße in der Innenstadt bis zum nördlichen Freimann. Der Isarring, in den 1960er-Jahren gebaut, teilt den Park, eine Fußgängerbrücke schafft den Übergang vom südlichen in den nördlichen Teil. Derzeit wird diskutiert, ob diese Straße durch einen Tunnel geführt werden kann. Im Westen U 3, U 6, im Südosten Tram 18

Denkmäler. Am Kleinhesseloher See erinnern Denkmäler an den Gartenarchitekten Sckell (Entwurf Klenze, 1824) und an Werneck (Entwurf Klenze, 1838), der als Nachfolger Rumfords amtierte. Im südöstlichen Teil steht ein Denkmal für Rumford (Entwurf Schwanthaler, 1796), das die Münchner dem Amerikaner noch zu dessen Lebzeiten errichten ließen. Die Inschrift weist auf Rumfords Leistungen als Reformer des Sozialwesens hin.

Archäologische Staatssammlung. Dauerausstellung zur bayerischen Vorgeschichte, zur Römerzeit sowie zum Mittelalter. Di–So 9.30–17 Uhr, Lerchenfeldstr. 2, Tel. 089/211 24-02, www.archaeologie-bayern.de, Tram 18

Hier erfährt man, wie's in grauer Vorzeit war.

ESSEN UND TRINKEN

Königin43. Nettes Café, jugendliches Publikum, faire Preise. Focaccia, Wraps, Ciabatta, Bagels, Kuchen. Ruhiger Treff am Abend. Terrasse mit Blick auf den Englischen Garten. Mo–Do 8.30–0.30 Uhr, Fr, Sa 8.30–1 Uhr, So 8.30–20 Uhr, Königinstr. 43, Tel. 089/32 60 24 96

Zum Aumeister. Biergarten und gutes Restaurant im ehemaligen Forsthaus, das Anfang des 19. Jh. als Dienstsitz des königlichen Aujägermeisters erbaut wurde. Bayerische Küche, gemütliches Ambiente. Mitte April–Okt. Mo–So 11–22 Uhr, im Winter (außer Dez.) Mo Ruhetag, So 11–18 Uhr, Sondermeierstr. 1, Tel. 089/18 93 14 20, www.aumeister.de

Seehaus. Biergarten mit Restaurant der gehobenen Klasse. Mediterrane und regionale Küche, Terrasse mit Seeblick. 10–1 Uhr, Kleinhesselohe 3, Tel. 089/38 16 13-0, www.kuffler.de

Café Reitschule. Café, Salon, Restaurant, Orangerie, Bar und eine wunderschöne Terrasse – das Café bietet auf 400 Quadratmetern »Erlebnis-Gastronomie«: Es gehört zur Universitäts-Reitschule, und während man an seinem Drink nippt, kann man zuschauen, wie die Pferde traben. Elegant, nicht billig. Mo–Sa 9–1 Uhr, So 9–19 Uhr, Königinstr. 34, Tel. 089/38 88 76-0, www.cafe-reitschule.de

Geisels Werneckhof. Wunderschönes, gediegenes Ambiente, freundlicher Service, ausgezeichnete Küche. Teuer, aber jeden Euro wert. Tipp: das Überraschungsmenü, das in verschiedenen Variationen – abends mit drei bis fünf Gängen – angeboten wird. Reservieren empfiehlt sich. Mo bis Fr 12–15 und 18.30–24 Uhr, Sa 18.30–24 Uhr, Werneckstr. 11, Tel 089/38 87 95 68, www.geisels-werneckhof.de

Sankt Emmeramsmühle. Ehemalige Mühle, das Gebäude wurde Mitte des 19. Jh. errichtet. Küche durchschnittlich, aber sehr schöner Garten. Mo–Sa 11–1 Uhr, So 10–1 Uhr, St. Emmeram 41, Tel. 089/95 39 71, www.emmeramsmuehle.de

ÜBERNACHTEN

Hotel Biederstein. Ruhig gelegen, freundlich, im mittleren Preissegment. Kleine Zimmer, aber die neuen Besitzer haben alles renoviert, die Bäder blitzen. Keferstr. 18, Tel. 089/33 02 93 90, www.hotel-biederstein.de

Hotel Gästehaus Englischer Garten. Ruhige Adresse, das Haus steht unter Denkmalschutz. Im Sommer wird im Garten gefrühstückt. Mittleres Preisniveau, die Zimmer ohne eigenes Bad sind günstig. Liebergesellstr. 8, Tel. 089/383 94 10, www.hotelenglischergarten.de

Hilton Munich Park Hotel. Top-Lage direkt am Englischen Garten, Großhotel mit allem Komfort, den man mit dem Namen Hilton verbindet: Pool, Fitness- und Beautybereich, Gastronomie, Shopping etc. Am Tucherpark 7, Tel. 089/38 45 0, www.hilton.de/muenchenpark

AKTIVITÄTEN

Kutschfahrten. Gemütlich wie in alten Zeiten durch den Park fahren. Die Kutschen stehen vor dem Chinesischen Turm. Tel. 089/18 06 08, www.kutschen-muenchen.de

Rikschafahrten. Zwei Personen passen in die Rikscha, die Englische-Garten-Tour dauert eine Stunde. Start und Ziel: Viktualienmarkt/Marienplatz oder PedalheldenShop, Müllerstr. 6, Tel. 089/242 16 88-0, www.pedalhelden.de

Bootfahren auf dem Kleinhesseloher See. Tret- und Ruderboote. Kleinhesselohe 3

Fahrradfahren. Auf dem Fahrrad merkt man erst so richtig, wie groß der Englische Garten ist, auch seine Nordhälfte kann man damit prima erkunden. Mehrere Verleihfirmen haben Fahrrad-Standorte u. a. am Chinesischen Turm, z. B. Call a Bike (www.callabike-interaktiv.de) oder nextbike (www.nextbike.de).

VERANSTALTUNGEN

Amphitheater. Im Juli tritt das Münchner Sommertheater, eine freie Truppe, auf. Gespielt wird klassische Komödie, der Eintritt ist frei. Das Amphitheater liegt im nördlichen Teil des Englischen Gartens.

Der »Aumeister« mit seinem schönen Biergarten liegt im nördlichen Englischen Garten.

39 Bogenhauser Kirche St. Georg
Dorfkirche mit Friedhof

Ein Glasfenster im Münchner Rathaus zeigt dörfliches Idyll: Blauer Himmel, geteilt von einer Wolke, die aussieht wie ein Hundeknochen. Dicht gedrängte Bauernhäuser, in der Mitte das Kirchlein. Im Vordergrund ein Hang, Wiesengrün, ein Fuhrwerk mit zwei Pferden. Der Mann, der es begleitet, ist nicht wie ein Bauer gekleidet. Er bringt Ziegelsteine in die Stadt. »Bogenhausen 1815« steht darunter.

Das Fuhrwerk kann man natürlich vergessen. Busse, Trambahnen und Autos schieben sich dicht an dicht über die Max-Joseph-Brücke, aber wenn man gen Südosten blickt, meint man wirklich aus der Zeit zu fallen: Über den kleinen Häusern an der Montgelasstraße grünt es, und aus den Baumkronen reckt sich ein Zwiebelturm, der einer Dorfkirche alle Ehre macht. Nur noch wenige Schritte im Verkehrslärm, nach rechts abbiegen – da tummeln sich Enten auf einem Teich, man taucht ins Grün, wandert bergauf, ein weiter Hang öffnet sich. Die Grünflächen gehören zu den Maximiliansanlagen (s. S. 132), der Turm zum Bogenhauser Kirchlein.

Selige Prominenz

Das Dorf Bogenhausen, 1892 eingemeindet, wurde urkundlich erstmals im 8. Jahrhundert erwähnt. Die ursprünglich romanische Kirche St. Georg erhielt in der Spätgotik einen Choranbau, im Zuge der Barockisierung im 18. Jahrhundert nach Entwürfen von Johann Michael Fischer setzte man dem Turm 1777 die Zwiebelkuppel des Typs »zweifach geschnürt« auf. Die kleine Kirche birgt Schät-

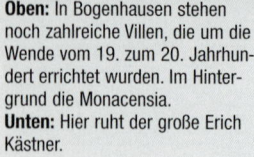

Oben: In Bogenhausen stehen noch zahlreiche Villen, die um die Wende vom 19. zum 20. Jahrhundert errichtet wurden. Im Hintergrund die Monacensia.
Unten: Hier ruht der große Erich Kästner.

Bogenhauser Kirche St. Georg

ze: Auf dem Hochaltar von Johann Baptist Straub reitet zwischen vier Säulen der heilige Georg, die Kanzel und St. Korbinian am rechten Seitenaltar sind Werke von Straubs Schüler, dem Bildhauer Ignaz Günther, aus dem Jahr 1773.

Wie es sich für eine echte Dorfkirche gehört, ist St. Georg zudem von einem Friedhof umgeben, und der ist eine Sehenswürdigkeit für sich. Idyllisch? Romantisch? Heimelig? Welches Adjektiv würden wohl jene, die hier ruhen, für die Atmosphäre wählen? Sie fänden sicher die rechten Worte, denn hier liegen die Schriftsteller Oskar Maria Graf, Joachim Fernau, Annette Kolb und Erich Kästner. Zudem Schauspieler wie Gustl Waldau und Walter Sedlmayr, Regisseure wie Rainer Werner Fassbinder und Bernd Eichinger, Komponisten und Musiker wie Dirigent Hans Knappertsbusch.

Neben einigen wuchtigen Grabmälern bestimmen die vielen schmiedeeisernen Grabkreuze das Bild. Von so einer letzten Ruhestätte träumen viele, doch der Platz auf dem kleinen Gottesacker ist begrenzt. Seit einigen Jahrzehnten werden hier nur noch Auserwählte bestattet, die sich um München verdient gemacht haben.

Christlicher Widerstandskämpfer

An der Westseite der Kirche erinnert eine Gedenktafel an den Jesuitenpater Alfred Delp, der 1945 von den Nazis »wegen Hoch- und Landesverrats« hingerichtet wurde. Delp gehörte dem Kreisauer Kreis an. Er war nicht nur ein brillanter regimekritischer Prediger, sondern auch ein Mann der Tat: Nach Bombenangriffen war er der Erste, der Verschüttete ausgrub, er setzte sich für verfolgte Juden ein, versteckte sie und half bei der Flucht. Er fand kein Grab in seinem Friedhof. Sein Körper wurde nach der Hinrichtung in Berlin verbrannt.

Infos und Adressen

SEHENSWÜRDIGKEITEN

Kirche St. Georg mit Friedhof. Den Kirchenraum kann man nur während der Messe betreten, Blick durchs Gitter ins Innere und Besuch des Friedhofs tagsüber, Bogenhauser Kirchplatz 1, Tram 18, Bus 54, 154

Villentour. Wer etwas galt, ließ sich Ende des 19. Jh. eine Villa in Bogenhausen bauen. Viele sind noch erhalten und lohnen einen Blick: von der Kirche nach Osten, rechts in die Möhlstraße, rechts in die Höchlstraße, links in die Maria-Theresia-Straße, links in die Siebertstraße.

ESSEN UND TRINKEN

Wiener's Café. Nettes Lokal mit Gartenterrasse, gute Küche, nicht teuer. Mo–Fr 8–24 Uhr, Sa, So 9–22 Uhr, Ismaninger Str. 71a, Tel. 089/98 10 69, www.wieners.de

Brotmanufaktur Schmidt. Gutes Brotsortiment, reiche Auswahl an Kuchen. Im Sommer auch Plätze im Freien. Mo–Fr 6.30–18 Uhr, Sa 6.30–13 Uhr, Tel. 089/18 92 13 00

EINKAUFEN

Bogenhauser Laden. Eine Institution, Tante-Emma-Laden auf gehobenem Niveau und Nachbarschaftstreff. Hier findet man nette Geschenke, auch für Vierbeiner. Mo–Fr 10.30 bis 18.30 Uhr, Sa 10.30–14 Uhr, Rauchstr. 1, Tel. 089/98 12 63, www.bogenhauser-laden.de

Kufsteiner Platz. Wer sich für den Biergartenbesuch versorgen will, ist hier richtig: Gemüsestand, Metzgerei, Supermarkt, Bäcker. Bei Feinkost Marks findet man hausgemachte Salate – teuer, aber ausgezeichnet.

AUSSERHALB DES ZENTRUMS

40 Theresienwiese
Bavaria und Oktoberfest

Theresienwiese. Reiner Etikettenschwindel, dieser Name. Da wächst kaum ein Halm, kein Blümelein. Dafür können Schulkinder hier Anschauungsunterricht nehmen zum Thema »München liegt in einer Schotterebene«. Steinig, flach wie ein Brett liegt sie da, die sogenannte Wiese. Bis hierher reichte die Isar in ihren besten Zeiten und hinterließ ein Hochufer, auf dem eine Dame steht: die Bavaria.

Sie ist wahrhaftig keine Dame, so wenig, wie die Wiese eine Wiese ist. Bärenfell, Schwert, Eichenkränze, der Löwe an ihrer Seite – ist das »ladylike«? Nein, die Bavaria ist ein germanisches Weib, wehrhaft und »teutsch«, so wollte es der Bildhauer Ludwig von Schwanthaler (1802–1848). Bronze wollte Ludwig I., der in die königliche Privattasche griff, um den Kolossalbau zu finanzieren, und reihenweise Statuen aus der Kunstsammlung der Wittelsbacher einschmelzen ließ. So ein Weib, das 87 Tonnen auf die Waage bringt, verschlingt Material. Mit einer Höhe von 18,52 Metern war die 1844 bis 1850 errichtete Bavaria damals die größte Bronzestatue der Neuzeit. Der Guss, den Ferdinand von Miller in der Königlichen Erzgießerei ausführte, gilt als technische Meisterleistung. Ludwig war mächtig stolz: »Nero und ich sind die einzigen, die so Großes gemacht haben, seit Nero keiner mehr.« Die dreiflügelige Säulenhalle im Rücken der Bavaria wurde von 1843 bis 1853 von Klenze errichtet. In der Ruhmeshalle sind Büsten bedeutender bayerischer Persönlichkeiten ausgestellt. Bis zum Jahr 2000 war der »Ehrentempel« ein reiner Männerverein, heute zeigen auch vier Frauen Büste.

S. 210/211: Das Fünfseenland im Süden Münchens ist ein beliebtes Naherholungsziel.
Oben: Nachts und beleuchtet ein besonders schöner Anblick: die Wiesn.
Unten: Die Zelte fassen bis zu 6 000 Menschen, Musikkapellen sorgen für Stimmung.

Die Bavaria vor der Ruhmeshalle

O'zapft is

Dass die Theresienwiese so kahl und brach zu Füßen der Bavaria liegt, hat einen einfachen Grund: Sie wartet das ganze Jahr auf das eine Ereignis, das Oktoberfest, in München »die Wiesn« genannt. Bereits im Juli beginnen die Vorbereitungen, nach und nach wachsen die riesigen Bierzelte, die mehr als 6000 Gäste fassen, die Fahrgeschäfte werden aufgebaut – traditionelle, wie das Riesenrad, das seit 1979 seinen festen Platz auf der Wiesn hat, und moderne, die jedes Jahr neue Superlative setzen als schnellste, höchste, wildeste ...

Am vorletzten Samstag im September ist es dann so weit. Die Wiesnwirte ziehen ein, die Prominenz in Tracht winkt aus Kutschen, prächtige Pferde mit prunkvollem handgefertigtem Geschirr ziehen Wagen mit Bierfässern, Musikkapellen spielen auf, das »Münchner Kindl« reitet ein. Die Zelte sind voll, die Kameras laufen, und alles wartet, dass es 12 Uhr wird, der Oberbürgermeister das erste Fass anzapft und mit dem Ruf »O'zapft is« die Wiesn eröffnet. Je weniger Schläge ein Bürgermeister braucht, um den Zapfhahn anzubringen, desto

DIE ALTE WIESN

Im letzten Jahrzehnt hat sich die Wiesn vom Volksfest zum Event gewandelt. Promis halten Hof, die Jugend trifft sich zum Feiern, Tracht ist Pflicht und zeigt als »Outfit« grauenhafte Auswüchse. In den Bierzelten ist kein freier Platz zu finden – alles reserviert. Vielen Münchnern »stinkt« das. Und so ist es kein Wunder, dass die Oide Wiesn – als einmalige Schau zum 100. Geburtstag des Festes gedacht – ein durchschlagender Erfolg wurde. Hier war alles wie früher: Die Bierzelte nicht überlaufen, alte Fahrgeschäfte, kein Gedränge, keine besoffenen Horden. Die älteren Münchner und Familien mit Kindern waren so begeistert, dass die Oide Wiesn zur Dauereinrichtung wurde. Sie findet auf einem Gelände gleich neben der Wiesn statt, der Eingang ist hinter dem Riesenrad. Man zahlt Eintritt und kann den Besuch in aller Gemütlichkeit genießen, so wie damals, als das Oktoberfest noch ein Volksfest war.
Die Oide Wiesn findet jedes Jahr statt, nur alle vier Jahre muss sie den Platz dem Zentral-Landwirtschaftsfest überlassen, das gehört schon seit 1811 zum Oktoberfest und hat die älteren Rechte.

Bürgermeister Ude als *O'zapfer*

höher steigt er im Ansehen – der Rekord steht bei zwei und ist nicht mehr zu überbieten.

Der Lohnkutscher und das Pferderennen

Der Ursprung des Oktoberfests wird mit der Hochzeit des Kronprinzen Ludwig mit Prinzessin Therese von Sachsen-Hildburghausen am 12. Oktober 1810 in Verbindung gebracht. Das ist korrekt, nur: Die Initiative ging nicht vom Königshaus aus, sondern von dem Lohnkutscher Franz Baumgartner. Er hatte die Idee, zusätzlich zu den Hochzeitsfeierlichkeiten ein Pferderennen zu veranstalten. Sein Vorgesetzter, Major Dall'Armi, unterbreitete den Vorschlag dem König, der dankbar annahm: Das war es, was das gerade mal vier Jahre alte Königreich brauchte! Napoleon war so präsent und übermächtig, dass die Wittelsbacher um ihre Identität fürchten mussten, Montgelas (s. S. 217) reformierte zwar eifrig, um den durch Gebietsgewinne gewachsenen Staat zu organisieren, aber er stieß nicht auf viel Gegenliebe. So eine Gelegenheit, sich darzustellen, die Huldigung der Untertanen aus dem ganzen Land entgegenzunehmen, wollte Max I. Joseph nicht ungenutzt lassen. In nicht mal zwei Wochen war alles organisiert, für die königliche Familie karrte man ein Türkenzelt heran, das Max Emanuel erbeutet hatte, und dann wurde marschiert, musiziert und gehuldigt, mit Blumen und Kindern und allem was dazugehört. Mehr als 40 000 Zuschauer aus ganz Bayern waren versammelt, das Pferderennen selbst dauerte nur 18 Minuten. Es gewann Franz Baumgartner. Die Begeisterung war groß, und vor allem Dall'Armi setzte sich für eine Wiederholung ein. Nicht ganz uneigennützig: Ein Großteil der Grundstücke, die der Magistrat aufkaufte, um die Theresienwiese als Festplatz zu erhalten, gehörte ihm.

Oben: Beim Einzug der Wiesnwirte tragen die Pferde ihr bestes Geschirr.
Mitte: »Ein Herzerl fürs Herzerl« – Geschenke für Verliebte
Unten: Nicht nur Trachtenvereine aus Bayern nehmen beim Umzug am ersten Wiesen-Sonntag teil.

Infos und Adressen

SEHENSWÜRDIGKEITEN

Deutsches Museum Verkehrszentrum. In den Hallen der alten Messe fanden die Sammlungen des Deutschen Museums ein neues Heim, die sich mit den Themen Land-, Straßen-, Schienenverkehr beschäftigen. Sprich: Hier sind Lokomotiven und Straßenbahnen zu sehen, Lastwagen, Autos – darunter der erste Benziner, das Motordreirad des Carl Benz –, aber auch Sportgeräte wie Skier oder Rollschuhe, dazu Reisegepäck – eben alles, was mit Mobilität zu tun hat. Tgl. 9–17 Uhr, Am Bavariapark 5, Tel. 089/500 80 67 62, www.deutsches-museum.de

Bavaria und Ruhmeshalle. Das Haupt der Bavaria wurde aus eingeschmolzenen türkischen Kanonen gegossen. Man kann der Dame im wahrsten Sinne des Wortes zu Kopf steigen und von weit oben den schönen Blick über die Stadt genießen. In der Ruhmeshalle sind die Büsten bayerischer Persönlichkeiten zu sehen. April – 15. Okt. tgl. 9 bis 18 Uhr, während des Oktoberfests Bavaria bis 20 Uhr, Ruhmeshalle aus Sicherheitsgründen geschl. Theresienhöhe 16, Tel. 089/29 06 71

Star im Zelt: Karolin Weidner, die singende Bräurosl

Wadlstrümpf und Lederhosen gehören zur Tracht.

ESSEN UND TRINKEN

Speiselokal Lenz. Schöne ruhige Terrasse, gemischtes Publikum. Nette Idee für Familien mit Kindern: Jeden ersten Sonntag im Monat gibt's ein Kasperltheaterfrühstück. Tgl. 10–1 Uhr, Pettenkoferstr. 48, Tel. 089/55 23 97 71, www.speiselokal-lenz.de

Mariandl. In diesem Lokal am Beethovenplatz haben Generationen von Medizinstudenten getrunken und gefeiert – das Café im Wiener Stil ist das älteste Konzert-Café der Stadt, jeden Abend Livemusik. Tgl. 9–1 Uhr, Goethestr. 51, Tel. 089/552 91 00, www.mariandl.com

ÜBERNACHTEN

Hotel Bavaria. Modernes Designhotel mit 49 Zimmern, ruhig, freundlich, gutes Preis-Leistungs-Verhältnis. Gollierstr. 9, Tel. 089/508 07 90, www.hotel-bavaria.com

Hotel Mariandl. Altes Haus aus dem Jahr 1899 mit Parkett und Stuckdecken, stilvoll eingerichtet, manche Zimmer ohne Bad und WC, preiswert. Goethestr. 51, Tel. 089/552 91 00, www.mariandl.com

41 Nymphenburg
Die Sommerresidenz der Wittelsbacher

Von der Geburt des langersehnten Thronfolgers Max Emanuel 1662 profitierten viele: Den Münchnern bescherte sie ein Volksfest, bei dem Wein aus den Brunnen der Residenz floss. Gott erhielt das versprochene Haus, die Theatinerkirche, und die Mutter, Henriette Adelaide von Savoyen, ein »Wochenbettgeschenk«: die Hofmark Kemnathen inklusive der Mittel, die sie brauchte, um ein Schloss zu errichten.

Kaum aus dem Kindsbett, hatte Henriette gleich an zwei Baustellen zu arbeiten, nicht körperlich natürlich, sondern gestalterisch. Wie sie die Ausführung der Theatinerkirche (s. S. 94) bis ins Detail begleitete, überwachte sie auch Planung und Bau ihres Schlosses, hier wie dort beschäftigte sie Künstler aus ihrer Heimat. Agostino Barelli errichtete ab 1664 »Borgo del Ninfe« im Stil eines italienischen Landhauses, Enrico Zuccalli vollendete den Bau 1675. Das nach 1715 von Joseph Effner umgestaltete fünfstöckige Gebäude mit der Freitreppe bildet den Mitteltrakt der Anlage und beherbergt den Prunkraum des Schlosses: den Steinernen Saal. Sinnlich und elegant, mit Spiegeln und großen Fenstern ausgestattet schafft er den rechten Rahmen für prächtige Feste, das Deckenfresko (1755–1757) von Johann Baptist Zimmermann zeigt vergnügte Götter im Olymp, die Entwürfe für die Rokoko-Stuckarbeiten stammen von Cuvilliés (s. S. 76). In den anderen Räumen blieben zum Teil noch Deckengemälde erhalten, die die Kurfürstin in Auftrag gegeben hatte. Viel Zeit, Borgo del Ninfe zu genießen, hatte sie nicht. Sie starb 1676, 39 Jahre alt. Ihr Gatte folgte ihr drei

Oben: Blick vom Schloss auf Gebäude des Rondells und die Türme der Christkönig-Kirche
Unten: Königliche Kutschen und Pferde sind das Thema des Marstallsmuseums.

Schlosskulisse mit Entenparadies

Jahre später, und damit endete für Bayern die Zeit des Friedens und der Neutralität, die Ferdinand Maria stets zu wahren gewusst hatte.

Ein Feldherr mit Ambitionen

Manch einer, der 1662 von dem Wein aus den Brunnen der Residenz getrunken hatte, mag rückblickend befunden haben, dass er auf diesen Schoppen gerne verzichtet hätte. Denn Max Emanuel brachte dem Land kein Glück. Der junge Mann entwickelte sich zum absolutistischen Barockfürsten par excellence: ausschweifend, prunksüchtig, verschwenderisch, Machtmensch, Frauenheld, Haudegen. In den 46 Jahren seiner Regentschaft hatte Bayern 34 Jahre lang Kriegslast zu tragen, etwa 32 000 Bayern, überwiegend Bauern und Knechte, blieben auf den Schlachtfeldern. Als er 1726 starb, hinterließ Max Emanuel einen Schuldenberg von 26 Millionen Gulden.

Fast die Hälfte seiner Regierungszeit war der Kurfürst nicht in seinem Land präsent. Teils freiwillig – der spanische König ernannte ihn 1691 zum Statthalter der Spanischen Niederlande, wo er neun Jahre lang prächtig Hof hielt –, teils unfreiwillig. Nachdem er zuerst auf der Seite der Österreicher gekämpft und dabei entscheidend zum

Deckenfresko in der Badenburg

AUTORENTIPP!

MUSEUM MENSCH UND NATUR

Nach all dem Prunk im Schloss tut etwas naturwissenschaftliche Nüchternheit gut. Vor allem Kinder, die brav das Bild des Kurfürsten Max Emanuel betrachtet und dabei sicher festgestellt haben, dass Perücke und Harnisch irgendwie nicht zusammenpassen, werden sich hier wohl fühlen. Und nicht nur sie: Die Abteilung »Spielerische Naturkunde – nicht nur für Kinder« wurde zum Markenzeichen des Museums Mensch und Natur, und auch Erwachsene drücken eifrig Knöpfe, um Fragen aus dem Tier- und Pflanzenreich zu beantworten.

»Über das Staunen zum Verstehen« ist das Motto des Museums. Die Themen »Geschichte der Erde und des Lebens«, die »Vielfalt der Organismen« und »Der Mensch als Teil und Gestalter der Natur« werden unterhaltsam aufbereitet, mit allen Mitteln der modernen Museumspädagogik. Hier landete übrigens auch – ausgestopft – Braunbär Bruno, der 2006 in den bayerischen Alpen auftauchte und als »Problembär« abgeschossen wurde …

Museum Mensch und Natur. Di, Mi, Fr 9–17 Uhr, Do 9–20 Uhr, Sa, So 10–18 Uhr, Schloss Nymphenburg, Tel. 089/179 58 90, www.musmn.de

Sieg über die Türken in Wien (1683), Ungarn und Belgrad beigetragen hatte, wechselte er die Seite und stellte seine Truppen im Spanischen Erbfolgekrieg (1701–1714) Frankreich zur Verfügung. Doch da verließ ihn die Fortune: Nach der verlorenen Schlacht von Höchstätt 1704 musste er fliehen, 1706 wurde er für seinen Alleingang mit der Reichsacht bestraft und verlor alles. Das Recht, Bayern politisch und militärisch zu verwalten, gab der Reichstag dem Habsburger Kaiser Joseph I., dessen Truppen bereits 1705 einmarschiert waren.

Während die Bayern von der österreichischen Soldateska drangsaliert und ausgepresst wurden, führte Max Emanuel ein angenehmes Leben im französischen Exil. Nach Kriegsende wurde er rehabilitiert und kehrte 1715 nach München zurück.

Heimkehr wider Willen

War der Kurfürst froh, dass er sein Land wieder hatte? Nein. Er »hat allzu große Aversion wieder

in Bayern zu wohnen», er würde für eine »Scheune aus Niederland« eine Stadt in Bayern abtreten, bemerkte sein Bruder. Seine Heimat war Max Emanuel schon immer egal gewesen, er hätte sie für jedes Territorium eingetauscht, sofern dies ein Königreich gewesen wäre. Sein ganzes Streben, sein Engagement für Österreich, sein Bündnis mit Frankreich hatten nur dem einen Zweck gedient, für sich und seine Dynastie die Königswürde zu erwerben. Daraus war nichts geworden. Umso wichtiger nun noch etwas zu tun für den Ruhm – den zu Lebzeiten und den Nachruhm.

»Schloss Schleißheim errichte ich«, schrieb er, »als gebautes Andenken für meine Nachwelt, Nymphenburg für mein Vergnügen.« Verständlich, dass der Kurfürst es sich nett machen wollte in dem daniederliegenden Land. Wer will schon Finanzen konsolidieren und sich um die verelendete Bevölkerung kümmern, wenn man Schlösser bauen kann?

Haus mit Garten

1715 bestand Nymphenburg aus vier Wohnpavillons, die Antonio Viscardi ab 1702 erbaut und über Galerien mit der ehemaligen Landvilla verbunden hatte. Die von Max Emanuel nach seiner Rückkehr durchgeführten Erweiterungen des Komplexes und Fassadenänderungen nahm der Baumeister Joseph Effner vor.

Um in der ersten Liga spielen zu können, brauchte man nicht nur ein prächtiges Schloss, zum Repräsentieren war eine Gartenanlage nötig, ein Park, der es mit dem von Versailles aufnehmen konnte. Max Emanuel wollte einen Platz ganz oben in den adligen Kreisen, er hatte seine hochtrabenden Pläne noch nicht aufgegeben und plante nun, seinem Sohn die Kaiserwürde zuzuspielen. So kam nur ein französischer Gartenarchitekt infrage, Do-

Oben: In der Badenburg vergnügte sich die Hofgesellschaft im warmen Wasser.
Mitte: Die Kaskade im Schlosspark Nymphenburg
Unten: Schmuckelemente wie der Apollotempel setzen Akzente im Grün.

AUTORENTIPP!

DER BOTANISCHE GARTEN

Dieser Botanische Garten gehört weltweit zu den bedeutendsten seiner Art. Auf einer Fläche von 21 Hektar werden rund 14 000 Pflanzenarten kultiviert, die Gewächshäuser bedecken eine Fläche von 4500 Quadratmetern und erlauben eine Reise in verschiedene Klimazonen mit der jeweils indigenen Flora. Ein wunderbarer Ort zum Abschalten, Entspannen und Spazieren gehen. Die Münchner pilgern auch im Winter hierher: Ende Dezember bis Mitte März findet alljährlich die Ausstellung tropischer Schmetterlinge statt. Die bunten Insekten kommen von Farmen in Mittelamerika und Asien, wo die Raupen ihren ungeheuren Appetit gestillt haben und dann als Puppen verschickt werden. Im Wasserpflanzenhaus schlüpfen sie und verbringen ihr nur wenige Wochen dauerndes Leben in München. Das ihnen dafür freilich ideale Konditionen bietet: feuchtheiß bis schweißtreibend, und das im tiefsten Winter.

Botanischer Garten. Südeingang über den Schlosspark, Nov.–Jan. 9–16.30 Uhr, Feb., März, Okt. 9–17 Uhr, April, Sept. 9–18 Uhr, Mai–Aug. 9–19 Uhr, www.botmuc.de

minique Girard schuf ab 1715 einen ornamentalen barocken Park mit Wasserspielen, exotischen Gewächsen, Statuen und Kabinetten (Gesellschaftsräumen im Freien, in denen sich die Hofgesellschaft ihrem Plaisir widmen konnte). Effner setzte kleine Lustschlösschen ins Grün, in der Badenburg befand sich ein beheizbares Schwimmbecken, die Pagodenburg barg ein chinesisches Kabinett. Auf dem Kanal fuhren venezianische Gondeln, im Park wurde gejagt, getanzt, gefeiert. Max Emanuel erreichte, was er wollte, Schloss und Park wurden weit über die Landesgrenzen hinaus gerühmt. Auch was seinen Nachruhm betrifft, kann er zufrieden sein: Nymphenburg zählt zu den schönsten Schlössern Europas.

Die schönsten Münchnerinnen

Zur Ausstattung trugen natürlich auch die folgenden Wittelsbacher bei. Vor allem Cuvilliés ist zu erwähnen, im Schloss sind das Chinesische Lackkabinett und das Nördliche Kabinett (1763/64), im Park das Rokoko-Schlösschen Amalienburg (1734 bis 1739) mit seinem wunderschönen runden Spiegelsaal von ihm. Auch das Rondell im Osten vor dem Schloss entstand nach seinen Plänen.

König Ludwig I. fügte den Schönheitsgalerien Max Emanuels seine eigene hinzu – anders als der Kurfürst ließ er nicht nur Adelige porträtieren, sondern auch Bürgertöchter und einfache Mädchen. Mit der Schönsten, Helene Sedlmayer, soll er ein Verhältnis gehabt haben; dass er eines mit Lola Montez hatte, war kein Geheimnis (s. S. 146).

Die wichtigste Veränderung erfuhr der Park. Von der barocken Anlage blieb neben dem Kanal das Große Parterre erhalten, das übrige Areal verwandelte Ludwig von Sckell Anfang des 19. Jh. in einen wunderschönen Landschaftsgarten.

Die Highlights

Ⓐ Magdalenenklause. Max Emanuel war schon alt, als ihm der Gedanke kam, in Nymphenburg, dem Reich der Lustbarkeiten, sollte auch ein »Memento mori« seinen Platz finden. Und so ließ er von Effner als drittes Parkgebäude 1725/26 einen düsteren Bau im Stil einer Eremitenklause errichten, der von außen wirkt wie eine Ruine.

Ⓑ Pagodenburg. Der Entwurf stammt von Kurfürst Max Emanuel, die Ausführung nahm Effner 1716–1719 vor. Das Erdgeschoss ist in Weiß und Blau gestaltet, im Obergeschoss wird's exotisch: chinesische Tapeten, schwarz-rote japanische Lackmalereien. Der Kurfürst betätigte sich hier als Trendsetter, Chinoiserien kamen bald an allen europäischen Höfen in Mode.

Ⓒ Badenburg. Ein beheizbares Schwimmbad! Das war damals eine Sensation, die der Adel mit Vergnügen genoss. Die einen konnten sich im Wasser tummeln, die anderen von der Galerie des Badesaals aus zusehen, danach ging's in den Festsaal. Auch für diesen Bau (1718–1722) zeichnet Effner verantwortlich.

Ⓓ Amalienburg. Der Besuch dieses Jagdschlösschen (1734–1739) ist ein absolutes Muss: ein Gesamtkunstwerk im schönsten Rokoko, wie es nur einer kreieren konnte: der Großmeister François Cuvilliés d. Ä. Kurfürst Karl Albrecht ließ das Schloss für seine Gattin Maria Amalia erbauen, die Amalienburg war als selbstständige Anlage konzipiert mit Blauem Kabinett, Ruhezimmer, Jagdzimmer, Fasanenzimmer, Hunde-, Gewehrkammer, Retirade und einer ganz entzückenden Küche mit holländischen Fliesen. Den absoluten Höhepunkt bildet der kreisrunde Spiegelsaal im Zentrum, in dem es Cuvilliés gelingt, Raumgrenzen scheinbar aufzuheben: Schnitzereien, filigraner Stuck, Silber, Weiß, zartes Blau, Fenster, Spiegel, Licht – der Raum scheint zu schweben.

Infos und Adressen

SEHENSWÜRDIGKEITEN

Schloss Nymphenburg. Im Schloss finden keine Führungen statt, es sind aber Audioguides erhältlich. April–15. Okt. 9–18 Uhr, 16. Okt.–März 10–16 Uhr, www.schloesser.bayern.de

Schlosspark. Radfahren verboten, Hunde sind an der Leine zu führen. Jan., Feb., Nov. 6.30–18 Uhr, März 6–18.30 Uhr, April, Sept. 6–20 Uhr, Mai–Aug. 6–21.30 Uhr, Okt. 6–19 Uhr, Dez. 6.30–17.30 Uhr

Marstallmuseum. In den ehemaligen Stallungen sind Kutschen, Schlitten, Prunk- und Krönungswagen der Wittelsbacher zu sehen. Publikumsmagnet: die Karossen des Märchenkönigs Ludwigs II., der im Schloss Nymphenburg geboren wurde. April–15. Okt. 9–18 Uhr, 16. Okt.–März 10–16 Uhr, www.schloesser.bayern.de

Museum Nymphenburger Porzellan. Die Nymphenburger Porzellanmanufaktur wurde 1747 ge-

Sonnengenuss auf der Kanalbrücke

gründet, das Museum zeigt zauberhafte Stücke aus allen Epochen, u. a. die Rokoko-Werke von Franz Anton Bustelli. April–15. Okt. tgl. 9–18 Uhr, 16. Okt.–März tgl. 10–16 Uhr

Amalienburg, Badenburg, Pagodenburg, Magdalenenklause. April–15. Okt. tgl. 9–18 Uhr, 16. Okt.–März geschl.

Wohnen in Bestlage mit Kanalblick.

ESSEN UND TRINKEN

Schlosscafé im Palmenhaus. Zauberhaftes Fleckchen, um sich vor oder nach dem Spaziergang zu stärken. Schöner Garten. Di–So 10–17.30 Uhr, Schloss Nymphenburg, Eingang 43, Tel. 089/17 53 09, www.palmenhaus.de

Schlosswirtschaft Schwaige. Gediegenes Ambiente, wunderschöner Garten, teuer, Küche manchmal etwas zu ambitioniert, aber mit den bayerischen Klassikern liegt man richtig. Tgl. 11–24 Uhr, im Südflügel von Schloss Nymphenburg, Tel. 089/12 02 08 90, www.schloss wirtschaft-schwaige.de

Taxisgarten. Wunderschöner Gastgarten, köstliche Spareribs, hier treffen sich die Familien aus der Nachbarschaft. Tgl. 11.30–23 Uhr, Taxisstr.12, Tel. 089/15 68 27, www.taxisgarten.de

Metzgerwirt. Alte Münchner Traditionswirtschaft mit kleinem Garten, im Hauptraum sitzt man besonders schön. Tgl. 10.15–0.15 Uhr, Nördliche Auffahrtsallee 69, Tel. 089/17 04 70, www.metzgerwirt-muc.de

Hirschgarten. Mit 8000 Plätzen Bayerns größter Biergarten, mit Hirschgehege. Gute Steckerlfische. Tgl. 9–24 Uhr

Canal Grande. Im Sommer sitzt man im Garten mit Blick auf den Kanal, sehr gute italienische Küche, nicht billig, aber angemessen. Tipp: Das Mittagsmenü ist günstig und gut. Mo–Fr 11.30–14.30, 18–23 Uhr, Sa, So 11.30–23 Uhr, Ferdinand-Maria-Str. 51, Tel. 089/17 45 65, www.ristorantecanalgrande.de

Kurfürst Maximilian. Trattoria, Restaurant. Ausgezeichnete italienische Küche, freundlicher Service, gute Pizza, nicht überteuert. Tgl. 11.30–24 Uhr, Waisenhausstr. 63, Tel. 089/157 10 58

Poseidon. Griechisches Restaurant, gutes Essen, vernünftige Preise, nette Atmosphäre. Tgl. 11–15 und 17–1 Uhr, Maria-Ward-Str. 24, Tel. 089/17 09 44 66, www.poseidon-muenchen.de

Ruffini. Café, Konditorei, Weinhaus. Netter Nachbarschaftstreff, gutes Frühstück, Biologisches. Di–So 10–24 Uhr, Orffstr. 22–24, Tel. 089/16 11 60, www.ruffini.de

ÜBERNACHTEN

Laimer Hof. Ruhiges Hotel in einer Villa aus dem Jahr 1886, Familienbetrieb, sehr freundlich, aus-

Die prächtige Fassade des Mitteltrakts

gezeichneter Service, für Angebot und Lage günstig. Laimer Str. 40, Tel. 089/178 03 80, www.laimerhof.de

Hotel Nymphenburg. Günstig und nett geführt. Bei der Buchung darauf achten: Die Zimmer zur Nymphenburger Straße hinaus sind laut. Nymphenburger Str. 141, Tel. 089/121 59 70, www.hotel-nymphenburg.de

Hotel Kriemhild. Modernes 3-Sterne-Hotel, Familienbetrieb, unteres mittleres Preissegment. Guntherstr. 16, Tel. 089/171 11 70, www.kriemhild.de

VERANSTALTUNGEN

Ruffini. In dem Café finden regelmäßig Veranstaltungen statt: Lesungen, Ausstellungen, Jazz-Konzerte, Kabarett ... Orffstr. 22–24, Tel. 089/16 11 60, www.ruffini.de

AKTIVITÄTEN

Schlittschuhlaufen und Eisstockschießen. Im Winter verwandelt sich der Kanal im Park in eine Schlittschuh- und Eisstockschießbahn. Schuhe und Eisstöcke kann man mieten. Tgl. 9–22 Uhr, Südliche Auffahrtsallee 27, www.eisstock-muenchen.de

Charlotte von Owen in der Schönheitengalerie

42 Hellabrunn
Ein Naturpark für Tiere

Woher das Nashorn seinen Namen hat, ist eine Frage, die nur die Liesl Karlstadt ihrem Karl Valentin stellen kann. Und der weiß natürlich die Antwort: »Weil's auf der Nase ein Horn hat.« Sie: »Ja, wia is denn des dann beim Elefant?« Valentin: »Naja, der hat eine Ele am Fant.« Valentin weiß auch andere Naturphänomene zu deuten. Sie: »Horch, was is denn das für ein Gebrüll?« Er: »Das sind wahrscheinlich Brüllenschlangen.«

Der »wunderbare Tintenfisch« oben im Baum, den Valentin bei seinem *Besuch im Tierpark* entdeckt, taucht bei der jährlichen Inventur in Hellabrunn nicht auf, und auch keine einzige Brüllenschlange ist gelistet. Aber selbst ohne die beiden weist der Bestand 5500 Wirbellose und 417 Reptilien auf, neben 989 Säugetieren, 1018 Vögeln, 118 Amphibien, etwa 9100 Fischen, rund 2000 Insekten und 41 Spinnentieren. Summa summarum eine stolze Bilanz: Mit 19 183 Tieren in 757 Arten gehört Hellabrunn zu den tier- und artenreichsten Zoos Europas.

So ein Tierpark führt seine Inventur natürlich nicht aus steuerlichen Gründen durch. Es geht vielmehr um die Entwicklung und die Gesundheit seiner Tiere. Wo immer möglich, wird gewogen und gemessen, und schließlich weiß man: Giraffenbulle Togo ist der Größte – Scheitelhöhe 4,40 Meter –, Blattschneide-Ameise Resi mit 0,5 Zentimetern Länge die Kleinste, das längste Tier ist Anakonda Anna: 4,10 Meter. Und Elefantenkuh Panang punktet mit Pfunden: 4,5 Tonnen bringt sie auf die Waage.

Oben: Trotz des manchmal rauen Klimas – die Flamingos fühlen sich wohl in München.
Unten: Die Seychellen Riesenschildkröten freilich brauchen ein Terrarium, damit die Temperatur für sie stimmt.

Hellabrunn

Das historische Elefantenhaus

Naturerlebnis im Park der Tiere

Auenlandschaft mit altem Baumbestand, Bäche und kleine Seen, das eingewachsene Hanggelände am östlichen Isarufer mit mächtigen Nagelfluhfelsen – idealere Bedingungen hätte sich Emanuel von Seidl nicht wünschen können für die Aufgabe, die ihm gestellt war: einen Park zu schaffen, der naturnahe Tierhaltung ermöglichte. Er entwarf seinen Plan geschickt, fügte die Gebäude sensibel in die Landschaft ein und schrieb dazu noch Geschichte: Das Elefantenhaus (1914) besitzt mit seiner 18 Meter hohen Betonglas-Kuppelkonstruktion eine der ersten freitragenden Betonkuppeln weltweit. Dieser Luxus für die Dickhäuter kostete viel Geld, dazu noch Krieg, Inflation – 1922, elf Jahre nach der Eröffnung, war Hellabrunn pleite.

Der zweite Versuch, 1928 gestartet, verlief erfolgreicher, und das lag an Direktor Heinz Heck und dessen neuem Konzept: Hellabrunn war der erste Geozoo der Welt, die Tierarten sind nach geogra-

ST. MARIA THALKIRCHEN
Falls beim Betrachten der Wunder der Tierwelt Zweifel kamen, ob wir wirklich die Krone der Schöpfung sind, ist die Wallfahrtskirche St. Maria Thalkirchen der rechte Ort, um das angeknackste Selbstbewusstsein aufzurichten. Nicht durch die Bestätigung der Spitzenposition durch den Schöpfer, sondern durch den Genuss dessen, was nur wir können: Kunstwerke schaffen. Das Dorfkirchlein (13. Jh.) enthält gotische, barocke und dank Erweiterung von Gabriel von Seidl (1908) jugendstilartige neubarocke Elemente. Der Hochaltar ist ein Meisterwerk, bei dem die Verbindung von Spätgotik und Rokoko in einzigartiger Weise geglückt ist. Das Gnadenbild, die Madonna mit Kind, Michael Erhart (1482) zugeschrieben, stammt aus dem gotischen Flügelaltar. Ignaz Günther schuf um 1760 den rückwärtigen Altaraufbau mit Strahlenglorie und den Engel, der sich Maria nähert. Ebenfalls von Günther: die Figuren St. Joachim und St. Anna, von Erhart St. Ulrich und St. Korbinian.

St. Maria Thalkirchen. Fraunbergplatz 1

Unser nächster Verwandter

Platz zum Klettern für Affen

fischen Gesichtspunkten platziert, die Besucher wandern von Kontinent zu Kontinent. Heck ist auch zu verdanken, dass der Tierpark sofort nach dem Krieg wieder aufmachen durfte. Als Hitlertreue am 30. April 1945 einen Trambahnwagen auf die Thalkirchner Brücke stellten, um den Einmarsch der Amerikaner zu verhindern, rückte Heck mit Elefantenkuh Lelabati an, und die schaffte das Hindernis aus dem Weg. Diese Tat stimmte die Besatzer milde, und sie gaben sogar Lora einen Persilschein, obwohl die Kakadudame sich jeder demokratischen Umerziehung widersetzte und die Besucher noch jahrelang mit »Heil Hitler, Kamerad« begrüßte.

Ludwig und die Eisbären

Seit über 50 Jahren wird in Hellabrunn gebaut, erweitert, renoviert und umgestaltet, primär, um den Tieren einen möglichst artgerechten Lebensraum zu schaffen, aber auch mit dem Ziel, ästhetisch Ansprechendes in den herrlichen Naturpark zu setzen. Besonders gelungen: die 1980 von Jörg Gribl, Frei Otto (s. S. 238) und Ted Happold errichtete Voliere. Über einer Grundfläche von 5000

Oben: Platz mit Aussicht: Wenn das kein artgerechtes Affenleben ist!
Unten: Und auch der südafrikanische Kronenkranich bedankt sich mit einer Verbeugung für sein nettes Plätzchen.

»Auf der Nase ein Horn« – Indisches Panzernashorn

Quadratmetern spannt sich in 18 Metern Höhe ein dünnmaschiges Edelstahlgewebe. Ein Bach durchzieht das Gelände, die Vögel – u. a. Enten, Störche, Reiher, Ibisse, Sichler – können fliegen, brüten, balzen. Ihre tropischen Kollegen leben im Dschungelzelt, wo tagsüber schlafende Riesenflughunde hängen. Im Urwaldhaus sind Gorillas, Schimpansen und andere Tiere aus demselben Habitat zuhause, im 2012 komplett renovierten Aquarium im Untergeschoss ziehen zwei Haie ihre Runden.

Neben dem Elefantenkind Ludwig lockt das Polarium mit Robben, Seelöwen, Pinguinen scharenweise Besucher an. Diese 2010 eröffnete Polarwelt ist eine der modernsten Anlagen für Eisbären in Europa, durch Glaswände kann man die Tiere auch unter Wasser beobachten. Ebenso nahe Begegnungen werden möglich sein, wenn die Giraffen 2013 ihr neues Haus in der Savanne beziehen. Die Besucherplattform wird so hoch sein, dass sich Tier und Mensch auf Augenhöhe begegnen können. Was sich Togo, der Größte in Hellabrunn, wohl denken wird, wenn plötzlich so ein Menschenkopf vor ihm auftaucht? Vielleicht: wunderbarer Tintenfisch oben im Baum.

Infos und Adressen

SEHENSWÜRDIGKEITEN
Tierpark Hellabrunn. April–Sept. 9–18 Uhr, Okt.–März 9–17 Uhr, Tierparkstr. 30, Tel. 089/62 50 80, www.tierpark-hellabrunn.de

ESSEN UND TRINKEN
Tierpark-Restaurant Hellabrunn. Den Kiosken sollte man dieses Selbstbedienungslokal mit dem hübschen Garten vorziehen. Preiswert und für den Massenbetrieb erstaunliche Qualität. April–Okt. 8–18 Uhr, Nov–März 9–17 Uhr, Tierparkstr. 30, Tel. 089/62 50 80, www.josef-rubenbauer.de

Alter Wirt. Bayerisch, großer Saal, schöner Biergarten, preiswert. Tgl. 9–24 Uhr, Fraunbergstr. 8, Tel. 089/742 19 90, www.alterwirt-thalkirchen.com

ÜBERNACHTEN
Gästehaus am RPTC. Das Gästehaus einer Klinik war gedacht für Begleiter der Patienten, nimmt aber auch Gesunde auf. Franz-v.-Rinecker-Str. 2, Tel. 089/66 06 70, www.rptc.de

43 Isar
Neues Bett, neues Freizeit-paradies

Durch andere Großstädte fließen Ströme, auf denen Schiffe den Weltmeeren entgegenfahren. München nun liegt an einem Gebirgsfluss, der sich weigert, gehobene nautische Dienste zu erbringen. Simple Flöße toleriert die Isar, aber Schiffe kommen ihr nicht ins Bett. Den mangelnden Tiefgang darf man nicht als Charakterschwäche auslegen, die Isar ist ein Wildfluss, und sie trägt ihren Namen »die Reißende« zu Recht.

Grün glitzernd, so klar, dass man die Kiesel schimmern sieht, gemächlich und ohne viel Aufhebens zu machen, legt die Isar ihren ungefähr 14 Kilometer langen Weg durch das Stadtgebiet zurück. Sofern »die Sonne und der blaue Himmel lacht«, wie die Volkssängerin Bally Prell in ihrem herzerfrischend kitschigen *Isarmärchen* singt, in dem nicht nur der Fluss rauschend sein »uraltes Liedlein« vorträgt, sondern auch noch »Elfelein« mit Flöten und Schalmeien die Stadt preisen: »Schön wie ein Märchen, mein Mü-hünchen bist du«.

Oben: Hier kann der Fluss sich ausbreiten: Blick von der Großhesseloher Brücke auf die Isar
Unten: Das Wehr am Isarkanal bei Maria Einsiedel

Wenn dem Himmel aber gerade nicht nach Lachen zumute ist, tagelang der Regen rauscht, die Wolken sich vor den Bergen abregnen und überschüssiges Wasser aus dem Sylvensteinspeicher abgelassen werden muss, klingt die Isar anders. Dann brüllt sie, schmeißt sich mit aller Wucht gegen die Brückenpfeiler, grau rast sie durch die Stadt, gespenstisch tanzen riesige Baumstämme auf den Wogen. Und die Münchner stehen auf den Brücken und können's nicht fassen. Ihre grüne Isar – die »Reißende«.

Der Hinterbrühler See mit dem Bootshaus

Raus aus dem Korsett

In der Statistik ist für München nur alle 200 Jahre ein katastrophales Hochwasser vorgesehen, aber die Isar hält sich nicht dran. Dem Pfingsthochwasser von 1999 folgte im Mai 2010 ein weiteres, dessen Pegelstand 66 Zentimeter über dem von 1999 lag. Drei Zentimeter mehr und der Fluss hätte sein Bett verlassen. Positiv wirkte sich aus, dass die Renaturierungsmaßnahmen im Süden damals schon so weit vorangeschritten waren, dass der Fluss sich in seinem über die gesamten Auen ausgedehnten Hochwasserbett breitmachen konnte. Damit war ein Ziel des 35 Millionen Euro teuren Projekts erreicht, das im Jahr 2000 an der Großhesseloher Brücke begann: Hochwasserschutz. Das zweite hieß Naturnähe, Lebensraum für Tiere und Pflanzen, und das dritte Freizeitwert.

2011 waren die Renaturierungsmaßnahmen abgeschlossen, über acht Kilometer bis zum Deutschen Museum in der Innenstadt kann sich die Isar nun wieder wie ein Wildfluss bewegen, Inseln und Kiesbänke bilden und abtragen, ihre Fließgeschwindigkeit nach Lust und Laune variieren.

WEITERSTRAMPELN

Die vorgeschlagene einfache Radtour lässt sich problemlos in südlicher Richtung erweitern. Wer fit ist (hin und zurück rund 40 Kilometer) und das ständige Bergauf, Bergab nicht scheut, kann der Isar bis zum Kloster Schäftlarn folgen. Und wird dort reichlich belohnt: Die Klosterkirche gehört zu den schönsten Barockbauten Bayerns, was allein schon die Namen derer belegen, die ab 1733 am Neubau und der Ausstattung der Stiftskirche beteiligt waren – u.a. François Cuvilliés d. Ä., Johann Baptist Gunetzrhainer, Johann Baptist Zimmermann, Johann Baptist Straub. Es muss aber nicht so weit sein. Auch die Fahrt am westlichen Isarufer nach Grünwald ist schön – allein schon deshalb, weil hier weniger Verkehr ist als nördlich der Großhesseloher Brücke. Nach einer Einkehr in der »Waldwirtschaft« in Großhesselohe oder später beim »Brückenwirt« kurz vor Grünwald, quert man die Isar auf der Grünwalder Brücke und fährt – nun nicht mehr im Flachland, sondern auf dem Hochufer – wieder Richtung Stadt.

AUTORENTIPP!

ALLES BIO IM BAD

Das romantischste Freibad in München ist schnell gekürt: Maria Einsiedel. Auf fast 400 Meter Länge fließt der Isarkanal flott und eiskalt durch das Gelände, alte Bäume spenden Schatten, grün schimmert das Wasser in den beiden Becken – wer hier eintaucht, hat das Gefühl, in einem See zu schwimmen. Das Eintauchen kann allerdings ein bisschen dauern, denn das Wasser ist mit 22 Grad um zwei Grad kälter als in den anderen städtischen Münchner Freibädern. Aber dafür enthält es kein Chlor, und die Wasserqualität ist besser als in einem Badesee.

Das Bad Maria Einsiedel gibt es schon seit 1899, und es ist ein Wunder, dass es unbeschadet überlebt hat und nicht von der Eventkultur vereinnahmt wurde. Im Jahr 1991 sollte es eigentlich geschlossen werden, aber dann entschloss sich die Stadt, aus Maria Einsiedel ein Vorzeigeobjekt zu machen: Ein Naturbad, die Reinigung des Badewassers übernehmen Mikroorganismen, Kleinstlebewesen und Wasserpflanzen in einem Kiesbodenfilter.

Maria Einsiedel. Mai–Aug. tgl. 9–18 Uhr, an heißen Tagen bis 20 Uhr, Zentralländstr. 28

Ein schattiger Fahrradweg führt flussaufwärts.

Pflanzen siedeln sich an, Insekten bieten Fischen Nahrung, mitten im Stadtgebiet finden Wiesensalbei und Sonnenröschen, Äsche und Barbe, Wechselkröte und Flussregenpfeifer ein Habitat.

In memoriam Gabriel von Seidl

Das Projekt fand international Beachtung, sogar in Los Angeles präsentierte sich München als Trendsetter. Aber andere Städte dürften sich schwertun, etwas Ähnliches durchzuführen: Wo die Häuser dicht an dicht das Flussufer säumen, kann man nun mal nicht renaturieren. Und da kommt einer ins Spiel, an den bei all dem Jubel über die Befreiung der Isar aus ihrem schnurgeraden Betonkorsett nicht gedacht wurde: Gabriel von Seidl. »Das Paradies darf sich jeder Mensch vorstellen, wie er will; ich dachte das deutsche Paradies musste so ausschauen«, sagte er 1910 beim Blick über die Isar auf die Schlossleite in Grünwald. Dass dieses Paradies bedroht war, hatte er frühzeitig erkannt. In den 1890er-Jahren wurden das Stauwehr bei Höllriegelskreuth und der

Radtour an der Isar

A Schyrenbad. Auch wenn die Radtour einfach ist, denn es gibt keine starken Steigungen, eine Erfrischung im Freibad zum Auftakt kann nicht schaden. Das Schyrenbad gibt es schon seit 1847, es liegt in einem großen Park mit altem Baumbestand. Mai-Aug. tägl. 9–18 Uhr, an heißen Tagen bis 20 Uhr, Claude-Lorrain-Str. 24

B Flaucher. Ebenso wie der Stachus (s. S. 100) erhielt auch der Flaucher seinen Namen von einem Wirt – Johann Flaucher eröffnete in den 1870er-Jahren hier eine Gartenwirtschaft –, und wenn man an einem schönen Sommerabend dem Treiben auf den Kiesufern und -inseln hier zusieht, kann man nur sagen: Da geht's zu wie am Stachus. Schon um 17 Uhr werden die Grills aufgebaut, das Bier kommt zum Kühlen ins flache Isarwasser, und schon bald ziehen Rauch- und Duftwolken über den Fluss.

C Asam-Schlössl. Der Maler C. D. Asam (s. S. 52) richtete sich dieses Anwesen ab 1724 als Landsitz ein. Die Fassade hat er natürlich selbst bemalt. Heute ist hier ein Restaurant untergebracht.

D Großhesseloher Brücke. Von der 1985 neu errichteten Brücke bietet sich ein herrlicher Blick über die Isar. Der Fußgängerweg ist vergittert, weil es immer wieder Selbstmörder auf die Brücke

Gemütliche Box im Gasthof »Hinterbrühl«

zieht. Der Radweg zurück zur Stadt verläuft auf dem Hochufer der Isar.

E »Menterschwaige«. Ein Muss bei jeder Radtour: die Einkehr in dieser schönen alten Wirtschaft direkt am Isarhochufer.

F Altharlaching. Ein grünes Wohnviertel, in dem sehr schöne alte Häuser stehen. 1909 wurde hier nach einem Plan des Architekten Gabriel von Seidl (s. S. 34) auf dem Areal des Harlachinger Schlosses die »Gartenstadt« errichtet, ein Villenviertel am Isarhochufer. Die Amerikaner wussten die Gegend zu schätzen. Als sie München einnahmen, warfen sie Flugblätter ab, auf denen stand: »Dieses Viertel werden wir schonen, denn hier werden wir mal wohnen.«

Werkskanal gebaut, 1894 nahm die Wasserkraft-
anlage »Zentrale I« ihren Betrieb auf. Seidl wusste,
dass dies nur der Anfang der Zerstörung seines
Paradieses war, auf das sich die Boden- und Bau-
spekulanten nun stürzen würden, und handelte:
1902 gründete er im Künstlerhaus den Isartalverein. Bekannt und einflussreich wie er war, gelang
es ihm, die Münchner für seine Idee zu begeistern,
der Verein beschaffte Geldmittel, um Grundstücke
zu erwerben, die unbebaut blieben, er schuf Rast-
und Aussichtsplätze und sorgte für die Erschließung des Isartals durch Wanderwege.

Party am Fluss

München leidet, so heißt es amtlich, unter »Freizeitdruck«. Und so ist es kein Wunder, dass diese
Druckwelle Zigtausende in das neu erschlossene
Gebiet treibt. Grillen, im Wasser planschen, Würs-
tel am Lagerfeuer rösten, Ball spielen, Radeln –
vor allem der Flaucher, eine Auwald- und Kies-
landschaft nördlich des Tierparks, ist ein beliebter
Treff, aber auch vom Gärtnerplatzviertel zieht das
Partyvolk an die Isar, der Kiosk an der Reichen-
bachbrücke sorgt für alkoholischen Nachschub.
Zurück bleibt Müll, zerbrochene Glasscherben liegen herum – der Verein der Isarfischer, der den
Fluss von der Stadt gepachtet hat und aufräumt,
kann ein Lied davon singen. Ein »Isarmärchen« in
Molltönen.

Wegen eines Fisches ist übrigens das Befahren der
Isar mit Schlauchbooten oder Kanus verboten.
Auch darüber wachen die Fischer streng, denn der
sagenhafte Roeckl-Huchen, so benannt, weil er in
der Nähe des Roecklplatzes gesichtet wurde, darf
keinesfalls gestört werden. Das »Isar Krokodil« ist
angeblich 1,30 Meter lang, 25 bis 30 Kilogramm
schwer und so stark, dass es kein Fischer fangen
kann. Auch ein »Isarmärchen«?

Oben: Der Flaucher gehört zu den
beliebtesten Plätzchen der »unter
Freizeitdruck leidenden« Münchner.
Mitte: Rad abstellen und am Isarkanal entspannen
Unten: Nicht nur der Eisbach, auch
die Isar lockt Surfer.

Infos und Adressen

ESSEN UND TRINKEN

Keko. Das türkische Restaurant in der Au ist bereits in dritter Generation in Familienbesitz, kein folkloristisches TamTam, eng, gute Küche. Tgl. 17–1 Uhr, Mariahilfstr. 24, Tel. 089/65 99 69

Restaurant und Biergarten Zum Flaucher. Terrasse, schattiger Biergarten, gute Spareribs. Do, Fr, So 11–20 Uhr, Sa 9.30–20 Uhr, Isarauen 8, Tel. 089/723 26 77, www.zumflaucher.de

Asam-Schlössl. Schönes Ambiente, hübscher Garten, traditionelle und gehobene Küche, nicht überteuert. Tgl. 11–24 Uhr, Maria-Einsiedel-Str. 45, Tel. 089/723 63 73, www.asamschloessl.de

Gasthof Hinterbrühl. Früher kehrten in dem Gasthaus am Hinterbrühler See, das im 18. Jh. aus einer Kalkbrennerei entstand, die Isarflößer ein. Gute bayerische Küche, der Biergarten erhielt 2012 die Auszeichnung »schönster Biergarten in Oberbayern«, Brotzeit darf man mitbringen. Mo–So 10–24 Uhr, Hinterbrühl 2, Tel. 089/79 44 94, www.gasthof-hinterbruehl.de

Zur Floßlände. Restaurant in einer alten Villa, schöner Biergarten mit Fischhütte, gegenüber legen die Flöße an und die – nicht immer ganz nüchternen – Fahrgäste betreten wieder festen Boden. Di–Fr 17–23.30 Uhr, Sa, So 11–23.30 Uhr,

Im Biergarten »Menterschwaige« rasten die Radler.

Terrasse der »Antica Trattoria«

Zentralländstr. 30, Tel. 089/54 04 36 06
www.villa-flosslaende.de

Antica Trattoria. Guter Italiener am Isarhochufer, schöner Gastgarten, ruhig gelegen. Nicht billig, aber günstige Pizza. Di–So 11.30–1 Uhr, Braunstr. 6, Tel. 089/642 66 66

ÜBERNACHTEN

Campingplatz München-Thalkirchen. Camping in Bestlage. Mitte März–Ende Okt. 7–23 Uhr, Zentralländstr. 49, Tel. 089/723 17 07, www.camping-muenchen.de

AKTIVITÄTEN

Bootfahren, Eisstockschießen. Beim »Seehaus Hinterbrühl« kann man Boote mieten und den See erkunden. Danach: Brotzeit im Seehaus. Im Winter kann kam hier Eisstöcke ausleihen. Hinterbrühl 1a, Tel. 089/79 52 69, www.seehaus-hinterbruehl.de

Picknick an der Isar. Die Wirtsleute des »Floßlände« packen alles in einen Leiterwagen – Tisch, Stühle, Schirm, Geschirr, Grill, Getränke, Speisen –, dann zieht man los und sucht sich ein schönes Plätzchen zum Picknicken. www.isarpicknick.de

44 Bavaria Filmstadt
Klappe 1, 2, 3!

Als Verlagsstadt kann sich München mit den ganz Großen messen: Da nimmt die Isarmetropole Platz zwei ein – hinter New York. Auch im Bereich Film den Vergleich mit Amerika zu wagen, ist vermessen, aber die Münchner schrecken vor nichts zurück: »Bayerisches Hollywood« nennen sie den Stadtteil Geiselgasteig, denn hier liegen die Bavaria Studios und in deren Umfeld wohnt entsprechend viel Prominenz aus Film und Fernsehen.

München ist nicht Hollywood, aber was wäre Hollywood ohne München? Genauer, ohne die 1937 von Arnold & Richter entwickelte Arriflex, die als leichte Handkamera mit Objektivrevolver ihren Siegeszug um die Welt antrat. 16-mal hat ARRI den Oscar für technische Innovationen enthalten.

Oscars gingen auch an drei Absolventen der renommierten Hochschule für Fernsehen und Film:

Oben: In dieser Kutsche fuhr der bayerische König Ludwig II. – im Film natürlich nur. Die echte steht im Marstallmuseum in Nymphenburg.
Unten: Auch das kennt man aus dem Film: das Festspielhaus in Bayreuth.

MAL EHRLICH

FASTFOOD

»Für das leibliche Wohl ist natürlich auch gesorgt. Im McDonald's Restaurant gleich um die Ecke, an der Popcorn-Bude oder in der Snack-Bar im Bullyversum können Sie … jederzeit eine kleine Stärkung zu sich nehmen.« So die Website der Filmstadt. Hallo, Leute! Euer Publikum sind Familien mit Kindern, und die Besichtigung dauert mehrere Stunden. Ihr liegt in der Pampa – da kann man nicht auf ein anderes Restaurant ausweichen. McDonald's, Popcorn, Snacks und das als»leibliches Wohl« zu bezeichnen – mal ehrlich!

Sorgt für Teenager-Herzklopfen: Jimi Blue Ochsenknecht.

Florian Henckel von Donnersmarck, *Das Leben der Anderen*, Florian Gallenberger *Quiero Ser*, Caroline Link *Nirgendwo in Afrika*. Zu den bekannten Filmemachern, die hier ihr Handwerk lernten, gehören Wim Wenders, Roland Emmerich, Bernd Eichinger, Doris Dörrie und Marcus H. Rosenmüller.

Hitchcock was here

Als Peter Ostermayr 1919 die Münchener Lichtspielkunst GmbH gründete, lag die Konkurrenz noch nicht in Übersee, sondern im eigenen Land. Berlin hatte die Nase vorn, da half es auch nichts, dass Ostermayr analog zur UFA das Kürzel Emelka wählte, das ohnehin besser zu einem Molkereibetrieb gepasst hätte. Trotz der Dominanz der Hauptstadt, in den 1920er-Jahren wurde auch in München Filmgeschichte geschrieben. So war Emelka die einzige Gesellschaft, die dem jungen Alfred Hitchcock eine Chance gab, er drehte hier 1925 seine ersten Filme.

Büro von Leo Kress aus *Der Alte*

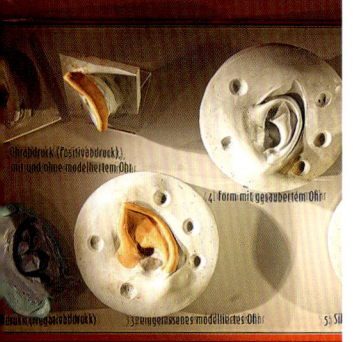

Oben: Der originalgetreue Nachbau des U-Boots aus *Das Boot*
Mitte: Hier lernt man, wie Spocks Vulkanier-Ohren hergestellt werden.
Unten: Der Steinbeißer aus der *Unendlichen Geschichte* von Michael Ende

Hitchcock findet sich in guter Gesellschaft: in den Geiselgasteiger Studios, später umbenannt in Bavaria, arbeiteten Regisseure wie Max Ophüls, Elia Kazan, Billy Wilder, Orson Welles, Ingmar Bergman, Stanley Kubrick, Claude Chabrol, Peter Zadek, Rainer Werner Fassbinder. Es standen berühmte Schauspieler vor der Kamera wie Sophia Loren, Heinz Rühmann, Elizabeth Taylor, Gene Kelly, Klaus Kinski, Gert Fröbe, Liza Minelli.

Die Liste der Stars ließe sich fortführen, ergänzt durch Namen großer Filme und bekannter TV-Serien wie *Der Köngi von St. Pauli* und gespickt mit Zahlenwerk – 30 Hektar Grund, 26 000 Quadratmeter Studioflächen – die Bavaria Film gehört zu den größten Studios der Welt.

Blick hinter die Kulissen

»Das Boot. Deutschlands teuerster Film« titelte *Der Spiegel* im Dezember 1980. »Schon die Grundidee ist mehr als kühn: Eine deutsche Produktionsfirma, die Bavaria, unternimmt den späten und doch nie zuvor gewagten Versuch, mit einem rein deutschen Actionfilm aus dem Kunstfilm-Getto und aus Fassbinders Moritaten-Manufaktur auszubrechen und international auf den Markt vorzudringen, auf dem die wirklich schweren Jungs des Kinogeschäfts antreten.«

32 Millionen DM kostete die Produktion – Regie Wolfgang Petersen –, und ein Großteil der Kosten entfiel auf den Nachbau von Modellen eines deutschen U-Boots aus dem Zweiten Weltkrieg. Das Aufwendigste stand im Studio der Bavaria, in Originalgröße wurde der Innenraum des Typs VII-C konstruiert mit Torpedorohren, Mannschaftsräumen und der winzigen Offiziersmesse. Nach dem Dreh stand man dann mit dem U-Boot da und wusste nicht wohin damit. Bis die Idee geboren

Modell der Brücke aus *Raumschiff Enterprise*

wurde, es auszustellen, und das war der Start-schuss für die Bavaria Filmstadt.

Seitdem werden Kulissen und Requisiten aus allen großen Produktionen aufbewahrt und zur Schau gestellt: Fuchur aus der *Unendlichen Geschichte*, das Schiff aus *Wicky und die starken Männer*, das gallische Dorf aus *Asterix und Obelix gegen Cäsar*, Jimi Blue Ochsenknecht aus *DWK5 – Die wilden Kerle, hinter dem Horizont*, der Gang aus dem siebten Stock in Stammheim mit der Zellentür Nr. 720 aus *Der Baader-Meinhof-Komplex* und, und, und. Im Rahmen einer Führung sieht man Kulis-senstraßen und Drehvillen, besucht Studios und wirft einen Blick in die Trickkiste der Traumindus-trie. Im 4 D-Erlebniskino sieht man 3 D und wird – 4 D – durchgeschüttelt. Insgesamt: informativ und vergnüglich.

Nur wer – aus welchem Grund auch immer – Pro-bleme mit Bully Herbig hat, wird auf eine harte Probe gestellt. So witzig und vielfältig die An-gebote im »Bullyversum« sind – über zwei Stock-werke Personenkult ist doch etwas viel. Warum er? Weil er sich in 100 Jahren ebenso großen Nachruhms erfreuen wird wie Hitchcock? Oder weil sich kein anderer Regisseur fand, der bereit war, hier sein Kinderzimmer und seine Schlumpf-sammlung zur Schau zu stellen?

Infos und Adressen

SEHENSWÜRDIGKEITEN

Bavaria Filmstadt. Für Führung und Erlebniskinos werden feste Uhrzeiten zugeteilt, das Bullyversum ist den ganzen Tag zugänglich.

ESSEN UND TRINKEN

Schlosshotel Grünwald Ristorante. Wie der Name sagt, ein italienisches Restaurant, von der Terrasse wun-derbarer Blick ins Isartal. Tgl. 11.30 bis 23 Uhr, Zeillerstr. 1, 82031 Grün-wald, Tel. 089/64 96 26 36, www.schlosshotelgruenwald.de

ÜBERNACHTEN

Hotel Ritterhof. Ruhiges, gepflegtes Hotel, zivile Preise, Frühstück (exkl.) bei schönem Wetter auf der Terrasse. Nördliche Münchner Str. 6, Tel. 089/ 649 00 90, www.hotel-ritterhof.de

Schlosshotel Grünwald. Grünwald gehört nicht zu München und ist eine der reichsten Gemeinden Deutsch-lands. Hier ist nichts billig, auch die-ses Hotel nicht. Aber die Atmosphäre ist angenehm, die Zimmer sind indivi-duell gestaltet. Kein Lift. Zeillerstr. 1, 82031 Grünwald, Tel. 089/649 62 60, www.schlosshotelgruenwald.de

45 Olympiagelände
Veranstaltungs- und Freizeitzentrum

»Rama dama!« Mit diesem Ruf aktivierte Bürgermeister Thomas Wimmer im Oktober 1949 über 7000 Freiwillige, die mit Schaufeln zum Marienplatz kamen und die Innenstadt von Steinen und Trümmern befreiten. Übersetzt – »Räumen tun wir« – verliert der Satz seine Dynamik, als »Rama dama« wurde er zum Inbegriff des Neuanfangs nach dem verheerenden Krieg, der die Altstadt in Schutt und Asche gelegt hatte.

15 000 Kubikmeter Trümmer karrten die Helfer an einem Tag vom Marienplatz – und das war nur ein Bruchteil dessen, was es hier zu beseitigen und zu deponieren gab. 50 Millionen Kubikmeter Schutt mussten raus aus der Stadt, irgendwo hingebracht und abgeladen werden. So entstanden drei Schuttberge, einer von ihnen, 56 Meter hoch, sollte rund 20 Jahre später zum Olympiaberg mutie-

Oben: Wo sich heute eine modellierte Parklandschaft erstreckt, lag früher der Flughafen Oberwiesenfeld.
Unten: Klug geplant: Die »nacholympische Nutzung« des Geländes funktioniert.

MAL EHRLICH

RÖHRENDE RASER
Der Vergleich, den Günter Behnisch zum Thema Kommerzialisierung des Olympiastadions heranzog, ist ironisch überhöht: Man würde die Feldherrnhalle ja auch nicht zum Spielsalon oder die Marienkirche zur Kongresshalle umwandeln. Nun ist eine Sporthalle kein Heiligtum, aber bei manchen Events fragt man sich wirklich, ob das sein muss, vor allem wenn sie mit derartigem Lärm verbunden sind wie das Autorennen DTM. Da flieht, wer kann aus dem Park, die bedauernswerten Anwohner aber haben keine Fluchtmöglichkeiten.

Das Olympiagelände aus der Vogelperspektive

ren und damit Teil eines Gesamtkunstwerks werden, mit dem Deutschland sich nach dem Krieg weltweit präsentierte.

Sechs Jahre Baustelle

Als Willi Daume, Präsident des deutschen Nationalen Olympischen Komitees, 1965 im Rathaus vorsprach und auf die Frage des Oberbürgermeisters Hans-Jochen Vogel, was er denn bringe, antwortete »die Olympischen Spiele 1972«, sagte Vogel: »Sauber.« Dieses kleine Wort drückt im Bairischen nicht eitel Freude aus, es beinhaltet Skepsis. Und die war angebracht. Vogel tat zwar alles, um die Spiele an die Isar zu holen – neben Daumes Engagement ist vor allem ihm und seinem klugen und zurückhaltendem Auftreten auf dem internationalen Parkett zu verdanken, dass München 1966 den Zuschlag bekam –, aber der Oberbürgermeister wusste auch, was das bedeutete. Die Stadt verfügte über keine großen Sportstätten, es fehlten Hotelbetten, die Verkehrsinfrastruktur war katastrophal.

Das zu ändern, stand sowieso auf der Agenda der Kommune, und Vogel sah die Chance: Olympia-

BLICKEN UND GENIESSEN

An den *Tatort* »Außer Gefecht« – Leitmayr ist mit einem mörderischen Krankenpfleger im Lift des Olympiaturms gefangen – darf nicht denken, wer zur Aussichtsplattform auf 185 Metern hinaufgleitet, sonst bekommt man Platzangst. Die währt allerdings nicht lange: Nach nur 30 Sekunden tritt man ins Freie oder genießt den Blick durch die Fenster – die Stadt zu Füßen. Und wenn Föhn ist, rücken auch noch die Berge greifbar nah! Der Olympiaturm (291 m) ist zum Wahrzeichen der Stadt geworden. Geplant und gebaut wurde er schon, bevor klar war, dass die Isar-Metropole Olympiastadt werden würde: München brauchte einen Fernmeldeturm, um die Leistungen des Rundfunk- und Fernsehprogramms zu verbessern. So gibt es denn auch zwei »Körbe«: Unten sind die Fernmeldeeinrichtungen, oben die Aussichtsplattform und das Drehrestaurant (s. S. 245).

Olympiaturm. Mo–So 9–24 Uhr, letzte Auffahrt 23.30 Uhr.

AUTORENTIPP!

AUF STRASSEN DURCHS MUSEUM LAUFEN

Eine Verlängerung der Straße im umbauten Raum sollte es werden, so der Architekt Karl Schwanzer, der mit dem BMW Museum unmittelbar neben der Konzernzentrale eine außergewöhnlich kühne Betonarchitektur direkt an den Mittleren Ring stellte. Das Innere mit seinen fünf »schwebenden« Plattformen bietet Platz für große Wechselausstellungen und ist schon wegen seiner runden Raumschöpfung einen Besuch wert. 2008 wurde das Haus auf 5000 Quadratmeter erweitert und mit medialen Highlights wie LED-Fassaden und einem meditativen Kugelspiel ausgestattet. Die Historie von BMW wird greifbar, wenn es um die frühen Erfolge im Flugmotorenbau, um sportlich ausgelegte Motorräder sowie Technik- und Designfragen rund ums Automobil geht. 25 Dauerausstellungsbereiche präsentieren etwa 130 Fahrzeuge, darunter ein paar Konzeptfahrzeuge, die den Blick auf zukünftige Mobilität lenken.

BMW Museum. Di–So 10–18 Uhr, Am Olympiapark 2, www.bmwmuseum.de

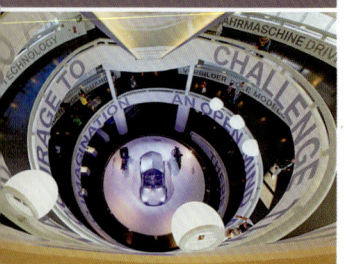

Blick vom Olympiaturm auf die Zeltdachlandschaft

stadt, das heißt, Land und Bund beteiligen sich an den Kosten. Geld war also da, ausreichend, um München innerhalb von sechs Jahren total umzukrempeln. Dabei entstanden Einrichtungen, die noch immer als segensreich empfunden werden, wie das unterirdische Verkehrssystem und die Fußgängerzone. Aber Zeitdruck, Euphorie und der ohnehin in den 1960er-Jahren grassierende Wunsch, um jeden Preis »modern« zu werden, verursachten auch vieles, was sich die Stadtplaner rückblickend ins Sündenregister schreiben dürfen. Das betrifft nicht nur den autogerechten Ausbau der Stadt, es wurden auch viele alte Gebäude abgerissen, die den Krieg überlebt hatten, nun aber gesichtslosen Betonbauten weichen mussten. Kritiker sprechen mit Recht von der »zweiten Zerstörung Münchens«.

Architektonisches Neuland

Andererseits waren damals Entscheidungen möglich, die heute wohl nicht mehr denkbar wären: Das Preisgericht vergab den Auftrag für den Bau des Olympiastadions an das Architektenbüro Behnisch wegen der grandiosen Zeltdachlösung, obwohl Zweifel bestanden, ob ebendiese Lösung technisch durchführbar sein würde: Es sei fraglich, »ob bei diesen Dimensionen das Vorbild der Mont-

Orientierungskarte

Ⓐ Olympiaberg. Der ehemalige Schuttberg wurde ins hügelige Landschaftskonzept mit einbezogen. Von hier kann man nach einer kleinen »Bergbesteigung« die olympische Anlage mit der Zeltlandschaft überblicken. Auf dem Weg liegt die »Olympia Alm«, ein Selbstbedienungsimbiss. Schöner Blick, aber Ambiente und Angebot enttäuschen.

Ⓑ Olympiasee. Auf diese Idee war das Team um Behnisch besonders stolz: Durchs Aufstauen des Nymphenburg-Biederstein-Kanals, der als Rinnsal durch das Oberwiesenfeld floss, entstand ein See.

Ⓒ Olympiastadion. Bis zum Umzug in die Allianz Arena fanden im Stadion, in dem 78 000 Zuschauern Platz haben, Fußballspiele statt. Heute ist es eine Event Location.

Ⓓ Theatron. Wie eine Arena gebaute Freilichtbühne am See, im Sommer kann man kostenlose Rock- und Popkonzerte genießen.

Ⓔ Olympiahalle. Bis zu 14 000 Besucher fasst die Olympiahalle, heute ist sie ein Veranstaltungsort für Pop- und Rockkonzerte, sportliche Wettkämpfe, Hundeausstellungen etc.

Ⓕ Olympia-Schwimmhalle. Europas größtes Gartenhallenbad punktet mit einer schönen Liegewiese. Hier gewann Mark Spitz bei den Olympischen Spielen 1972 sieben Goldmedaillen. Das 50-Meter-Wettkampfbecken bietet gute Trainingsmöglichkeiten, auch für Profis. Familien und Amateurschwimmer kommen aber ebenso voll auf ihre Kosten – die Halle bietet fünf Becken, dazu Sauna und Solarium.

Ⓖ BMW Welt. Längst nicht so elegant wie der Vierzylinder präsentiert sich das futuristisch verrenkte, 2007 eröffnete Gebäude des Architekturbüros Coop Himmelb(l)au.

Ⓗ BMW »Vierzylinder«. Architektonisch ein würdiges Pendant zu Behnischs Bauensemble: Das 99,5 Meter hohe, imposante Hochhaus wurde zwischen 1968 und 1972 von Karl Schwanzer errichtet. In der daneben stehenden »Schüssel« ist das BMW Museum untergebracht.

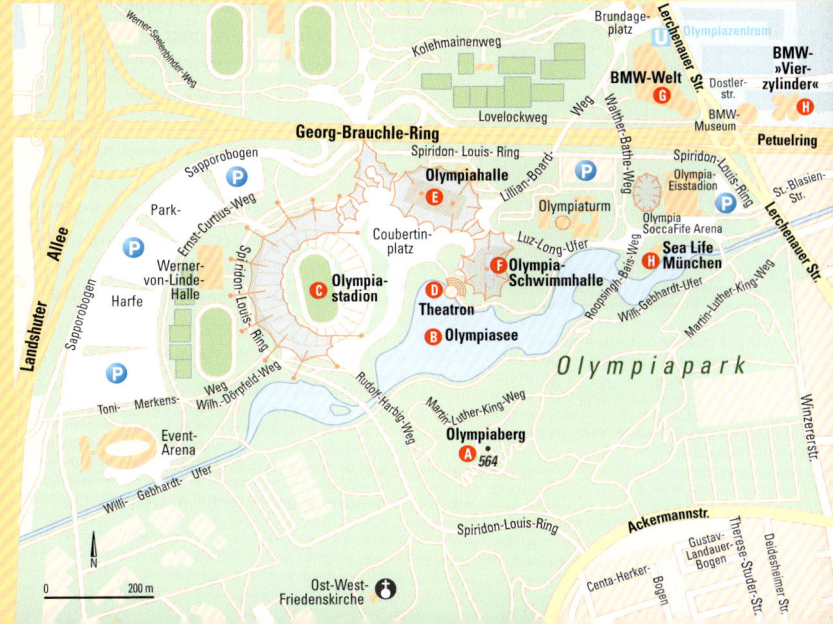

realer Zeltkonstruktion für ein Dach dieses Ausmaßes als Dauerbauwerk ausgeführt werden kann.« Aber, meinten die Juroren – sinngemäß formuliert –, man kann nichts Neues schaffen, wenn man's nicht probiert. Bravo: So entsteht Architektur von Weltrang.

Das Montrealer Vorbild stammte von dem deutschen Architekten Frei Otto, der nun ins Boot geholt wurde. Das Zeltdach, das Stadion, Olympiahalle und Schwimmhalle überspannt, ist Ottos berühmtestes Werk, aber er selbst war nicht so richtig glücklich damit – er hätte es gerne leichter, schwebender gehabt. So zart, wie es auf dem für den Wettbewerb damals eingereichten Modell zu sehen ist, wo das Zeltdach mithilfe von Damennylonstrümpfen dargestellt wird.

Oben: Im Theatron finden kostenlose Rock- und Popkonzerte statt.
Mitte: Waterballs im Olympiasee
Unten: Sommerfest – vier Millionen Besucher kommen alljährlich in den Park.

Die Gestaltungsrichtlinien – vom Maskottchen, dem ersten bei Olympischen Spielen, über die Uniform bis hin zur Eintrittskarte – entwickelte Otl Aicher, einer der Wegbereiter des Corporate Design. Aicher, ein Freund der Geschwister Scholl (s. S. 168), achtete streng darauf, dass nichts an die Spiele von 1936 in Berlin und Garmisch (s. S. 266) erinnerte, die Hitler für seine Selbstdarstellung missbraucht hatte. So verbannte Aicher zum Beispiel die Farbe Rot aus seinem Spektrum. Blau, Grün, Gelb und Orange bestimmten das Erscheinungsbild, lichte Pastellfarben. Friedlich und heiter, so wollte sich München der Welt zeigen.

Das Attentat

Der Auftakt war bravourös, die Welt staunte tatsächlich. Die originelle Architektur, die fröhliche, unkonventionelle Eröffnungsfeier – so viel Leichtigkeit hätte man den biederen Germanen gar nicht zugetraut. Dann aber geschah Entsetzliches: Ein palästinensisches Terrorkommando überfiel das israelische Team. Zwei Sportler wurden getötet, die anderen neun als Geiseln genommen. Darauf war niemand vorbereitet. Im Gegenteil: Die Organisatoren hatten sich doch so große Mühe gegeben, alles Martialische zu verbannen, die Ordnungshüter waren in ihren lichtblauen Uniformen als solche kaum zu erkennen und sollten nur freundlich und hilfsbereit sein, angeblich deutscher Kontrollzwang war auf ein Minimum reduziert – sodass die Terroristen über die Zäune klettern konnten. Die Fehler, die damals auf allen Ebenen gemacht wurden, waren hanebüchen, die Verantwortlichen handelten hilf- und planlos, und so endete der Versuch der Polizei, die Israelis in der Nacht zum 6. September zu befreien, mit dem Tod aller Geiseln, eines Polizisten und fünf der palästinensischen Terroristen.

VÄTERCHEN TIMOFEIS ERBE

1894 sei er geboren, sagte er. Und wäre somit 110 Jahre alt geworden – er verstarb 2004. Dieses Alter ist Teil der Legende, die sich um den Mann rankt, den es nach dem Krieg aus Russland in den Westen verschlug, und in der immer wieder Maria im Glorienschein erscheint: »Hat gesagt: Timofei, geh nach München! Bau dort Kirche zu meiner Ehre. Hab gemacht.« Das Material für Kapelle, Kirche und Häuser fand der Russe im Schutt, der nach dem Krieg auf dem Oberwiesenfeld abgeladen wurde, Nachbarn gaben ihm Samen, aus denen er Blumen und Bäume züchtete – man mochte den freundlichen Mann, der sich da ein kleines Paradies schuf.
Als Olympia nahte, sollte der »charmanteste Schwarzbau Münchens«, wie ihn Oberbürgermeister Ude nannte, weichen. Doch Timofei erfreute sich zu vieler Sympathien, und so musste stattdessen die Olympiaanlage rutschen. Bis heute ist die Ost-West-Friedenskirche ein magischer Ort und lohnt den Besuch.

Ost-West-Friedenskirche. 11–17 Uhr (nur bei gutem Wetter), Spiridon-Louis-Ring 100, Tel. 0177/876 67 01

Die BMW Welt, ein Werk von COOP Himmelb(l)au

Detail am Zeltdach, Olympiastadion

Vom Olympiapark zum Volkspark

»Wir fordern, dass der Olympiapark wieder seine ursprüngliche, unverwechselbare Identität aus Landschaft, Architektur und visuellem Erscheinungsbild erhält.« So heißt es in einem Plädoyer, das der Architekt Fritz Auer, damals federführend im Büro Behnisch (die Strümpfe für das Modell stammen von seiner Frau) 2012 der Stadt überreichte. Auer fand eine Reihe intellektueller Mitstreiter, die wie er der Meinung sind, dass der Park unter den vielen Events leide. Immerhin sind es mehrere 100 pro Jahr, das Olympiagelände ist eines der bedeutendsten Veranstaltungs- und Freizeitzentren der Welt.

Zugegeben: die Dixi-Klos, Buden, Verkaufsstände, Imbissinseln und grellen Fahrgeschäfte beim jährlichen Sommerfest, zu dem auch Bavaria Dog, ein großes Hundefestival, gehört, sind nicht unbedingt ein ästhetischer Anblick, aber die 250 000 Besucher und die Hunde stört das nicht. Das sommerliche Tollwood-Festival – Kunsthandwerk, Gastronomie, Kultur –, der wöchentliche Flohmarkt, der Theatron MusikSommer, laut Guinnessbuch das längste zusammenhängende Open-Air-Festival, dazu die Veranstaltungen in den vielen Hallen, die mannigfachen Sportmöglichkeiten und die Attraktionen Sea Life und Olympiaturm locken jedes Jahr vier Millionen Besucher in den Park.

Dass die Bilanz für die »nacholympische Nutzung« positiv ausfällt, registrierte auch Behnisch, die Olympiaanlage, sagte er, sei die einzige der Welt, die auch nach den Spielen gut funktioniere. Und genau da liegt das Problem: Die »unverwechselbare Identität«, die Auer und seine Mitstreiter einfordern, leidet unter den »Events«, aber genau die bringen die Einnahmen, die letztlich auch dem Erhalt des Parks ermöglichen.

Oben: Im Sommer findet im Olympiapark das Tollwood Festival statt.
Mitte: »Sealife« entführt in die faszinierende Unterwasserwelt.
Unten: Männer mit ihren Maschinen vor der BMW Welt

Infos und Adressen

SEHENSWÜRDIGKEITEN

Sea Life. Abtauchen und über 8000 Tiere kennenlernen, die sich unter Wasser tummeln – vom heimischen Karpfen bis zu Bewohnern der tropischen Meere. Höhepunkt: das 400 000 Liter fassende Ozeanbecken mit Haien und Schildkröten, durch das ein 10 Meter langer Tunnel führt. Tgl. 10 bis 19 Uhr, Willi-Daume-Platz 1, www.visitsealife.com

ESSEN UND TRINKEN

Restaurant 181. Hoch über München ist man auch kulinarisch den Sternen nah: Otto Koch wurde mit einem Michelin-Stern ausgezeichnet und Gault-Millau-Punkte hat er sich auch verdient. Wie im Flugzeug gibt es drei Klassen – Economy, Business, First –, die Preise entsprechen der Klassifizierung. Wunderbares Ambiente, fantastische Küche – im wahrsten Sinne des Wortes ein »Hochgenuss«. Rechtzeitig reservieren! Tgl. 11–16.30 und 18–21.30 Uhr, Tel. 089/350 94 81 81, www.restaurant 181.com

Hoch hinaus – Kettenkarussell und Olympiaturm

BMW Welt. Die Gastronomie in der BMW Welt bietet für jeden Geschmack und jeden Geldbeutel etwas: Von der Snackbar »Coopers« über »Biker's Lodge« und »Bavarie« bis zum Gourmet-Restaurant »Esszimmer«. Tgl. 9–22 Uhr, Am Olympiapark 1, www.bmw-welt.com

VERANSTALTUNGEN

Kino am Olympiasee. Ob's regnet oder nicht, das Kino am Olympiasee findet täglich von Ende Mai bis Mitte September statt, auf der Freifläche vor der Schwimmhalle. Bei schlechtem Wetter stehen überdachte Plätze zur Verfügung. Man kann Liegestühle mieten oder sich auf Decken niederlassen. Keine Flaschen mitbringen, Essen und Trinken wird im Biergarten verkauft. Einlass und Biergarten täglich ab 19 Uhr, die Abendkasse öffnet um 19 Uhr, Vorstellungsbeginn ab 21.15 Uhr, www.kinoamolympiasee.de

AKTIVITÄTEN

Zeltdach-Tour. Schwindelfrei sollte man schon sein, wenn man die zweistündige Tour auf dem Dach des Olympiastadions mitmacht. Gutes Schuhwerk wird verlangt, Seil und Karabiner stellt der Veranstalter. Für ganz Mutige gibt es die Tour auch mit Abseilen. Nur nach Anmeldung, Tel. 089/30 67 24 14, www.olympiapark.de

Kicken. Fußballfreunde können in der SoccArena stundenweise 30 x 15 Meter große Felder mieten und mit je fünfköpfigen Mannschaften gegeneinander antreten. Nur nach Anmeldung, Mo–Fr 14–22.30 Uhr, Sa, So und Schulferien 12–21 Uhr, Spiridon-Louis-Ring 21, Tel. 089/30 67 21 37, www.soccarena-olympiapark.de

Eislaufen. Schlittschuhe leihen und rauf aufs Eis! Ganzjährig, nach Jahreszeiten variierend, Olympia Eissportzentrum, Spiridon-Louis-Ring 21, Tel. 089/306 70, www.olympiapark de

Bootfahren. Auf der Halbinsel im Olympiasee kann man Ruder- und Tretboote leihen. Tel. 089/30 67 28 16

46 Allianz Arena
Moderner Fußball-Tempel

In München gibt es zwei große Fußball-vereine. Den einen kennt jeder. Auch wer sich nicht für diese Sportart begeistern kann, hat schon vom FC Bayern und dem »Kaiser« Franz gehört. Der andere Verein erfreut sich geringerer Popularität, weil seine großen Tage vorbei sind und er in der zweiten Liga herumdümpelt. Das ist der TSV 1860. Rot ist die Farbe des einen, Blau die des anderen.

Die Fußball-WM 2006 nahte und lieferte Stoff für heiße Diskussionen: Wo sollte der Ball rollen? Damals hatte München zwei Stadien: das altehrwürdige an der Grünwalder Straße, Heimat der 60er, vulgo »Löwen«, deren Identität als Arbeiterverein eng mit diesem Stadion im Giesinger Arbeiterviertel zusammenhängt. Nach 1972 verlor das 60er-Stadion seine Bedeutung, die Spiele fanden nun im Olympiastadion statt. Und das war ja nun relativ neu, die Infrastruktur stimmte, und man hätte es als Austragungsort für die WM nutzen können.

Aber die Granden des Fußballs sagten »Nein«, das Olympiastadion müsse umgebaut, wenn nicht gar abgerissen werden. Aber da hatte zum Glück der Architekt Günter Behnisch noch ein Wörtchen mitzureden, die Urheberrechte lagen bei ihm, er stimmte einem Umbau erst zu und dann sagte er »Nein«. Da war sogar der »Kaiser« machtlos, die Ratlosigkeit groß, die Stadtspitze froh, dass es den Bürgerentscheid gibt. »Soll ein neues Stadion in Fröttmaning gebaut werden und die Stadt die notwendige Infrastruktur bereitstellen?«, wurde gefragt, und die Bürger sagten »Ja«. Die Mittel für den Bau mussten die beiden lokalen Vereine auf-

Oben: Das Dach der Arena lässt Licht ein, so kann der Rasen wachsen.
Unten: Bei einer Tour durch die Arena kommt man überall hin, nur nicht auf den Rasen: Betreten verboten.

Der Blick von oben zeigt, wie riesig die Arena ist.

bringen, mit Sponsoren natürlich, deswegen prangt heute der Name »Allianz« auf der Arena.

Keine Löwen in der Arena

Die lokalen Dramen, die sich während des Baus der Arena abspielten, sind heute weitgehend vergessen. Der Sohn des Präsidenten des TSV 1860, Karl-Heinz Wildmoser, Geschäftsführer der Stadion-GmbH, hat seine Gefängnisstrafe wegen Bestechlichkeit abgesessen. Sein Vater, dem die »Löwen« nie verziehen, dass er sich auf das gemeinsame Unternehmen mit den »Bayern« einließ, hat seinen ewigen Frieden gefunden. Nachdem er 2004 seinen Posten als 60er-Chef verloren hatte, setzte er nie mehr einen Fuß in die Arena, er fahre nicht mal vorbei, sagte er noch ein paar Monate vor seinem Tod: »I will ja net nach Nürnberg.« Die juristischen Streitigkeiten sind ausgestanden, die »Löwen« verloren den Prozess, das Stadion gehört heute allein dem FC Bayern.

Trotzdem: Die Farben der Arena sind noch immer Rot und Blau. Rot leuchtet der Bau, der wirkt wie ein Raumschiff aus fernen Galaxien, das neben der Autobahn Nürnberg gelandet ist, wenn die

DAS WOHNZIMMER DER FUSSBALLSZENE

Auf der Speisekarte stehen Gerichte wie »Langos à la Maradona« und »Meisterschale«. Langos ist ein Hefefladen, die Meisterschale ein Salat mit Hühnerbruststreifen. Wie es sich für eine Sportkneipe gehört, sind die Gerichte herzhaft und preiswert, es gibt einen Zigaretten- und einen Kondomautomaten, Bier, Drinks. Dazu zwei Fernseher, zwei Leinwände und ein alles dominierendes Thema: Fußball.

Das »Stadion« an der Schleißheimer Straße entstand 2006. Beflügelt von der WM-Euphorie, verwandelten die Besitzer der Wirtschaft »Vollmond« die Gaststätte: Die Decke ziert Kunstrasen, an den Wänden hängen Trikots, die Tribüne besteht aus Originalsitzen aus der Allianz Arena. Hier werden alle Partien übertragen, die im deutschen Bezahl-Fernsehen gezeigt werden, nur am Sonntagabend geht es um Tote statt um Tore: Da treffen sich die *Tatort*-Fans zur gemeinsamen Mörderjagd.

Stadion an der Schleißheimerstraße. Mo–Do 19–1 Uhr, Fr 17 bis 3 Uhr, Sa 12–3 Uhr, So 11–23 Uhr, Schleißheimer Str. 82, Tel. 089/ 52 97 36, www.stadionander schleissheimerstrasse.de

In der FC Bayern Erlebniswelt

»Bayern« antreten. Blau strahlt er beim Auftritt der »60er«, in neutralem Weiß schimmert er, wenn Spiele ohne Beteiligung der Münchner Mannschaften stattfinden. Wie immer sie sich kleidet, die Arena ist wunderschön, ein technisches und ästhetisches Meisterwerk, das schon als weiteres Wahrzeichen Münchens gehandelt wird.

Verhüllt, aber nicht von Christo

Das Allianz-Stadion ist ein Werk der international renommierten Schweizer Architekten Herzog und de Meuron. 120 000 Kubikmeter Beton und 22 000 Tonnen Stahl wurden da verbaut, die Dachfläche ist 38 000 Quadratmeter groß, und doch schwebt der Bau, wie eine Blase wirkt er von Weitem. Diesen wunderbaren Effekt erreichen die Architekten, indem sie Beton und Stahl verbergen und das Gebäude in eine textile Membran aus 2760 rautenförmigen, luftgefüllten Kissen hüllen.

Die Arena zählt zu den modernsten Fußballstadien der Welt. Allein schon wie geschickt die Massen von der U-Bahn-Station auf verschlungenen Wegen und staufrei zum Eingang Süd gelenkt werden – wer mit dem Bus kommt, benutzt den nördlichen Eingang –, ist bewundernswert, gilt es doch die 71 137 Zuschauer sicher auf ihre Plätze zu bringen. Auch das Spielfeld erfüllt modernste Ansprüche: Damit bei jeder Witterung gekickt werden kann, sind unter der 8000 Quadratmeter großen Rasenfläche 27 Kilometer Heizungsschläuche verlegt, die Temperatur kann zwischen 35 und 50 Grad variieren. Auch wenn das Dach nicht geöffnet ist, dringt so viel Licht ein, dass das Gras wachsen kann. Einen neuen Rasen zu verlegen dauert 2,5 Tage, das Grün ist sofort bespielbar. Diese und andere Details erfährt man auf der Arena-Tour, die nicht nur Fußballfans machen sollten – der »Tempel« ist auch architektonisch ein Erlebnis.

Oben: In der Hall of Fame sind Trophäen und Memorabilia aus der Geschichte des FC Bayern zu sehen.
Mitte: Die Meisterschale – in dem Wanderpokal stecken 5,5 Kilogramm Silber und 16 Turmaline.
Unten: Alles rot, auch das Auto

Infos und Adressen

SEHENSWÜRDIGKEITEN

Allianz Arena. Die Arena kann im Rahmen von Führungen besucht werden. Gutes Schuhwerk – es sind Treppen zu erklimmen, man ist 60 Minuten zu Fuß unterwegs. Die Tour umfasst u.a. die Besichtigung des Mittelranges, des Raums, in dem Pressekonferenzen stattfinden und der Mannschaftskabinen. Besonders interessant ist der Tunnel, durch den die Fußballer ins Stadion treten. Er ist schalldicht, erst wenn sich die hydraulische Spielfeldklappe öffnet, können die Spieler hören, wie die Fans im Stadion toben. Ein letzter Adrenalinkick, bevor sie auf den Rasen laufen. FC Bayern-Fans können ein Kombiticket kaufen und auch die FC Bayern Erlebniswelt mit der Hall of Fame und anderen Attraktionen besuchen. Fröttmaning, Tel. 089/69 93 12 22, www.allianz-arena.de

Kirche Heilig Kreuz. In Fröttmaning steht die älteste noch erhaltene Kirche im Münchner Stadtgebiet. Ihre Geschichte beginnt vor dem Jahr 815, der Bau ist im Kern romanisch und birgt interessante, mit Kalkfarbe auf die roten Ziegel gemalte romanische Fresken. Etwa 150 Meter südlich der Kirche steht seit 2006 ein Duplikat des Baus. Der Künstler Timm Ulrichs schuf es, die Kirche wirkt, als sei sie vom Schuttberg halb verschüttet. Das »Versunkene Dorf« soll an die Zerstörung des alten Dorfes Fröttmaning erinnern.

Schon wieder rot – in der Umkleidekabine.

ÜBERNACHTEN

Motel One München-Garching. Modern, preiswert und in Drei-Sterne-Qualität. Die Lage ist ideal für alle Fans, die wegen eines Fußballspiels nach München reisen: Das Stadion ist von hier aus mit der U-Bahn nach kurzer Fahrtzeit erreicht. Daimlerstr. 5a, Tel. 089/36 03 52 50, www.motel-one.com

AKTIVITÄTEN

Fröttmaninger Berg. Ein Spaziergang auf den ehemaligen Schuttberg, der sich 75 Meter hoch gegenüber der Arena erhebt, bietet einen wunderbaren Blick auf das Stadion.

Natürlich leuchtet auch die Arena in den Farben des Clubs, wenn die Bayern spielen.

47 Tegernsee
Voralpenidyll

»Tegernsee lebt noch in mir, mit dem erregenden Wasser, dem Boot, den Lido-Eindrücken am Badestrand, der Besteigung des Hirschberges, der Nacht im Unterkunftshaus, dem südwindigen Morgen auf dem Gipfel vor und bei Sonnenaufgang.« – »Ich war, komisch zu sagen, zum ersten Mal in meinem Leben auf dem Gipfel eines höheren Berges, dem Hirschberg, 1670 m, mit kolossalem Fernblick in die tiefsten Alpen.«

Thomas Mann war so begeistert von seiner ersten Bergbesteigung, dass er sie gleich zweimal thematisierte: in seinem Tagebuch (11.9.1918) und in einem Brief an einen Freund. Nun kennt man den Literaturnobelpreisträger nicht unbedingt als Sportsfreund, sondern eher als Mann von Welt. So wie ihn die Statue des Tegernseer Künstlers Quirin Roth an der Uferpromenade von Gmund zeigt: mit Anzug, Hut und Spazierstock. Korrekt, doch in diesem Fall nicht distinguiert. Denn vor ihm sitzt sein Hund Bauschan, bis in die letzte Faser seines Körpers gespannt, und Herrchen hat den Stock schon in der Hand, der bald im See landen wird zu Bauschans Freude. Das Thema passt zur Örtlichkeit: Thomas Mann arbeitete während seines Sommeraufenthalts 1918 an *Herr und Hund*.

Dass der Autor unsportlich und schon 43 Jahre alt war, als er zum ersten Mal einen Gipfel stürmte, sollte Mut machen: Im Tegernseer Tal gibt es Wanderungen jeden Schwierigkeitsgrads und für alle Altersgruppen. Einfach ist zum Beispiel der Spaziergang auf Forstwegen zum »Bauer in der Au« in der Nähe von Bad Wiessee, wo man ge-

Oben: Blick vom Wallberg; hier starten die Paraglider und schweben in Richtung See.
Unten: Mit der Pferdekutsche kann man zum »Bauer in der Au« fahren.

Blick von Kaltenbrunn auf den See und den Wallberg

mütlich einkehren kann (40–50 Min., Start am Söllbachparkplatz), noch einfacher ist es, mit der Seilbahn zum Wallberg hinaufzufahren und dort den grandiosen Blick über den See zu genießen.

Mittelalterliches Kulturzentrum

Der Tegernsee gilt vielen als der schönste Voralpensee Bayerns, weil er in idealtypischer Weise den Übergang zwischen der weit ausschwingenden Moränenlandschaft und den Alpen schafft. Die Berge stehen schmückend in gebührlichem Abstand, lassen Licht und Raum für Wälder, Wiesen, Siedlungen. Die reizvolle Gegend zog schon zu Beginn des 19. Jahrhunderts Landschaftsmaler aus München an, die im Auftrag des Hofes »Bayerns schönste Gegenden« oder »Bayerische Seen« auf Leinwand bannten und damit das Augenmerk des städtischen Publikums auf die – idealisierte – unverbildete Landschaft und deren bäuerliche Bewohner lenkten. Ein beliebtes Motiv war das Kirchlein von Egern, der durch die Halbinsel Point separierte Seeteil im Südosten heißt bis heute »Malerwinkel«.

AUTORENTIPP!

STEINADLERWANDERUNG
Die bayerischen Alpen sind die einzige Region in Deutschland, in der Steinadler noch heimisch sind. Dank Schutzmaßnahmen nahm die Zahl der Brutpärchen in den letzten Jahrzehnten wieder zu, es besteht also eine reelle Chance, auf dieser Wanderung einen der majestätischen Greifvögel zu sehen. Auch wenn der »König der Lüfte« sich nicht zeigt, der Ausflug ist in jedem Fall interessant: Die geschulten Begleiter wissen viel über Flora und Fauna zu erzählen, man entdeckt Details, die der Blick eines Laien übersieht. Ausstattung: Wetterfeste Kleidung, gutes Schuhwerk, Proviant und Fernglas. Die kostenlosen Führungen finden von Mai bis Oktober statt, Anmeldung ist nicht erforderlich. Die Touren beginnen in wöchentlichem Wechsel in Bad Wiessee und Rottach-Egern.

Steinadlerwanderung. Treffpunkt in Bad Wiessee: Parkplatz Söllbachklause, oberer Teil, 10.30 Uhr, Dauer 3–4 Stunden. Treffpunkt in Rottach-Egern: Nördliche Hauptstraße, 9–9.15 Uhr, Dauer 3–4 Stunden. Termine: www.tegernsee.com

Bauernschrank im Heimatmuseum

NORWEGISCHES URGESTEIN

Das »Selbstbildnis« von 1937 zeigt Masse: die fleischige Brust dominiert den Bildausschnitt, aus einem kurzen Hals wächst ein kahler Schädel, dessen Blöße ein weißes Tuch bedeckt – als habe sich der Zeichner nach einem üppigen Mahl die Serviette auf den Kopf gesetzt, in der noch Reste der floralen Tischdekoration stecken. Den »sanften Riesen« nannte man den Norweger Olaf Gulbransson, der sich 1929 am Tegernsee im Schererhof niederließ. Der Verleger Albert Langen, Gründer der satirischen Zeitschrift *Simplicissimus*, hatte den Maler, Zeichner und Karikaturisten 1902 nach München geholt, und Gulbransson wurde bald zu dem Künstler, der zusammen mit Thomas Theodor Heine den Stil der Zeitschrift prägte und für deren durchschlagenden Erfolg sorgte. In seiner Wahlheimat hat man dem Exzentriker, der sich unter Bayern pudelwohl fühlte, er war u.a. eng mit Ludwig Thoma befreundet, ein Museum errichtet – ein vergnügliches Erlebnis, nicht nur an Regentagen.

Olaf Gulbransson Museum. Di–So 10–17 Uhr, Am Kurgarten 5, Tegernsee, www.olaf-gulbransson-museum.de

Wasserweg schlägt Straße

Die Pfarrkirche St. Quirin in Tegernsee

Die Entdeckung der Natur fand ironischerweise in der Zeit statt, in der man sich ohne Skrupel an die Zerstörung kultureller Güter machte. Die Säkularisation, von Minister Montgelas (s. S. 98) nach französischer Vorgabe vorangetrieben und von seinem Vorgesetzten Maximilian I. Joseph toleriert, führte im Jahr 1803 auch zur Aufhebung des Benediktinerklosters Tegernsee, der wichtigsten und wohlhabendsten Abtei Oberbayerns. Von den adeligen Brüdern Oatkar und Adalbert Mitte des 8. Jh. gegründet, entwickelte sich Kloster Tegernsee im Mittelalter zu einem literarischen und kunsthandwerklichen Zentrum, richtungweisend in Glasmalerei, Goldschmiedekunst, Erzguss und Buchmalerei. Die klösterliche Bibliothek soll einst größer gewesen sein als die des Vatikans, die Besitzungen des Klosters reichten bis in die Wachau und nach Südtirol.

Als all das veräußert wurde, floss Geld in die Kasse des Landes, aber die Bauern im Tal verloren ihr Auskommen. Wie bei der Auflösung anderer kirchlicher Einrichtungen, entschieden auch im Kloster Tegernsee Beamte nach Gutdünken, was »Kultur« war und in die Münchner Museen oder Bibliotheken wanderte. Was den Herren nicht gefiel, wurde zerstört.

Der Klostertrakt Tegernsee wurde für 44 000 Gulden verkauft, der neue Eigentümer riss den ganzen Westteil ab, und als Maximilian I. Joseph, der Montgelas so frei gewähren hatte lassen und inzwischen durch Napoleons Gnaden König geworden war, Gefallen an dem Gebäude fand und es im Jahr 1817 kaufte, zahlte er 180 000 Gulden. Für die Bevölkerung ein Segen, denn nun zog der Hof ein und kurbelte die daniederliegende Wirtschaft an. Auch heutige Besucher dürfen dem König danken: Das »Bräustüberl« im ehemaligen Kloster gehört zu den beliebtesten Wirtschaften am Tegernsee.

Die Goldküste

Wo's schön ist, lassen sich nicht nur Mönche, Könige und Künstler nieder, auch die Nazi-Größen residierten mit Seeblick – der Name »Lago di Bonzo« stammt aus dieser Zeit. Als Thomas Mann hier den Sommer verbrachte, mietete er die Defregger-Villa in Abwinkl am Westufer – der Sohn des bekannten Malers war an der Front – und schrieb, er lebe »an der stillen Seite«. Die hat heute ihre Unschuld verloren: Bad Wiessee, Kurort mit Kasino, Rottach-Egern mit seinen Fünf-Sterne-Hotels und Edelboutiquen – wer Luxus gewohnt ist, muss nicht auf ihn verzichten.

Nettes Detail am Rande: In Rottach-Egern wurde vor rund 60 Jahren die erste Schönheitsfarm Europas gegründet. Es gibt sie noch immer, aber sie ist bei Weitem nicht mehr die einzige Institution, die dafür sorgt, dass die Reichen auch schön bleiben. Die Betreiber hochpreisiger Etablissements leben nicht nur von Touristen, die sich hier im Sommer wie im Winter vergnügen, sie können auch auf lokale Kundschaft zählen: Wer Geld hat – Spitzensportler, Manager, Unternehmer –, besitzt ein Haus mit Seeblick, auch manch einer, der nicht willkommen ist und sich deshalb hinter fünf Meter hohen Hecken verbergen muss wie der

Oben: Blick vom Tegernsee auf Bad Wiessee und den Kampen.
Mitte: Was erhalten blieb vom ehemaligen Kloster Tegernsee – die Wittelsbacher sorgten für die Rettung des Gebäudes.
Unten: Gutes Bier gibt's im »Herzoglichen Bräustüberl«.

DDR-Devisenbeschaffer Schalck-Golodkowski, der im Jahr 1989 aus Ostberlin nach Bayern floh. Der Sohn des ehemaligen bayerischen Ministerpräsidenten Franz Josef Strauß, der sich des Freundes seines Vaters annahm, hatte Schalck abgeraten, ausgerechnet nach Rottach-Egern zu ziehen, denn das Tegernseer Tal sei »ein Sinnbild für Wohlstand, für Katholizismus, für all das ... wofür er früher nicht stand«.

Guter Ring, böser Ring

Damit kein falscher Eindruck entsteht: Das Tegernseer Tal ist groß und facettenreich, und man muss kein Millionär sein, um die wunderschöne Gegend zu genießen. In Gmund zum Beispiel werden Ferien auf dem Bauernhof angeboten, in den vielen bodenständigen Wirtschaften kann man gut und zu vernünftigen Preisen essen. Nur eines kann den Aufenthalt gründlich versauen: wenn man sich mit dem Auto fortbewegen will. Um den See führt zwar eine Ringstraße, aber auf der stockt der Verkehr, die Autos schieben sich durch die engen Dorfstraßen – muss nicht sein, denn alle Orte (Kaltenbrunn, Gmund, Tegernsee, Rottach-Egern, Bad Wiessee) sind auf dem Wasserweg zu erreichen. Das geht schnell – und dabei lässt sich auch noch der Blick auf Wasser, Berge und Wälder genießen.

Die Ringstraße ist kein Segen, die Ringkanalisation, deren Bau bereits in den 1950er-Jahren begonnen wurde, schon. Der Tegernsee hat Trinkwasserqualität, was auch die Münchner freut, denn sie erhalten ihr Wasser aus der Mangfall, dem Abfluss des Tegernsees. Auch wenn also nichts dagegen spricht, beim Schwimmen einen kräftigen Schluck aus dem See zu nehmen, das Bier, das noch heute in der ehemaligen Abtei gebraut wird, schmeckt besser.

Oben: Zog schon im 19. Jh. die Künstler an: der Malerwinkel in Rottach-Egern.
Mitte: Paraglider über Schloss Ringberg, Kreuth
Unten: Der Tegernsee ist ein Seglerparadies, hier kreuzt einer vor Gmund.

Infos und Adressen

SEHENSWÜRDIGKEITEN

Kirche St. Quirin. In der im 17. Jh. barockisierten Kirche sind Fresken von Johann Georg Asam, dem Vater der Gebrüder Asam, zu sehen.
Seestr. 23, Tegernsee

Ludwig-Thoma-Haus. »Die Diele ist für sich ein Schmuckstück, aber dann die Bauernstube oder die Jagdstube. So was von lieber Gemütlichkeit«, schrieb der Schriftsteller Ludwig Thoma über sein Domizil in Tegernsee, wo er 14 Jahre lang lebte. Nur nach Anmeldung, Auf der Tuften 12, Tegernsee, Tel. 08022/53 82

ESSEN UND TRINKEN

Bauer in der Au. Herrliche Lage, gute bayerische Küche, faire Preise. Tgl. 9.30–17 Uhr, Bad Wiessee, Tel. 08022/811 71, www.bauer-in-der-au.de

Herzogliches Bräustüberl Tegernsee. Ob draußen oder drinnen, hier sitzt man gemütlich. Gute bayerische Küche. So–Do 9–23.30 Uhr, Fr, Sa 9–24 Uhr, Schlossplatz 1, Tel. 08022/41 41, www.braustuberl.de

Grünes Gras, frische Bergluft – so mag's die Kuh!

Berggasthof Neureuth. Nach einer einfachen Wanderung erreicht man die auf 1264 Metern gelegene Hütte. Wunderbarer Blick! Di–So 8.30 bis 18 Uhr, Neureuthstr. 1, Tegernsee, Tel. 08022/44 08

ÜBERNACHTEN

Der Moarhof. Ferienwohnungen und Gästezimmer, preiswert, freundlich, gemütlich. Dorfplatz 3, Bad Wiessee, Tel. 08022/826 10, www.moarhof-bad-wiessee.de

AKTIVITÄTEN

Baden. Freibadeplätze und Strandbäder findet man in Bad Wiessee, Gmund, Rottach-Egern und Tegernsee.

Bootfahren. Ruder-, Tret-, Elektro- und Segelboote mieten kann man in Bad Wiessee, Gmund, Rottach-Egern und Tegernsee. www.mietboote-tegernsee.de

Mit der Gondel auf den Wallberg. 20 Minuten dauert die Fahrt zur Bergstation auf 1260 Metern Höhe. Von dort sind noch 100 Höhenmeter bis zum Gipfel zu überwinden. Grandioser Panoramablick, Restaurant.

INFORMATION

Tegernseer Tal Tourismus. Hauptstr. 2, Tegernsee, Tel. 08022/92 73 80, www.tegernsee.com

Da schmeckt's – im Garten beim »Bauer in der Au«.

48 Starnberger See und Ammersee
Münchens Badewannen

»Haha, Bäcker-Maxl, ha! ... Jetzt geht's der Monarchie an den Kragen. Haha! Nur zu wünschen! Nur zu wünschen! Euern Ludwig, euern Firlefanz, haha! Dem machen die eigenen Herrschaften den Garaus, haha!« Berg am Starnberger See, Juni 1886. Im Dorf wird getuschelt, der Schmied berichtet, er habe Türklinken im Schloss abschrauben müssen, Gitter sollen an den königlichen Gemächern angebracht worden sein.

Als Gefangener kommt der König in Schloss Berg an. Die Gendarmerie treibt die Dorfbewohner in ihre Häuser. »Nach neun Uhr – auf einmal, ganz schwer, bang und fast flehend – fingen die Berger Zinnglocken zu läuten an, und alle schreckten auf. Ungeachtet aller behördlichen Verbote rannten die Leute auf die stockdunkle Straße und fingen laut und erregt zu fragen an. Da rief der Kommandant einer Gendarmerie-Abteilung frostig in die schwarze, triefende Nacht: ›Seine Majestät, unser allergnädigster Herr und König, ist verschieden.‹ «

Man hatte die Leiche Ludwigs II. im Starnberger See gefunden. Vier Tage nach seiner Entmündigung wegen angeblicher Geisteskrankheit war der König tot. Was in jener Nacht am 13. Juni geschah, ist bis heute unklar. Die Wittelsbacher geben die Leiche nicht frei, und somit kann weiter wild spekuliert und behauptet werden, »die eigenen Herrschaften« hätten Ludwig »den Garaus« gemacht.

Der »Bäcker-Max« ist der Vater des Schriftstellers Oskar Maria Graf (s. S. 156). Graf wuchs in der

Oben: Früher war die »Tutzing« aktiv, heute liegt sie als Museumsschiff vor Anker und dient als Bistro.
Unten: Badefreuden in Ambach: die Liegewiese beim »Buchscharner Seewirt«

Starnberger See und Ammersee

Segelschiff vor dem Alpenpanorama im letzten Abendlicht

Gemeinde Berg auf, die Familie seiner Mutter bewirtschaftete seit Jahrhunderten einen einsamen Hof in Aufkirchen, und Graf nützt den Roman *Das Leben meiner Mutter*, um die Geschichte des Starnberger Sees weit zurückzuverfolgen. Mit den Augen der Bauern beschreibt er die Veränderungen, die im ausgehenden 19. Jahrhundert auch das Leben der kleinen Leute betreffen. Sehr informativ zu diesem Thema: der »Berger Kulturspaziergang«, der zu historisch und kulturell interessanten Punkten führt, u.a. auch zu dem Holzkreuz im Wasser, das den Fundort der Leiche des Königs markiert.

Der »Fürstensee«

Der stadtnah gelegene See gehörte seit dem 15. Jahrhundert zum »Freizeitpark« der Wittelsbacher. Hier lagen ihre Schiffe, die im 17. und 18. Jahrhundert immer prächtiger und kostspieliger ausgestattet wurden. Das Museum Starnberger See zeigt eine interessante Ausstellung zum Thema »Höfische Schifffahrt«, dort ist auch ein Modell der »Bucentaur« zu sehen. Dieses schwimmende Schloss war ein weiteres Geschenk von Kurfürst Ferdinand Maria an seine Gattin nach der

DIE ROSENINSEL

Sissi – Kaiserin Elisabeth – weilte in Feldafing im elterlichen Schloss Possenhofen, als ihr Cousin Ludwig starb. Wollte sie, seine beste Freundin und Seelenverwandte, ihm zur Flucht verhelfen? Hatte er gar vor, zur Roseninsel zu schwimmen, und sein Arzt Dr. Gudden, dessen Leiche ebenfalls im See gefunden wurde, versuchte ihn daran zu hindern? Man weiß es nicht, sicher aber ist, dass die Insel den beiden als Refugium diente und der romantische Ort heute viele Paare anzieht, die sich in der Villa »Casino« das Jawort geben. Im Sommer blühen die Rosen, ruhig wie zu Zeiten Ludwigs und Sissis ist es nicht mehr, das malerische Eiland zieht 4000 Besucher pro Monat an. Die Roseninsel liegt vor Feldafing am Westufer des Starnberger Sees. Bei schönem Wetter lohnt es sich, mit der Fähre überzusetzen.

Roseninsel. Ab Glockensteg im Lennépark, 1. Mai–31. Mai 11–18 Uhr, 1. Juni–15. Sept. 10–18 Uhr, 16. Sept.–15. Okt. 11–18 Uhr, www.faehre-roseninsel.de

DAS BUCHHEIM-MUSEUM

Ein alter Park am Seeufer, ein modernes Gebäude, das mit Schiffsmotiven spielt und den Besucher auf eine Pieranlage hinauslockt – über den Schilfgürtel und den See. Ein schöneres Fleckchen für seine Sammlung hätte sich Lothar-Günther Buchheim nicht wünschen können und doch war der Ort zweite Wahl. Der Autor (*Das Boot*) hätte lieber eine Villa in Feldafing gehabt, das wollten die Bürger nicht. Jahrelang währte der Streit, von beiden Seiten mit herrlichen Verbalinjurien gewürzt – Buchheim über die Feldafinger: »Schilfgürtel-Gullyratten, die noch kein Museum von innen gesehen« haben – schließlich errichtete Günther Behnisch den Neubau. Das 2001 eröffnete Museum ist eine wahre Wunderkammer – neben der hochkarätigen Expressionisten-Sammlung (u.a. Heckel, Beckmann, Kirchner, Nolde) präsentiert das Ehepaar Buchheim alles, was es so zusammengetragen hat: 3000 Glaskugeln, Wurzelhölzer, afrikanische Masken, Muscheln etc. Eine vergnügliche Mischung, würdig eines Museums der »Phantasie«.

Buchheim-Museum. Di–So April–Okt. 10–18 Uhr, Nov.–März 10–17 Uhr, Bernried, Am Hirschgarten 1, www.buchheimmuseum.de

Bilderbuchbauernhof in Bernried

Geburt des Thronfolgers 1662 (s. S. 94). Nach dem Vorbild des Staatsschiffs der Dogen in Venedig gestaltet, war es das größte Schiff auf deutschen Binnengewässern. 500 Menschen konnten hier feiern, 150 Matrosen zogen goldene Ruder durchs Wasser, Küchenschiffe begleiteten die »Bucentaur«, und die höfische Gesellschaft fand neben anderen Zerstreuungen auch »sportliches« Vergnügen: Die Herren schossen Wild ab, das ihnen im Wasser vor die Flinte getrieben wurde.

Villen und Landhäuser

Ende des 18. Jahrhunderts entdeckten die Künstler die Schönheiten dieses Sees vor der Bergkulisse. Ihre Bilder und Beschreibungen der unberührten Landschaft weckten das Interesse der Wohlhabenden – der Starnberger See wurde zur Sommerfrische: Anfang des 19. Jahrhunderts entstanden die ersten Villen, 1851 verkehrte das erste Dampfschiff, drei Jahre später verband die Eisenbahn Starnberg mit München. Damit begann der Boom, und alles, was in der Gründerzeit in München Rang und Namen hatte, erbaute sich hier nun Sommersitze. Vor allem Feldafing wurde ab 1897 zur hochpreisigen Villenkolonie – die Westseite

Die Highlights

Ⓐ Utting, Künstlerhaus Gasteiger. In Utting-Holzhausen etablierte sich um 1900 eine Künstlerkolonie, das Wohnhaus des Künstlerehepaars Gasteiger mit Bauerngarten, ein Ensemble im Münchner Jugendstil um 1900, ist zu besichtigen. Eduard-Thöny-Str. 43, April–Okt. So 14–17 Uhr

Ⓑ Dießen, Töpfermarkt. Dießen blickt auf eine lange Tradition in der Keramikkunst zurück. Beim alljährlichen Töpfermarkt zu Christi Himmelfahrt zeigen Künstler aus ganz Europa vier Tage ihre Werke. Ganzjährig bietet der Ausstellungspavillon in den Seeanlagen einen Überblick über das Schaffen.

Ⓒ Herrsching, Kurparkschlössl. Schöner Park am Seeufer, die im Stil italienischer Adelspaläste errichtete Villa ließ sich der Kunstmaler Ludwig Scheuermann nach eigenem Entwurf 1888 bauen, sie gehört heute der Gemeinde.

Ⓓ Feldafing. Villenkolonie aus dem 19. Jh., Heim vieler Promis. Die Villa »Waldberta« gehört heute der Stadt München, das Kulturreferat nutzt sie für Veranstaltungen und als Gästehaus für Schriftsteller aus aller Welt, die hier zeitweise arbeiten können.

Ⓔ Possenhofen. Hier verbrachte Sissi ihre Jugend. Das Schloss ist nur von außen zu besichtigen.

Ⓕ Starnberg, St. Joseph. Hübsche Rokokokirche (Mitte 18. Jh.), Hochaltar von Ignaz Günther.

Ⓖ Berg. Die neoromanische Votivkapelle wurde 1900 zum Andenken an Ludwig II. eröffnet; Gedenkgottesdienst an seinem Todestag (13. Juni).

Ⓗ »Forsthaus Ilkahöhe«. Nach dem Bad in einem der drei Tutzinger Bäder kann man vom Biergarten hier den Blick über den Starnberger See genießen. Oberzeismering, Tutzing, Tel. 08158/82 42

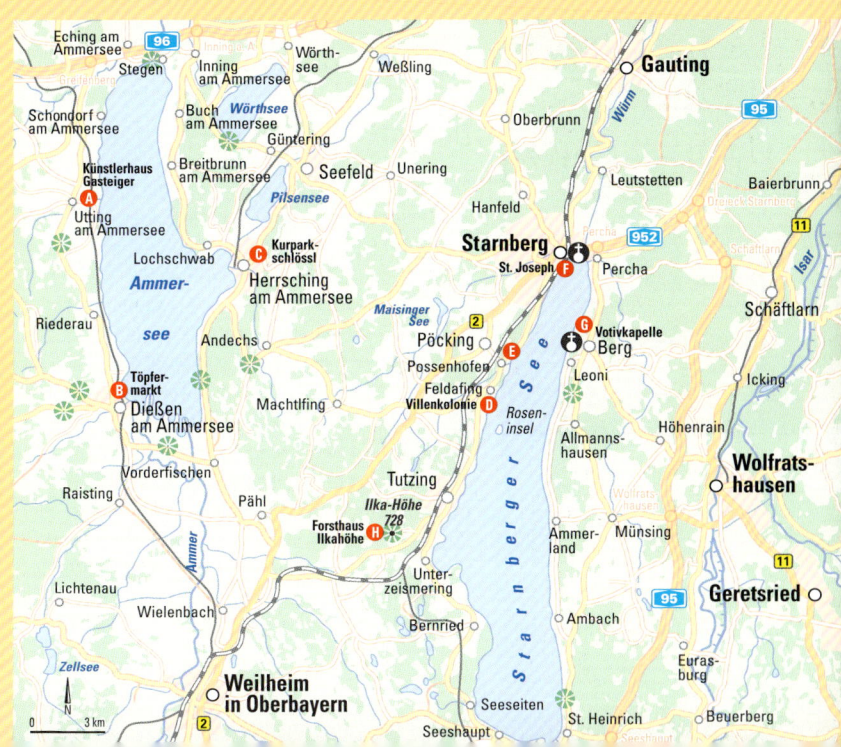

Oben: Das Marienmünster in Die-ßen am Ammersee, ein Werk des Architekten Johann Michael Fischer
Mitte: Eine rechte Kinderstube für kleine Schwäne!
Unten: Haus an der Uferpromena-de in Tutzing

des Sees bietet den Alpenblick –, aber auch am Ostufer entstanden prächtige Bauten. Viele befin-den sich nach wie vor in Privatbesitz, andere be-herbergen Kliniken oder dienen großen Firmen als Tagungssitze. Bei einer Schiffstour kann man sie vom Wasser aus bewundern. Auch Starnberg konnte einst mit schönen Villen punkten, doch nach erfolgreicher Verbauung bietet die Stadt nun viel Verkehr und wenig Charme.

Dichter, Maler, Wissenschaftler, Unternehmer, Adelige, Architekten, Schauspieler – die Namen derer, die mit dem See in einem Atemzug zu nen-nen sind, würden Bände füllen. Und was die Schi-ckeria betrifft, die hier heute Küsschen gibt, so ließen sich damit etliche Seiten der Regenbogen-presse bestücken. Einer soll dennoch erwähnt werden, weil er zu den Größten des 20. Jahrhun-derts zählt: Victor von Bülow, alias Loriot. Der be-gnadete Karikaturist, Regisseur und Schauspieler lebte bis zu seinem Tod 2011 in Ammerland.

Der kleinere Bruder

Prominenz findet sich auch am Ammersee, ob-wohl der traditionell als See der Bauern und Fi-scher gilt. Ein Blick auf die Immobilienpreise zeigt, dass das heute nicht mehr stimmt. Der Ammersee steht dem Starnberger See an Schönheit nicht nach, Bilderbuchkulisse mit Wasser und Bergen hier wie dort – das kostet Millionen. Dennoch wirkt die Atmosphäre entspannter. Schon das En-tree bei der Ankunft mit der S-Bahn zeigt die Un-terschiede. In Herrsching kann man gleich loswan-dern, die längste Uferpromenade Deutschlands führt bis Stegen. Während man beim Radeln oder Spazieren um den Starnberger See immer wieder die Uferlinie verlassen muss, weil private Grund-stücke bis ans Wasser reichen, ist hier das gesamte Ostufer mit 17 Kilometern Länge zugänglich.

Starnberger See und Ammersee

Die touristische Erschließung des Ammersees setzte sehr viel später ein als die des Starnberger Sees, wo die Fischer, »die früher vor Not kaum zu leben wussten«, schon Ende des 19. Jahrhunderts »leicht Geld durch Spazierenrudern der Herrschaften oder durch Verleihung ihrer Boote« verdienten (Oskar Maria Graf). Am Ammersee lebten die Menschen von dem, was Land und Wasser boten, und diese unterschiedliche historische Entwicklung spiegeln Architektur und Landschaftsbild. Anders als sein größerer Bruder war der Ammersee nicht jahrhundertelang nach München orientiert. Dominierten am Starnberger See die Wittelsbacher, herrschte hier der Klerus: Mächtig erhebt sich Kloster Andechs (s. S. 264), das Marienmünster in Dießen, ehemals Stiftskirche der Augustiner-Chorherren, zählt zu den schönsten Gesamtkunstwerken des bayerischen Rokoko.

Von der Stadt ins Wasser

Zwei Seen, mit der S-Bahn bequem zu erreichen – kein Wunder, dass Münchens Lebensqualität gepriesen wird. Die Wasserqualität der beiden ist exzellent, auch dank der strengen Regelung der Nutzung von Motorbooten. Noch immer kehren die Fischer mit reichem Fang zurück, Renken, Forellen, Saibling, Hechte und Waller stehen auf den Karten der Restaurants. Zwischen den Orten verkehren Schiffe, und beide Seen bieten alles, was an Wassersportmöglichkeiten umweltverträglich ist: Segeln, Rudern, Kanu fahren, Surfen, Tauchen. Baden und Sonnenbaden kann man in teils alten Strandbädern, etwa dem in Utting mit seinem hölzernen Sprungturm (10 Meter). Das bekannteste Erholungsgebiet am Starnberger See ist das »Paradies« bei Feldafing. Natürlich ist es auch dort nicht himmlisch ruhig – die Seen zählen zu den beliebtesten Naherholungsgebieten der Münchner, vor allem am Wochenende ist viel los.

AUTORENTIPP!

DER DIESSENER HIMMEL

In so einen Himmel möchte man kommen: Die Heiligen schauen fast verschmitzt herab, ein Puttchen stibitzt dem Kardinal den Hut, und sogar Hunde sind Teil der fröhlichen Gesellschaft. Die Deckengemälde im Marienmünster stammen von Johann Georg Bergmüller, die Stuckarbeiten sind das Werk der Gebrüder Feichtmayr. Und sie sind nicht die einzigen Größen des frühen 18. Jh., die hier kreativ waren und dieses Gotteshaus zu einem der bedeutendsten Bauten des Spätbarock in Bayern gemacht haben.

Als Baumeister für den Neubau seiner Kirche (1732–1739) engagierte der Probst des Augustiner-Chorherrenstifts den bekannten Johann Michael Fischer – in München errichtete er die zauberhafte Klosterkirche St. Anna im Lehel. Den Hochaltar entwarf François Cuvilliés d. Ä., sogar Giovanni Battista Tiepolo schuf ein Altarblatt, eine Kanzel stammt von Johann Baptist Straub, und Ignaz Günther ist mit einem besonders schönen schwebenden Engel vertreten. Ebenfalls sehenswert: die Holzfigur des St. Petrus von Erasmus Grasser (um 1490).

Marienmünster Dießen. Mo–Sa 8–12 und 14–18 Uhr, Klosterhof 10.

Infos und Adressen

SEHENSWÜRDIGKEITEN

Museum Starnberger See. Modernes, interessantes »Heimatmuseum«. Das Lohmann-Haus gewährt Einblicke in die Wohn- und Alltagskultur des 19. Jh., der moderne Anbau zeigt Ausstellungen zum Thema Höfische Schifffahrt. Di–So 10–17 Uhr, Possenhofener Str. 5, Starnberg, Tel 08151/447 75 70, www.museum-starnberg-see.de

Berger Kulturspaziergang. Ein »Lehrpfad«: Auf 28 Tafeln stellt die Gemeinde Berg ihre historischen und kulturellen Sehenswürdigkeiten vor, mit Bildern, Texten, Karten. www.gemeinde-berg.de

St. Jakob. Das kleine Gotteshaus am St.-Jakobs-Pilgerweg im hübschen Schondorf wurde 1199 errichtet und zählt zu den besterhaltenen romanischen Kirchen im Alpenvorland.

Der »Seehof« in Herrsching am Ammersee

ESSEN UND TRINKEN

Gasthaus zum Fischmeister. Die alte Gaststätte direkt am Dampferanlegesteg bietet einen schönen Biergarten. Auf der Speisekarte stehen Fisch und andere Spezialitäten. Mi, Do, Fr 16–23.30 Uhr, Sa 12–23.30 Uhr, So 12–23 Uhr, Seeuferstr. 31, Ambach, Tel. 08177/533, www.zumfischmeister.com

Museumsschiff »Tutzing«. Von 1937 bis 1995 war die »Tutzing« auf dem Starnberger See unterwegs, heute liegt sie hier als Café vor Anker. Schöner Blick, Bistrogerichte, Kuchen. Hier finden auch kulturelle Veranstaltungen statt. Di–So ab 11 Uhr, Tutzing, Kustermannpark, www.museumsschiff.tutzing.de

Drei Rosen. Gemütliche Gastwirtschaft mit Kachelofen, netter Biergarten. Bietet auch Zimmer. Tgl. 10–23 Uhr, Dorfstr. 11, Bernried, Tel. 08158/90 40 53, www.dreirosenbernried.de

Gasthaus Fischerrosl. Traditionswirtschaft, Fischspezialitäten, bietet auch preiswerte Unterkunft. Di–So 11.30–23 Uhr, Beuerbergerstr. 1, St. Heinrich, Tel. 08801/746, www.fischerrosl.de

Alte Villa. Ein wunderschöner Biergarten mit altem Baumbestand umgibt die Villa aus dem Jahr 1898. Hier trifft sich alles: Radler, Familien mit Kindern und Hunden. Sonntag Jazz-Frühschoppen. Mi–Fr ab 18 Uhr, Sa, So ab 12 Uhr, Seestr. 32, Utting, Tel. 08806/53 44 56, www.alte-villa-utting.de

Platzhirsch. Wunderschöner Gastgarten auf zwei Ebenen, kinderfreundlich, gute Küche. Tgl. 10–1 Uhr, Hauptstr. 6, Breitbrunn Tel. 08152/993 80 91. www.platzhirsch-am-see.de

Café-Restaurant Seehaus. Sehr gute, gehobene, aber nicht überteuerte Küche, Terrasse mit herrlichem Seeblick. Tgl 11–22 Uhr, Seeweg Süd 22, Dießen/Riederau, Tel. 08807/73 00, www.seehaus.de

Restaurant SeePost. Lage am See und Blick grandios – hier muss man rasten und ein Bierchen trinken. So–Do 10–24 Uhr, Fr, Sa 10–1 Uhr, Bahnhofstr. 2, Schondorf/Ammersee, Tel. 08192/93 37 53, www.seepost-ammersee.de

ÜBERNACHTEN

Golfhotel Kaiserin Elisabeth. Kaiserin Sissi war hier, und Thomas Mann schrieb in sein Tagebuch: »Das Hotel Kaiserin Elisabeth ist entschieden ein Fund.« Altehrwürdig und natürlich teuer. Tutzinger Str. 2, Feldafing, Tel.08179/30 90, www.kaiserin-elisabeth.de

Hotel Fischerhaus. Kleines Familienhotel, ruhig, freundlich, unterschiedlich große Zimmer, gutes Frühstück. Achheimstr. 1, Starnberg, Tel. 08151/905 50, www.hotel-fischerhaus-starnberg.de

Der Kramerhof. Freundliches Landhotel, gutes Frühstück. Terrasse, Gastgarten, gute Küche. Ringstr. 4, Dießen/Riederau, Tel. 08807/92 40 60, www.der-kramerhof.com

VERANSTALTUNGEN

Seefest Dießen. Das traditionelle Fischerstechen gehört hier dazu. Ende Juli–Anf. Aug.

AKTIVITÄTEN

Badeplätze. Am Starnberger See bei den Orten Ambach, Ammerland, Bernried, Feldafing/Possenhofen, Seeshaupt, Starnberg, St. Heinrich, Tutzing; am Ammersee bei den Orten Breitbrunn, Dießen, Eching, Riederau, Herrsching/Wartaweil, Schondorf, Stegen, Utting

Bootsverleih. Am Starnberger See in Berg, Seeshaupt, Starnberg, Tutzing; am Ammersee in Dießen, Herrsching, Schondorf, Stegen, Utting

Radtouren. Die Region um den Ammersee und den Starnberger See lässt sich wunderbar mit dem Rad erkunden. Wer einen der Seen umrunden will, muss rund 50 Kilometer zurücklegen, und das nicht immer auf reinen Radwegen. Radverleih am Starnberger See: Starnberg, Tutzing; am Ammersee: Dießen, Herrsching

Schifffahrt. Auf beiden Seen sorgt die Bayerische Seenschifffahrt für die öffentliche Verkehrsanbindung (nicht im Winter). Anlegestellen am Starnber-

Die Mütze zeigt: Er ist der Kapitän.

ger See: Starnberg, Berg, Leoni, Ammerland, Ambach, Seeshaupt, Bernried, Tutzing, Possenhofen; am Ammersee: Stegen, Buch, Breitbrunn, Herrsching, Dießen, Riederau, Holzhausen, Utting, Schondorf. Die Gesellschaft bietet auch sogenannte »Erlebnisfahrten« an: am Starnberger See u. a. Brunchfahrten, Mondscheinfahrten zum Buchheim-Museum, Auf königlichen Spuren, Tanzfahrten; am Ammersee u. a. Brunchfahrten, Schlemmerfahrten mit diversen kulinarischen Schwerpunkten, Tanz auf dem Raddampfer; www.seenschifffahrt.de

INFORMATION

Tourist-Information Starnberger Fünf-Seen-Land. Mo–Fr 8–18 Uhr, Mai–Okt. zusätzl. Sa 9–13 Uhr, Wittelsbacherstr. 2c, Starnberg, Tel. 08151/906 00, www.sta5.de

Tourist-Information Herrsching. Mai–Okt. Mo–Fr 9–13 und 14–18 Uhr, Sa 9–13 Uhr, Nov.–April Mo–Fr 10–16 Uhr, Bahnhofplatz, Tel. 08152/52 27, www.sta5.de

49 Kloster Andechs
Der »Heilige Berg«

Reisen im Mittelalter war nicht lustig. Kein »Do not disturb« am Türknauf, kein Ahornsirup am Frühstücksbuffet. Doch das schreckte die ersten Touristen, die Wallfahrer, nicht ab. Die Anziehungskraft der Reliquien – »Souvenirs« aus Rom oder dem Heiligen Land – war zu groß. Auch nach Andechs pilgerte man wegen des Reliquienschatzes, zu dem damals noch die »Heilige Vorhaut Jesu« gehörte.

Obwohl sich die Kleinigkeit nicht mehr im Heiltumsschatz des Klosters befindet, zieht Bayerns ältester Wallfahrtsort noch immer 30 000 registrierte Pilger pro Jahr an. Dazu kommen Tausende, die den »Heiligen Berg« nicht seiner Spiritualität wegen aufsuchen, sondern weil das Andechser Bier so süffig ist, man so schön sitzt und ins Land schauen kann und eine Brotzeit unter Bäumen immer schmeckt. Die darf man übrigens mitbringen.

Von Mäusen und Menschen

Wissen die Pilger, wem sie verdanken, dass die »Heiligen drei Hostien« gezeigt werden können? Heben sie den Maßkrug auf die Retterin der Reliquien? Tun sie nicht, war ja auch nur eine Maus. Die aber gab 1388 den entscheidenden Tipp, wo die Heiltümer lagen, die nach der Zerstörung der Burg Mitte des 13. Jahrhunderts versteckt worden waren. Nach diesem sachdienlichen Hinweis kamen wieder Scharen von Wallfahrern nach Andechs, die Burgkapelle wurde zu eng. Spenden der Pilger und die finanzielle Unterstützung des Wittelsbacher Herzogs Ernst (1397–1438) ermöglichten um 1430 den Bau einer dreischiffigen gotischen Hallenkir-

Oben: Mächtig thront die Wallfahrtskirche hoch über dem Ostufer des Ammersees.
Unten: Im Inneren zeigt sich die Andechser Kirche prächtig und verspielt; von Volksfrömmigkeit zeugen die vielen Votivgaben.

che, die noch heute den Kern des Mitte des 18. Jahrhunderts im Rokokostil umgestalteten Gotteshauses bildet.

Herzog Ernst war es auch, der für Andechs 1438 ein Chorherrenstift gründete. Gerade noch rechtzeitig vor seinem Tod und wohl hoffend, damit sein Sündenkonto zu entlasten, auf dem Mord stand: Auf sein Geheiß wurde die Frau seines Sohnes, die schöne Agnes Bernauer, als Hexe ertränkt. Der Vater tat's aus Staatsräson. Albrecht, der einzige Erbe, hatte die Augsburger Baderstochter heimlich geehelicht. Nicht nur, dass sie eine Bürgerliche war, die Bader gehörten zu den »unehrlichen Leuten«. Einen Sohn aus so einer Verbindung würde niemand als erbberechtigt akzeptieren, und damit wäre Ernsts Linie ausgestorben. Also rein mit dem Mädchen in die Donau! Diese Tragödie hat Historiker und Literaten aller folgenden Jahrhunderte beschäftigt, auch der Komponist Carl Orff (1895–1982) nahm sich des Themas an. 1947 wurde *Die Bernauerin* uraufgeführt. Orffs Großeltern lebten am Ammersee, und 1955 kehrte er ins Land seiner Jugend zurück. Auf eigenen Wunsch wurde er in einer Seitenkapelle der Klosterkirche beigesetzt, und das Kloster pflegt sein Erbe: Seit 1998 gibt es die Carl-Orff-Festspiele.

Milch contra fromme Denkart

Leider leben die Benediktiner nicht mit allen Nachbarn so in Eintracht wie mit Carl Orff. Seit Jahren tobt ein Streit durch alle Instanzen, bei dem es darum geht, wem die Marke »Andechs« gehört: dem Bier brauenden Kloster oder der Biomilch verarbeitenden Molkerei? Vielleicht sollten die Mönche etwas mehr Vertrauen in die Konsumenten setzen: Die Gefahr, dass ein Bayer sich von der Namensgleichheit narren lässt und Milch trinkt, wenn er Bier will, ist gering einzuschätzen.

Infos und Adressen

50 Garmisch-Partenkirchen
Hochalpine Impressionen

Für beide wäre es nicht das erste Mal gewesen. München wollte, Garmisch verweigerte sich. Die Landeshauptstadt grummelte, die Landeshauptstadt warb. Schließlich machte Garmisch-Partenkirchen dann doch die Wiesen frei. In eifriger Vorbereitung sah man die beiden vereint. Ja, so schön wär's gewesen. Dann aber: aus der Traum von den Olympischen Winterspielen 2018. Den Zuschlag erhielt Pyeongchang in Südkorea.

Viele Garmischer nahmen diese Entscheidung mit Erleichterung zur Kenntnis. Die Streitigkeiten im Vorfeld der Bewerbung hatten die Gemeinde gespalten – von der Weigerung vieler Bauern, ihre Wiesen zur Verfügung zu stellen, bis zur Grundsatzfrage, ob man die Spiele überhaupt brauche und wolle. Ein Bürgerentscheid wurde durchgeführt, die Befürworter erhielten 58,07 Prozent, die Gegner kamen auf 49,41 Prozent. Die Zahlen stimmen, auch wenn sie addiert nicht 100 ergeben, das Verfahren ist kompliziert, aber so ist das nun mal in einer Demokratie.

Die Olympischen Spiele 1936

1933 war das einfacher. Da kam ein Telegramm »IV. Olympische Spiele einstimmig Garmisch-Partenkirchen soeben zugesprochen«, und schon ging's los: Ein Skistadion wurde erbaut, eine Sprungschanze errichtet. 1935 übte die NSDAP dann massiv Druck aus und verlangte, dass sich die bis dahin eigenständigen Märkte Garmisch und Partenkirchen zusammenschlossen – wurde

Auch wenn Garmisch kein oberbayerischer Bilderbuchort ist – Besucher aus aller Welt kommen gern hierher. Die Alpenkulisse ist grandios und man kann sie ohne großen Aufwand genießen. Eine kurze Fahrt mit der Bahn, schon sieht man Deutschlands höchsten Berg.

Garmisch-Partenkirchen

Hinter Dächern das Dach Deutschlands: die Zugspitze.

gemacht. Nur ein Problem hatten die Nationalsozialisten: Sie mussten die Geister, die sie gerufen hatten, loswerden. Es war natürlich ganz in ihrem Sinn, dass die jüdische Bevölkerung hier – wie überall im Land – Diskriminierungen ausgesetzt war, aber bitte nicht im Umfeld der Spiele. Ein britischer Reporter, der die künftige Olympiaregion bereist hatte, hatte bereits für weltweites Aufsehen gesorgt mit einem Bild vom Vereinshaus des Skiclubs Partenkirchen, an dem »Juden Zutritt verboten« stand.

Der Chef des Organisationskomitees war alarmiert: »Ich äußere meine Sorge nicht deshalb, um den Juden zu helfen«, schrieb er nach Berlin. Aber: »Wenn in Garmisch-Partenkirchen die geringste Störung passiert … können die Olympischen Spiele in Berlin nicht durchgeführt werden.« Der Gauleiter sorgte dann dafür, dass die Schilder »Juden unerwünscht« aus dem Ort entfernt wurden. Und so stimmten die Bilder, die vom 6. bis zum 16. Februar 1936 in die Welt gingen: Die Hakenkreuzfahnen wehten, der Führer grüßte, die Sportler erbrachten Spitzenleistungen. Nachdem die Welt nicht mehr blickte, kehrte wieder »Normalität« ein, und selbstverständlich hingen nun auch in Garmisch wieder antisemitische Plakate.

IN MEMORIAM MICHAEL ENDE

Ein Regenguss überrascht einen Urlauber in Garmisch. Er sucht in einem Laden Unterschlupf, kommt mit der Besitzerin ins Gespräch, und die beiden unterhalten sich so gut, dass der junge Mann noch immer da sitzt, als sich der Regen lange verzogen hat. Bald darauf heiraten die beiden, und 1929 schenkt Luise Bartholomä dem Maler Edgar Ende einen Sohn, der die Welt mit seinen fantastischen Geschichten verzaubern wird: Michael Ende. *Jim Knopf*, *Momo*, *Die unendliche Geschichte* – Bücher, die jedes Kind kennt und die auch Erwachsene immer wieder mit Gewinn lesen können.

Garmisch hat seinem großen Sohn ein Denkmal gesetzt, den Michael-Ende-Kurpark. Verschiedene Künstler haben, von Figuren oder Schauplätzen aus dem Romanwerk inspiriert, interessante Skulpturen ins Grün gesetzt. Die Ausstellung im Kurhaus ist klein, aber sehenswert, nicht zuletzt, weil dort auch surrealistische Werke des Malers Edgar Ende gezeigt werden.

Michael-Ende-Kurpark. 7.30 bis 20 Uhr, im Sommer bis 22 Uhr, Ausstellung Di–So 12–17 Uhr.

Selbst die Kleinen tragen Tracht.

BADEN, ESSEN, FAULENZEN

Man kann den Pflegersee auch mit dem Auto erreichen, aber wenn man die Wahl hat, sollte man hinaufspazieren und dabei den nötigen Hunger entwickeln (1,5 Std. ab Garmisch, 30 Min. ab dem »Hotel Sonnenbichl«). Denn die Küche im Berggasthof ist köstlich, und die Portionen sind groß – empfehlenswert sind der Fisch und unbedingt der Kaiserschmarrn. Der Berggasthof ist ein beliebtes Ziel der Einheimischen, und die Bedienungen sind nur zu bewundern. Sie schaffen es sogar, freundlich und schnell zu sein, wenn es an einem schönen Sonntagmittag rappelvoll ist auf der Terrasse über dem See.

Der Pflegersee ist ein Moorsee, gespeist aus fünf Quellen, der sich schnell erwärmt. Eine herrlich altmodische Badeanstalt bietet hölzerne Umkleidekabinen, man kann mit dem Boot fahren oder sich einfach nur in die Sonne legen und den Blick auf den alten Gasthof und den 1 430 Meter hohen Königstand genießen.

Berggasthof Pflegersee. Reservieren empfohlen! Tgl. 9–18 Uhr
Tel. 08821/88 21 27 71,
www.pflegersee.com

Haus am Mohrenplatz mit »Lüftlmalerei«

Sportlich auf der Höh'

Mit den Spielen von 1936 wurde Garmisch zur international bekannten Wintermetropole. Noch heute ist es Austragungsort bedeutender Sportereignisse: Hier findet alljährlich im Rahmen der Vierschanzentournee das Neujahrsspringen statt, die Kandahar-Abfahrt gehört zu den anspruchsvollsten Rennstrecken im Alpinen Skiweltcup.

Die berühmteste Sportstätte, die alljährlich Zehntausende Besucher aus aller Welt anlockt, ist die 2007 neu erbaute Skisprungschanze. In das architektonisch grandiose Werk von 130 Metern Höhe kann man im Rahmen von Führungen auch klettern, so man sich nicht scheut, eine »Himmelsleiter« mit 332 Stufen zu erklimmen. Die Besichtigung lässt sich mit dem einstündigen Rundgang auf dem Themenweg verbinden, der von der Talstation der Eckbauerbahn zum Stadion aus den 1930er-Jahren und zur Schanze führt.

Eine weitere Sportstätte, die für die Olympischen Spiele errichtet wurde, ist heute nicht mehr in Betrieb: die 1525 Meter lange Bobbahn am Rießersee. Die 44 Kurven umfassende Rennstrecke galt als eine der gefährlichsten der Welt. Sie ist zu besichtigen und steht seit 2003 unter Denkmalschutz.

Garmisch-Partenkirchen

So attraktiv Garmisch im Winter ist, es hat im
Sommer genauso viel zu bieten. Dann transportieren die Alpspitz-, die Kreuzeck-, die Hausberg-
und die Eckbauerbahn nicht vermummte Ski-
oder Snowboardfahrer in luftige Höh', sondern
sommerlich gekleidete Wanderer, Kletterer oder
Gleitschirmflieger. Aber auch all jene, die sportlich
nicht so fit sind, dass sie auf Skischanzen klettern,
mit dem Mountainbike bergauf strampeln oder
steile Felswände erklimmen können, kommen hier
auf ihre Kosten und der hochalpinen Welt dabei
ganz nah. Die Zugspitzbahn macht's möglich! Von
der Ortsmitte aus fährt sie auf das Zugspitzplatt
mit dem Gletscher, von dort geht's weiter mit der
Gletscherbahn auf den Gipfel des mit 2963 Metern höchsten Bergs Deutschlands, der Zugspitze.
Wenn das Wetter mitspielt, kann man über 400
Gipfel in Deutschland, Österreich, Italien und der
Schweiz sehen.

Abseits touristischer Pfade

So berauschend die Bergkulisse ist, es wäre über-
trieben, Garmisch als bayerisches Bilderbuchidyll
zu beschreiben. Allzu sichtbar sind die Blessuren,
die Kommerz und Tourismus geschlagen haben,
selbst wo alte Bausubstanz erhalten blieb, machen
sich ebenerdig moderne Geschäfte im Allerwelts-
look breit.

Anders Partenkirchen, vor der durch die Nationalsozialisten durchgeführten Zwangsehe ein Ort mit
eigener reicher Geschichte, Handelsplatz an der
römischen Via Raetia, offener für fremde Einflüsse
als das von Flößerei, Fischerei und Jagd lebende
Garmisch. An der historischen Ludwigstraße in
Partenkirchen reihen sich Zeugen dieser Vergangenheit, aneinander breit gelagerte Häuser mit
bemalten Fassaden, schöne Beispiele der für Oberbayern typischen Lüftlmalerei.

Oben: Die neue Sprungschanze, im
Hintergrund das Wettersteingebirge.
Mitte: Abseits des Zentrums wird
es ruhig, schöne alte Häuser blie-
ben etwa an der Frühlingsstraße
erhalten.
Unten: Gondel der Wankbahn mit
Blick auf Garmisch-Partenkirchen.

AUSSERHALB DES ZENTRUMS

Selbstverständlich findet man auch in Garmisch noch historische Bausubstanz, beispielsweise das Polznkaspar-Haus mit seinem hübschen kleinen Garten – es beherbergt heute die Volksbücherei – oder das Bauernhaus in der Kreuzstraße 21a/23, das aus dem Jahr 1687 stammt. Abseits des hektischen Zentrums zeigt sich der Ort von seiner ruhigen, ländlich-charmanten Seite, etwa in der Sonnenstraße, die ein besonders schönes Ensemble alter Werdenfelser Bauernhäuser aus dem 18. Jahrhundert säumt.

Jenseits des Flusses lohnt ein Spaziergang durch die Loisach- und die parallel verlaufende Frühlingsstraße. An ihrer Verlängerung, der sanft ansteigenden Zoeppritzstraße, liegt eine prächtige Villa in einem parkartigen Garten, die der Münchner Architekt Emanuel von Seidl 1907/08 für Richard Strauss erbaute. Der Komponist wollte das Haus als Sommerfrische nutzen, doch es wurde bald zum Dauerwohnsitz der Familie. Obwohl er bei den Nazis in Ungnade gefallen war, komponierte Strauss die Eröffnungsmusik für die Olympischen Spiele – den Auftrag hatte er schon 1932 vom Internationalen Komitee erhalten. Strauss lebte bis zu seinem Tod 1949 in Garmisch, das Richard Strauss Institut in der Schnitzschulstraße widmet sich museal und als Forschungsstätte seinem Werk, größte Hommage an den Musiker ist das alljährlich im Juni stattfindende Richard Strauss Festival.

Wenn man hinter der Strauss-Villa rechts abbiegt, gelangt man auf einen Spazierweg, der über Wiesen und am Waldrand bergauf bis zum Pflegersee führt. Eine kleine Pause sollte man an der Kriegergedächtniskapelle einlegen, einer wirklich berührenden Stätte, ganz ohne Pathos. Die ungefähr 380 kleinen Tafeln führen die Namen derer auf, die im Zweiten Weltkrieg ihr Leben lassen mussten.

Oben: Das Polznkasparhaus mit seinem hübschen Bauerngarten, im Hintergrund die Kirche St. Martin.
Unten: Gedenktafeln für die im Zweiten Weltkrieg Gefallenen in der Kriegergedächtniskapelle.

Infos und Adressen

SEHENSWÜRDIGKEITEN

Richard-Strauss-Institut. Als Museum und Forschungsstätte widmet sich das in einer Villa aus dem Jahr 1893 untergebrachte Institut dem Leben und Werk des Komponisten. Mo–Fr 10–16 Uhr, Schnitzschulstr. 19, Garmisch-Partenkirchen, Tel. 08821/91 09 50, www.richard-strauss-institut.de

St. Anton. Hübsche Barockkirche und winziges Kloster, auf einem schönen Spazierweg zu erreichen. Deckenfresko von Johann Holzer, Stuckarbeiten von Josef Schmutzer. St. Anton 1, Garmisch-Partenkirchen, Tel 08821/967 00 90

ÜBERNACHTEN

Grand Hotel Sonnenbichl. Elegantes Hotel am Ortsrand, wunderschöne Terrasse. Zimmer mit Bergblick buchen! Burgstr. 97, Garmisch-Partenkirchen, Tel. 08821/70 20, www.sonnenbichl.de

ESSEN UND TRINKEN

Berggasthof Almhütte. Ihren Namen »Windbeutelalm« verdankt die Gaststätte, von deren Terrasse man aufs Zugspitzmassiv blickt, den sagenhaft guten, riesigen Windbeuteln. Tgl. 9–18 Uhr, Maximilianshöhe 15, Garmisch-Partenkirchen, Tel. 08821/714 17

Einzigartiges Naturerlebnis: die Partnachklamm

Das Garmischer Kult-Café »Krönner«

Krönner. Eine Institution in Garmisch. Den Apfelstrudel sollte man versuchen! Etwas hocpreisiger, aber sehr lohnend! Tgl. 9–18.30 Uhr, Achenfeldstr. 1, Garmisch-Partenkirchen, Tel. 08821/3007, www.kroenner.com

EINKAUFEN

Käthe Wohlfahrt. Schön skurril: Auch bei sommerlichen Temperaturen von mehr als 30 Grad kann man hier Weihnachtsschmuck kaufen. Mo–Fr 10–18 Uhr, Sa bis 16.30 Uhr, Marienplatz 4, Garmisch-Partenkirchen

AKTIVITÄTEN

Wanderung durch die Partnachklamm. Die 700 Meter lange Felsschlucht, deren Wände bis zu 80 Metern emporsteigen, gehört zu den schönsten Klammen im Alpenraum. Man kann sie sommers wie winters in etwa 45 Minuten durchwandern. Mai, Juni, Okt. 8–18 Uhr, Juli–Sept. 8–19 Uhr, Nov.–April 9–18 Uhr, www.partnachklamm.eu

INFORMATION

Garmisch-Partenkirchen Tourismus. Richard-Strauss-Platz 1a, Tel. 08821/18 04 04, www.gapa.de

REISEINFOS

S. 272/273: Die Ahnengalerie in
der Residenz
Oben: Die Mariensäule zwischen
den Türmen der Frauenkirche
Mitte: Fußballfans feiern auf der
Leopoldstraße
Unten: »Weinhaus Neuner«, eine
Münchner Traditionswirtschaft.

München von A bis Z

Anreise
Mit dem Auto
Wie alle größeren deutschen Städte ist München
gut über Autobahnen zu erreichen. Allerdings sind
diese – vor allem rund um Ferien, Feiertage und
an Wochenenden – stark belastet. Vor allem auf
der A8 gen Süden steht man oft im Stau.

Mit dem Zug
München hat einen zentralen Hauptbahnhof, von
dem aus man wiederum mit S- und U-Bahn alle
Stadtbereiche gut erreichen kann oder auch in
wenigen Minuten zu Fuß im historischen Zentrum
ist. Von Norden kommend, halten einige Fernzüge
auch in München-Pasing, von Süden und Osten
kommend am Ostbahnhof. Auch der Terminal für
den Autoreisezug befindet sich beim Ostbahnhof.
Die Verbindung nach Garmisch-Partenkirchen
stellt die Deutsche Bahn her, Tegernsee erreicht
man mit der Bayerischen Oberlandbahn (ab Hbf.).

Mit dem Flugzeug
Der Flughafen Franz-Josef-Strauß, eines der großen
Drehkreuze Europas, liegt knapp 30 km nordwestlich
der Innenstadt in der Nähe von Freising. In etwa 45
Min. ist man mit der S1 oder S8 am Marienplatz
oder am Hauptbahnhof. Alternativ verbindet der
Lufthansa Airport Bus im 20-Minuten-Takt den
Flughafen in rund 40 Min. mit dem Hauptbahnhof.

Autofahren in der Stadt

In München gilt die verschärfte Regelung einer
Umweltzone. Innerhalb des Mittleren Rings, also im
Innenstadtbereich, dürfen nur noch Wagen mit
grüner Feinstaubplakette fahren, für Autos mit
gelber, roter oder ohne Plakette ist der Bereich ge-
sperrt. Das gilt auch für Touristen. Die Plaketten

können (für in Deutschland zugelassene Fahrzeuge) bestellt werden über das Landratsamt München, www.landkreis-muenchen.de. Ausländische Besucher bekommen beim TÜV-Süd die nötigen Infos in verschiedenen Sprachen: www.tuev-sued.de

Unabhängig davon empfiehlt es sich, nicht mit dem Auto in die Innenstadt zu fahren: Parkplätze sind rar und teuer, und mit S- oder U-Bahn lassen sich die meisten Sehenswürdigkeiten bequem erreichen. Viele S- und U-Bahnstationen bieten zudem Park-and-Ride-Plätze. Mehr auf mvv-muenchen.de

Bier

In München gibt es eine jahrhundertealte Biertradition, und bis heute darf in Oktoberfestzelten ausschließlich Bier ortsansässiger Brauereien ausgeschenkt werden. Die sechs großen sind Augustiner (bereits 1328 gegründet), Hacker Pschorr, Hofbräu, Löwenbräu, Paulaner und Spaten. Eine Brauereiführung ist möglich bei der Paulaner-, der Spaten- und der Hofbrauerei, außerdem im kleineren Hacker-Pschorr-Haus auf der Theresienhöhe. Eine interessante Führung bietet auch die Brauerei Weihenstephan in Freising (mit der S-Bahn zu erreichen) an, die als die älteste der Welt gilt – sie wurde bereits 1040 gegründet.

Biergärten

Sie sind ein Muss bei einem Besuch in München. Nirgendwo sonst kann man so wunderschön einen Sommerabend verbringen. Es gibt berühmte und große wie den Hirschgarten oder den Biergarten am Chinesischen Turm, aber auch viele kleine, romantische. In einen »richtigen« Biergarten darf man seine Brotzeit selbst mitbringen, wenn man nicht so viel Geld ausgeben möchte oder keine Lust hat auf Hendl, Spareribs oder Steckerlfisch.

Oben: Giebel der Glyptothek am Königsplatz
Mitte: Vor dem Chinaturm warten die Pferdekutschen, mit denen man durch den Englischen Garten fahren kann.
Unten: Die Vinothek »Mezzodi« in der Steinstraße, Haidhausen.

Wichtig ist aber: Das Bier kauft man dort – und es schmeckt am besten frisch vom Fass.

Fahrrad

München schmückt sich gern mit dem Titel »Radl-hauptstadt«, hier wird viel geradelt, das Wegenetz ist gut ausgebaut. Unter www.radlhauptstadt. muenchen.de bietet die Stadt entsprechende Infos, ebenso auf wwww.muenchen.de. Dort findet man auch eine Liste der Verleihfirmen. Der Fahrradverleih der Deutschen Bahn, »Call a Bike«, hat in München im Sommer zahlreiche Stationen. In U- und S-Bahn können Räder mitgenommen werden (außer 6–9 und 16–18 Uhr), man benötigt dafür eine zusätzliche Fahrrad-Tageskarte.

Feste und Feiertage

Kirchliche Feiertage

Bayern ist ein katholisches Land, in dem anders als in Gesamtdeutschland Hl. Drei König (6. Jan.), Fronleichnam und Allerheiligen (1. Nov.) als Feiertage gelten. Eines der wichtigsten kirchlichen Feste ist Fronleichnam, am zweiten Donnerstag nach Pfingsten: Nach einem Festgottesdienst auf dem Marienplatz zieht eine Prozession mit dem Erzbischof durch die Innenstadt. Kleinere Prozessionen gibt es in vielen anderen Pfarreien der Stadt.

Feste

Das größte Fest ist zweifellos das Oktoberfest, das am Samstag nach dem 15. Sept. eröffnet wird und am ersten Sonntag im Okt. endet. Seit 2000 gilt folgende Neuerung: Wenn der 1. oder 2. Okt. auf einen Sonntag fällt, wird die Wiesn bis zum Tag der Deutschen Einheit (3. Oktober) verlängert. Schön von der Straße aus zu beobachten: der Einzug der Wiesnwirte am ersten Samstagvormittag und der Trachten- und Schützenzug am ersten

Oben: Zünftig gewandet für den Besuch im Alten Hof
Mitte: Besichtigung des Max-Joseph-Platzes – viele Veranstalter bieten geführte Radtouren an.
Unten: Capoeira – brasilianischer Kampfsport als Einlage beim Uni-Straßenfest

Sonntag. Zur Wiesnzeit sind alle Unterkünfte im weiten Umkreis der Stadt ausgebucht – rechtzeitig reservieren!

Die Münchner Narren gehen am Faschingsdienstag auf die Straße, gefeiert wird in der Fußgängerzone und auf dem Viktualienmarkt, wo am frühen Morgen der traditionelle Tanz der Marktfrauen stattfindet.

Eine Feier der ganz anderen Art ist das Streetlife-Festival, das an zwei Wochenenden im Sommer die gesamte Ludwig- und Leopoldstraße unter dem Motto »Green City« zur Feiermeile macht.

Zweimal im Jahr – im Sommer im Olympiapark, im Winter auf der Theresienwiese – steigt das Tollwood-Festival, 2013 feiert es sein 25-jähriges Jubiläum. Musiker und Kabarettisten treten auf, kulinarische Spezialitäten aus aller Welt locken, auf dem »Markt der Ideen« präsentieren Kunsthandwerker ihre Produkte.

Fremdenverkehrsamt

Die München Tourist Info gibt in zwei zentral gelegenen Büros Auskunft:
Am Hauptbahnhof, Bahnhofsplatz 2 (neben DER), Mo–Fr 9–20 Uhr, So 10–18 Uhr
Am Marienplatz im Neuen Rathaus, Mo–Sa 9–19 Uhr, Sa 9–17 Uhr, So 10–14 Uhr, Tel. 089/23 39 65 00
Auskunft vom Tourismusamt über: München Tourismus, Sendlinger Str. 1 (im Ruffinihaus), Tel. 089/23 39 65 00, www.muenchen.de/tam

Fundbüro

Städtisches Fundbüro: Oetztaler Str. 19, Tel. 089/23 39 60 45
Hat man etwas in der U-Bahn vergessen, wird der

Oben: Von der Paulskirche kann man abends den fantastischen Blick über die Wiesn genießen.
Mitte: Köstlichkeiten von »Maelu« in der Theatinerstraße
Unten: Nur in München ansässige Brauereien dürfen auf der Wiesn ihr Bier ausschenken.

verlorene Gegenstand einen Tag lang am Haupt-
bahnhof aufbewahrt: MVG Infopoint,
Tel. 089/21 91 32 40, Mo–Fr 8–12 und 12.30–16
Uhr, Sa, So 9–12.30 und 13–17 Uhr.
Danach werden die Sachen im städtischen Fund-
büro abgegeben. Die S-Bahnen haben eine eigene
Fundstelle im Hauptbahnhof: Tel. 089/13 08 66 64.
Fürs Oktoberfest wird im Servicezentrum (hinter
dem Schottenhamel-Festzelt) ein eigenes Fund-
büro eingerichtet.

Internet

www.muenchen.de: Münchens Stadtportal infor-
miert umfangreich, sowohl über Stadtpolitik, Job-
und Wohnungssuche als auch über Veranstaltungen, Theater, Feste, Museen und alle Sehenswürdigkeiten.

Kartenvorverkauf

Für die meisten Veranstaltungen kann man online
Karten kaufen auf www.muenchenticket.de. Ti-
cketschalter finden sich im Marienplatz-Untergeschoss (Mo–Fr 9–20 Uhr, Sa 9–18 Uhr) sowie im
Rathaus (Mo–Fr 10–20 Uhr, Sa 10–16 Uhr). Karten
für die Städtischen Theater- bzw. Opernbühnen
sowie für die Kleinkunsttheater gibt es an den jeweiligen Tages- bzw. Abendkassen bzw. über die
Webseiten.

Kleidung

München ist eine schicke, modebewusste Stadt, in
der viele Menschen viel Geld haben und das auch
gerne zeigen – selbst legere Mode muss ein Label
tragen. In teure Lokale geht man in der Regel entsprechend gut gekleidet, in den Wirtshäusern gibt
es hingegen keine Kleiderordnung. Wer als Tourist
sportliche Freizeitkleidung in den Koffer packt, ist

Oben: Der »Faun« ist eines von vielen Lokalen im Glockenbachviertel.
Mitte: Die Besitzerin vom »Sancho
Pansa« am Elisabethmarkt serviert
köstliche Paella.
Unten: Vornehm und verführerisch:
bei »Dallmayr« am Marienhof

allen Situationen gewachsen, außer er möchte nachts in einen der Clubs, wo die Türsteher entscheiden, was gerade angesagt ist. Will man mit der Schickeria mithalten, muss man einen zweiten Koffer mit entsprechendem Outfit mitnehmen.

Klima und Reisezeit

München hat vergleichsweise kalte, schneereiche Winter und einen gemäßigt warmen Sommer mit Durchschnittstemperaturen im Juli und August um 20 °C. Bedingt durch die Nähe zu Alpen und Donau als zwei Wetterscheiden, wechselt das Wetter recht schnell. Berühmt-berüchtigt ist der Föhn, der warme Fallwind aus den Alpen, der die Temperaturen in wenigen Stunden in die Höhe treibt. Viele Menschen leiden dann unter Kopfschmerzen, andere hingegen genießen die Wärme, den blauen Himmel – und die herrliche Fernsicht.

Kultur

Kulturinteressierte kommen in München voll auf ihre Kosten: Es gibt nicht nur zahlreiche hochkarätige Museen, sondern auch viele interessante private Sammlungen und Ausstellungen. Neben den großen städtischen und staatlichen Theater- und Opernbühnen (die Opernfestspiele im Sommer be-

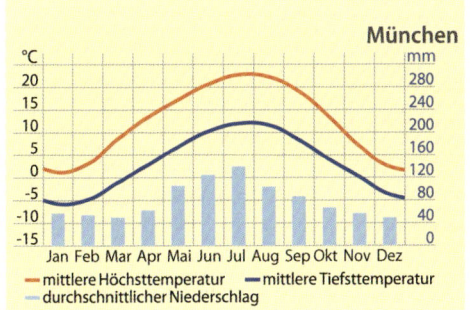

Oben: »Frida« in der Hohenzollernstraße – hier finden die modischen Münchnerinnen was ihnen und anderen gefällt.
Unten: Weniger modisch, aber traditionell: Die Prunkkette, die ein echtes Mannsbild zur Tracht trägt.

Jedes
Menschen
leben
soll heilig
sein

Kurt Eis

ehren die besten Musiker weltweit) sorgen kleine Privattheater – Krimibühnen, politisches Kabarett, bayerisches Volkstheater – für Vielfalt. Klassik, Jazz und Pop, in alten Prachtsälen oder auf der Wiese – langweilen muss man sich hier nicht!

Notrufnummern

Polizei: 110
Feuerwehr/Rettungsdienst: 112
Gehörlosentelefon Notruf: 089/192 94
Giftnotruf: 089/192 40
Krankenbeförderung: 089/192 22
Ärztlicher Bereitschaftsdienst Bayern:
01805/19 12 12
Privatärztlicher Notdienst: 089/192 57 oder
01805/501 92 57
Zahnärztlicher Notdienst: 089/723 30 93
Kinderärztlicher Bereitschaftsdienst im Elisenhof:
01805/19 12 12
Tierärztlicher Notdienst: 089/29 45 28

Öffentlicher Nahverkehr

Münchens öffentliches Verkehrssystem ist fantastisch ausgebaut. Zur Münchner Verkehrsgesellschaft (MVG) gehören U-Bahn, Busse und Trambahnen, die S-Bahn ist der Deutschen Bahn angegliedert, die Fahrkarten aber sind identisch. Die Fahrpreise sind nach Zonen gestaffelt, es gibt Kurzstrecken, Nahverkehr, Großraum sowie den Gesamtbereich. Tickets, die man dann noch entwerten muss, erhält man an den Automaten an allen U- und S-Bahn-Stationen und in den MVG-Verkaufsstellen. Für Kinder gibt es spezielle Tarife, ein Hund pro Person fährt umsonst mit. Für Besucher empfehlen sich Single- oder Partner-Tageskarten, mit denen man beliebig viel fahren kann und die preislich nach Zonen gestaffelt sind; in der Regel ist der Innenraum ausreichend. Es gibt

Oben: Das begehbare Denkmal am Oberanger erinnert an den ermordeten Kurt Eisner, den ersten Ministerpräsidenten Bayerns.
Unten: Segelparty am Ammersee. Wie den Starnbergersee kann man ihn mit der S-Bahn erreichen.

sie für einen und für drei Tage. Die Partnerkarte gilt für bis zu fünf Personen, zwei Kinder zwischen 6 und 14 Jahren zählen als eine Person. Die CitytourCard ist ein Tagesticket, das auch noch Rabatte für über 30 Sehenswürdigkeiten bietet; es gibt sie als 1- und 3-Tages-Fahrschein.

Nach Betriebsschluss der U-Bahnen und der regulären Bus- und Trambahnlinien – gegen 1 Uhr – verkehren Nachtlinien, an Wochenenden und vor Feiertagen halbstündlich, sonst stündlich.

Infos und Hilfe bieten die Kundencenter/Infopoints im Marienplatz-Untergeschoss (Mo–Fr 9–20 Uhr, Sa 9–16 Uhr), am U-Bahnhof Poccistraße (Mo–Fr 8–18 Uhr) sowie im Untergeschoss Sendlinger Tor (Mo–Fr 8–18 Uhr); alle Infos auch unter mvg-mobil.de

Stadtführungen

Viele Anbieter führen durch München: per Bus, Rad oder per pedes. Oder mit der Tram – von Pfingsten bis Herbst gibt es jeden Sa und So Stadtrundfahrten in historischen Tramwagen (MünchenTram), begleitet von ausgebildeten Stadtführern, www.mvg-mobil.de. »Citysightseeing« fährt mit offenen Doppeldeckerbussen durch die Stadt. Abfahrt am Bahnhofsplatz, gegenüber vom Hauptbahnhof, www.citysightseeing-muenchen.de

»Schauplatz München« bietet Touren zu Fuß und ohne Anmeldung mit historischen oder kunsthistorischen Schwerpunkten; So ab 14 Uhr, www.schauplatz-muenchen.de. Ein breites Angebot hat auch »Weis(s)er Stadtvogel München«, www.weisser-stadtvogel.de. Die ganze Vielfalt – Nachtwächtertouren, kulinarische und Kinderführungen, Segway-Touren – auf www.muenchen.de

Oben: Sonntags findet in der »Pfälzer Weinstube« ein Jazzfrühschoppen statt.
Mitte: Der U-Bahnhof Münchner Freiheit, neu und modern gestaltet
Unten: Wie ihr Partner Valentin, hat auch Liesl Karlstadt einen Brunnen auf dem Viktualienmarkt.

München speziell – Tipps für Kinder und Jugendliche

SPIEL UND SPASS IM FREIEN

Englischer Garten. Die ideale Spielwiese für Kinder und Jugendliche: kein Autoverkehr, Platz, um ein Frisbee sausen zu lassen oder den Ball zu kicken. Eine besondere Attraktion für Kinder ist das alte Karussell am Chinesischen Turm, auf dem schon Generationen von kleinen Münchnerinnen und Münchnern ins Leben geritten sind – auf einem Vogel Strauß, in der Kutsche oder auf einem recht verdutzt dreinblickenden Lama. Bei schönem Wetter im Sommer 14.30–19 Uhr.

Große Tiere brauchen große Häuser.

Auch eine Fahrt mit der Kutsche (tgl. ab 12 Uhr vom Chinesischen Turm aus) ist ein Erlebnis für die ganze Familie.
Am Kleinhesseloher See neben dem Biergarten »Seehaus« kann man Boote mieten und zwischen den Enten um die Inseln rudern.

Tierpark Hellabrunn. Immer ein Erlebnis für Groß und Klein (s. S.224). Hier gibt es ein Streichelgehege, wo man Tiere (mit Spezialfutter) füttern kann, und eine schwankende Abenteuerbrücke. April–Sept. tgl. 9–18 Uhr, Okt– März tgl. 9–17 Uhr. Tierparkstr. 30, Tel. 089/62 50 80, www.tierpark-hellabrunn.de

ZIRKUS

Circus Krone. Von November bis März bespielt der Circus Krone seinen Stammbau an der Marsstraße, danach geht er auf Tournee. Krone, noch immer ein Familienbetrieb, ist das größte Zirkusunternehmen Europas. Jährlich wechselndes Programm mit internationalen Stars der Manege. Zirkus-Krone-Str. 1–6, www.circus-krone.com

MUSIK

Münchner Philharmoniker. Jeden Sonntagnachmittag finden im Gasteig Kinderkonzerte statt.
Münchner Rundfunkorchester. Auch das andere große Orchester der Stadt gestaltet ein Programm für die Jungen, Veranstaltungsort Prinzregententheater. Programme und weitere Informationen: www.muenchen.de

KINO

Schwabinger Kinderkino. Zeigt Filme, die auch Erwachsenen gefallen (So 11 Uhr). Die Vorführungen finden in der Theaterkneipe Heppel & Ettlich im Drugstore statt, wo auch Marionettentheater für Kinder aufgeführt wird. Feilitzschstr. 12, Tel. 089/ 38 88 78 20, www.heppel-ettlich.de

THEATER

Schauburg. München besitzt eines der renommiertesten Kinder- und Jugendtheater Deutschlands. Die Schauburg ist eine städtische Bühne, untergebracht in einem alten Kino am Elisabethplatz in Schwabing, das umgebaut und mit modernster Bühnentechnik ausgestattet wurde. Jährlich finden rund 300 exzellent inszenierte Aufführungen statt. Franz-Joseph-Str. 47, www.schauburg.net

Marionettentheater. Seit dem Jahr 1900 machen die Münchner Kinder im Marionettentheater beim Sendlinger Tor ihre erste Bekanntschaft mit den Brettern, die die Welt bedeuten. Im 19. Jh. zogen die Spieler mit ihren Puppen noch von Ort zu Ort, das Marionettentheater in München war das erste, das einem Ensemble eine feste Bleibe bot. Nachmittags werden Stücke für Kinder aufgeführt, abends wendet man sich an das erwachsene Publikum. Blumenstr. 32, www.muenchner-marionettentheater.de

MUSEEN UND WISSEN

Museum Mensch und Natur. Im Rondell des Nymphenburger Schlosses ist das moderne Naturkundemuseum untergebracht, in dem lebendig und multimedial Wissen vermittelt wird – über die Geschichte der Erde, die Vielfalt des Lebens und nicht zuletzt die Wechselwirkung zwischen Mensch und Natur. Die Abteilung »Spielerische Naturkunde – nicht nur für Kinder« trägt ihren Namen zu Recht, sie erfreut sich auch bei Älteren großer Beliebtheit. Di, Mi, Fr 9–17 Uhr, Do 9–20 Uhr, Sa, So 10–18 Uhr, Maria-Ward-Str. 1b, Tel. 089/17 95 89-0

Kindertag in der BMW Welt und im BMW Museum. Einmal im Monat zeigen sie sich besonders familienfreundlich. Dann ist der Eintritt reduziert, es werden kostenlos Führungen angeboten und Workshops laden zum Mitmachen ein. Letzter So im Monat 10–18 Uhr, Am Olympiapark 1/2, 80809 München, www.bmw-welt.com

Junior Campus. Auch interessant für Wissbegierige und auch in der BMW Welt. Das Unternehmen hat den Junior Campus unter das Motto »Mobilität/Nachhaltigkeit mit allen Sinnen entdecken« gestellt, er besteht aus drei Elementen: Campus Portal, Campus Labor und Campus Werkstatt. Das

Im Bier- und Oktoberfestmuseum

Deutsches Museum, Abteilung Raumfahrt

Portal ist für alle Besucher zugänglich, für die Workshops in Labor und Werkstatt muss man sich anmelden. Mo–Fr 9–18 Uhr, Sa, So 10–18 Uhr, BMW Welt, Am Olympiapark 1/2, 80809 München, www.bmw-welt.com

Deutsches Museum Kinderreich. Der absolute Hit für Kinder zwischen drei und acht Jahren. Was das Deutsche Museum (s. S. 224) da geschaffen hat, ist die ultimative Umsetzung des Prinzips »spielerisch lernen«. Die Themen, die hier behandelt werden, sind klassisch: Wasser, Kraft, Optik, Musik etc. Aber wo kann man schon in eine riesengroße Gitarre steigen, unter einem Wasserfall durchlaufen (ohne nass zu werden), in ein Feuerwehrauto klettern oder mit riesigen Bauklötzen spielen? Eltern sei geraten, die Abteilung Kinderreich erst dann aufzusuchen, wenn sie schon ihre Runde durchs Museum gedreht haben – die Kinder sind nicht mehr wegzukriegen. Abstellen kann man die Kleinen dort aber nicht, sie haben nur mit Erwachsenen Zutritt.

Bayerische Volkssternwarte. Den Blick in die Sterne durch die Fernrohre kann man nur bei schönem Wetter genießen, aber auch wenn der Himmel bedeckt ist, bietet die Kinderführung in der Sternwarte (mit Planetarium) spannende Einblicke in die Astronomie. Fr 17 Uhr, Rosenheimer Str. 145 h, Tel. 089/40 62 39, www. sternwarte-muenchen.de

Kleiner Sprachführer Münchnerisch/Bairisch

Auszogne ein Schmalzgebäck. Ausgezogene Menschen heißen Nackerte

Busserl ein Kuss. Heute zum Bussi verkürzt und von der Bussi-Gesellschaft gern rituell auf beide Wangen des Gegenübers platziert – gegenseitige Sympathie ist dabei keine Voraussetzung

dableckn jemanden auf den Arm nehmen. Das »Dableckn« findet alljährlich zum Beginn der Starkbierzeit auf dem Nockherberg statt, und es ist sehr unterhaltsam zu hören, wie die norddeutschen Kommentatoren in Funk und Fernsehen versuchen, das Wort auszusprechen

Dearndl Mädchen; in der Form »Dirndl« weibliche Tracht

gach steil, enthalten im Wort bzw. Namen Gasteig. Mit »net so gach« wird der Angesprochene aufgefordert, eine Sache ruhig und überlegt, also »kommod« anzugehen

Glasscherbnviertel heruntergekommene Wohngegend, schlechtes Viertel. So eines war zum Beispiel Haidhausen, das heute saniert und hochpreisig daherkommt

Grant Lebensphilosophie, grimmige, skeptische Betrachtung der Welt, verbunden mit Maulfaulheit. Wesenszug typischer Münchner Bedienungen in Gaststätten

Großkopferte Höhergestellte, arrogante reiche Menschen, auch Politiker, die die Volksnähe verloren haben

Grüß Gott Grußformel, heute weitgehend ersetzt durch: hallo

Hallodri Schlawiner, Rumtreiber, Hansdampf in allen Gassen

Maß ein Liter Bier. Der Maßkrug, früher irden, wurde gern bei Wirtshausschlägereien (Raufereien) als Schlagwaffe eingesetzt

Matz abgeleitet von Metze, seit dem Spätmittelalter: Dirne, leichtfertige Frau. Wird heute nicht mehr so abfällig gebraucht, bezeichnet ein durchtriebenes Frauenzimmer, ein »Luder«, dessen Treiben man sogar mit leichter Bewunderung kommentiert: »Des is a Matz!«

nackert unbekleidet. Die Nackerten machten in den 1980er-Jahren Schlagzeilen, als Menschen ohne textile Bekleidung sich im Englischen Garten sonnten

Passt! Das P wird wie ein B gesprochen. Kurzform, die ausdrückt, dass alles in Ordnung ist. Prägnant und sehr viel schöner als das lang gezogene »ookäääii«

Preiß jeder, der nicht aus Bayern kommt. Steigerungsform: Saupreiß. Die Preußenwitze sind zahlreich, einer verdeutlicht, wie weit der Begriff gedehnt wird: Ein Japaner fasst auf dem Viktualienmarkt die Ware einer Standlfrau an. Sagt sie: »Pfoten weg, Saupreiß japanischer!« Pfoten sind Hände

Radel Fahrrad. Fortbewegungsart: radeln. Viele tun's zu schnell und zu rücksichtslos

ratschen jemanden »ausrichten«, über die Leute reden. Auch: Neuigkeiten austauschen

schiach hässlich. Wird gern gebraucht, um moderne Kunst im Stadtbild zu kommentieren

Schmarrn Unsinn, wirres Gerede, Blödsinn. Als Kaiserschmarrn essbar: dicker, zerrupfter Pfannkuchen mit Rosinen und Kompott

Semmel Brötchen, vom Lateinischen »simila«, Weizen. Der war früher teuer, Semmeln aßen nur die Reichen

Servus! Bevor das »Tschüüss-Virus« auch diese Stadt ergriff und

sich gründlich ausbreitete, verabschiedete oder begrüßte man sich in Bayern mit »Servus!«. Unter Freunden sagt man zum Abschied auch »Pfiat di!«, Kurzform von »Behüte dich Gott!«

Stenz eitler Mann aus kleinen Vorstadt-Verhältnissen, Schürzenjäger mit gockelhaftem Auftritt

Tram, Trambahn Straßenbahn. einst verkehrspolitisch totgesagt, erfreut sie sich wieder großer Beliebtheit, das Netz wird ausgebaut

Trottoir Bürgersteig. Eines der vielen Wörter, die aus dem Französischen ins Bairische kamen. So sagt man auch »merci« (Betonung auf der ersten Silbe). Das »Botschamperl« war früher der Nachttopf *(pot de chambre)*

Watschn Ohrfeige. Bevor die Erziehung einfühlsam und gewalt-

frei wurde, lautete die Drohung der Eltern bei kindlichen Missetaten: »Pass auf! Glei faillt da Watschbaum um!«

Woiperdinger der Bayerisches Fabelwesen, das aus Körperteilen verschiedener Tiere besteht. Im Jagd- und Fischereimuseum kann man einen sehen.

Zamperl Hund. Früher war der Münchner Hund »a Stiagnglander«, wenn er keiner Rasse zuzuordnen war. Hochdeutsch »Stiegengeländer«, wohl, weil die Zeugung im Treppenhaus stattfand. Der typische Münchner Rassehund war früher der Dackel, auch Waldi genannt, heute »trägt« die Münchner Gesellschaft den Hund, der gerade in Mode ist

Zuagroaster Bevor man vom »Migrationshintergrund« sprach, war das einer, der nicht in München geboren wurde. Weniger freundliche Steigerungsform: Preiß!

REGISTER

IMPRESSUM

Produktmanagement: Stephanie Iber
Lektorat: Juliane Braun, München
Korrektorat: Anke Höhne, München
Layout: graphitecture edition, Bernau am Chiemsee
Umschlaggestaltung: Ulrike Huber, www.uhu-design.de, Kolbermoor
Repro: Repro Ludwig, Zell am See
Kartografie: Kartographie Huber, Heike Block, München
Herstellung: Bettina Schippel
Printed in Slovenia by Korotan, Ljubljana

Alle Angaben dieses Werkes wurden von der Autorin sorgfältig recherchiert und auf den aktuellen Stand gebracht sowie vom Verlag geprüft. Für die Richtigkeit der Angaben kann jedoch keine Haftung übernommen werden.

Für Hinweise und Anregungen sind wir jederzeit dankbar. Bitte richten Sie diese an:
Bruckmann Verlag
Postfach 40 02 09
80702 München
E-Mail: lektorat@verlagshaus.de

Bildnachweis:
Alle Bilder des Innenteils und des Umschlags stammen von Franz Marc Frei, München, außer:
Bildagentur Huber, Garmisch-Partenkirchen: S. 94 o., 267 u., 269 o., 269 u., 270 o. (Schmid, R.), 271 u. (Breitung, M.); Glow Images, München: S. 126 u. (Prager, S.); Thomas Klinger/Prinzregententheater: S. 198 u.; Picture Alliance, Frankfurt a.M.: S. 253 u., 271 o. (Bildagentur Huber), 134 u., 164 u., 223 u. (akg-images)

Umschlag:
Vorderseite:
Oben: Detailaufnahme der rot beleuchteten Allianz Arena (Bildagentur LOOK, München/Frei, F.)
Mitte links: Eine echte Münchnerin (Bildagentur Huber/Römmelt, B.)
Mitte rechts: Sommervergnügen am Monopteros im Englischen Garten (Bildagentur Huber/Friedel, A.)
Unten: Blick über »die nördlichste Stadt Italiens« (Bildagentur Huber/Huber, H.)

Rückseite:
Links: Kloster Andechs
Rechts: Im Biergarten des Augustiner-Stammhauses auf der Neuhauserstraße

S. 1: Fesche Trachtenträger beim Einzug der Wirte auf die Wiesn.
S. 2/3: Biergarten des Augustiner-Stammhauses.

Die Deutsche Nationalbibliothek verzeichnet diese Publikation in der Deutschen Nationalbibliografie; detaillierte bibliografische Daten sind im Internet über http://dnb.d-nb.de abrufbar.

© 2013, Bruckmann Verlag GmbH, München

ISBN 978-3-7654-6075-3

Unser komplettes Programm:
www.bruckmann.de